PLACE IN

Sociología
y
política

PASADO
Y PRESENTE

Guerra, dictadura y sociedad
en la Argentina

por
Hugo Vezzetti

Siglo
veintiuno
editores
argentina
s.a.

Siglo veintiuno editores Argentina s. a.
LAVALLE 1634 11 A (C1048AAN), BUENOS AIRES, REPÚBLICA ARGENTINA

Siglo veintiuno editores, s.a. de c.v.
CERRO DEL AGUA 248, DELEGACIÓN COYOACÁN, 04310, MÉXICO, D. F.

323   Vezzetti, Hugo
VEZ   Pasado y presente. - 1ª. ed. - Buenos Aires : Siglo
    XXI Editores Argentina, 2003.
       240 p. ; 21x14 cm.- (Sociología y política)

       ISBN 987-98701-2-3

       I. Título - 1. Estado y derechos humanos

Portada de Daniel Chaskielberg
Ilustración de tapa: *Reencuentro* de Daniel Chaskielberg

1ª reimpresión argentina: 1.000 ejemplares

© 2002, Hugo Vezzetti
© 2002, Siglo XXI Editores Argentina S.A.
ISBN 987-98701-2-3

Impreso en Industria Gráfica Argentina
Gral. Fructuoso Rivera 1066, Capital Federal,
en el mes de febrero de 2003

Hecho el depósito que marca la ley 11.723
Impreso en Argentina – Made in Argentina

Índice

Agradecimientos

Este libro no hubiera sido escrito sin la inspiración y el intercambio de ideas desplegados en el círculo de *Punto de Vista*, donde publiqué varios artículos sobre los problemas aquí tratados. Aunque ha sido escrito en su totalidad para esta edición algunos fragmentos de esos trabajos previos fueron retomados y así queda indicado en las notas correspondientes. Una problemática que venía ocupándome como un área de intervención intelectual paralela a mi trabajo académico encontró, en los últimos años, un estímulo importante en varias invitaciones que me permitieron trabajar y discutir algunos de los temas tratados en el libro.

Aun a riesgo de olvidar alguna de ellas quiero recordar la invitación al coloquio *Memoria social: comunidades y fragmentaciones* realizado en Montevideo, en noviembre de 1998, y la participación en el encuentro *La Argentina en el siglo XX*, organizado por la Universidad Nacional de Quilmes en mayo de 1999. Tuve la oportunidad de discutir un trabajo sobre la memoria social en el simposio *The New World Order and the Role of Intellectuals in Latin America*, organizado por Mariano Plotkin y Ricardo González en la Universidad de Boston, en marzo de 2000. Asimismo he participado en los dos encuentros internacionales sobre Memoria Colectiva, de la Comisión Provincial por la Memoria, en La Plata, en marzo de 2000 y agosto de 2001.

Debo agradecer muy especialmente al *Latin American Studies Center* de la Universidad de Maryland, a su director Saúl Sosnowski así como al Departamento de Español y Portugués de la misma universidad y a su directora Roberta Lavine. En ese ámbito, durante el segundo semestre de 2000, pude dedicarme por completo a trabajar los temas de mi investigación; allí encontré el mejor estímulo para mi labor y pude beneficiarme del intercambio y la discusión, en particular con los graduados que participaron del curso que dicté. Quiero agradecer igualmente a las autoridades de la Facultad de Psicología de la Universidad de Buenos Aires que me otorgaron la correspondiente licencia y me liberaron de obligaciones docentes durante ese semestre.

El texto que comenzó a escribirse en College Park, Maryland, fue completado en Buenos Aires. Una primera versión fue leída por Beatriz Sarlo, Jorge Belinsky, Carlos Altamirano y Adrián Gorelik; todos ellos me hicieron llegar sugerencias y observaciones que tuve en cuenta en la redacción final.

Setiembre de 2001.

Prólogo

Este libro trata sobre un acontecimiento y una experiencia únicos, el *terrorismo de Estado* en tanto nombra una situación límite, distinta por sus condiciones, su ejecución y sus consecuencias de otras dictaduras argentinas. Trata sobre el ciclo de la criminalización del Estado, sobre sus condiciones y sus efectos hacia el presente. En el punto de partida hay una afirmación, una tesis si se quiere: ese ciclo llevó a la sociedad argentina a un extremo de desintegración y alienación que alcanzó su núcleo más terrible, desmesurado y al mismo tiempo revelador, en la práctica habitual de la *desaparición* de personas. La tragedia de los *desaparecidos* se ha convertido en el símbolo de una profunda fractura en la trama social y, como es sabido, más allá de la Argentina, ha llegado a ocupar un lugar ejemplar, separado de las circunstancias locales, en la evocación de las tragedias del siglo XX. El rostro de la dictadura argentina no sería lo que es, aquí y en el mundo, sin esos miles de víctimas masacradas en una empresa rutinaria. Se entiende, a partir de ese lugar central, que la cuestión de los desaparecidos se haya convertido en el problema fundamental en la construcción de la democracia.

Este trabajo se propone indagar ampliamente un espacio complejo de representaciones y apunta a explorar algo que prefiero llamar, un poco vagamente, la *experiencia social* de la irrupción de la violencia y el terrorismo de Estado en la Argentina. Es claro que ninguna historia, ni aun una historia de representaciones y producciones imaginarias, puede prescindir de los acontecimientos. En todo caso, un estudio como el que propongo exige no partir del peso real de los acontecimientos ni concebir la representación como una realidad segunda y derivada; se debe admitir su eficacia en la formación de la materia misma de esa experiencia, es decir, en la imposición de matrices de la percepción y la memoria que configuran los límites de lo significable y lo pensable. No es una investigación histórica, en el sentido de una indagación sistemática de acontecimientos políticos, económicos, militares, de ese período. Puede decirse que es un estudio de la *memoria social* que, al mismo tiempo, trata de interrogar esa misma categoría, la memoria, que se ha convertido en una dimensión inevitablemente unida a los modos de recuperación de ese pasado. Es claro que hay una problemática de la memoria en la medida en que en ella se condensan problemas diversos, morales y políticos, de acción y de conocimiento. De modo que esta opción inicial por la memoria depende sobre todo de una condición presente e instalada en el objeto mismo de la investigación. En principio y en general, se trata de describir y analizar modos y formas de recuperación de las relaciones de la sociedad con la dictadura a partir del ocaso del régimen militar. En ese terreno, la decisión de enfrentar como comunidad las condiciones y las consecuencias de esa conmoción colectiva impone la disposición a admitir problemas que no nacen simplemente de la denuncia y la búsqueda de la sanción de los culpables de los crímenes.

No hay en este libro una tesis central sino una reunión de exploraciones que procuran dar cuenta de un cierto estado de la memoria y del pensamiento. En todo caso, hay una idea fuerte que se verá aparecer más de una vez en estas páginas: esa etapa de extrema barbarie expuso rasgos presentes en la sociedad; ante todo, por supuesto, en las Fuerzas Armadas responsables de la criminalización de la gestión del Estado. Pero también puso a prueba a las dirigencias, al Estado y las instituciones y, en general, sacó a la luz lo peor de la sociedad. En general, las preguntas por ese pasado ominoso se han focalizado en la acción de la organización militar. Es lógico que así sea en la medida en que fue la ejecutora de un plan insensato de represión y exterminio, sostenido en una percepción desviada no sólo de la naturaleza de los conflictos en la escena política y social sino del mundo en el que inscribía la proyección desmesurada de sus combates por la fe y la civilización cristianas. Desde luego, esa construcción imaginaria de la *guerra* no se separaba de un componente corporativo desbordado: la identificación cerrada de casta y el sistema de creencias que los ungía como una elite situada más allá del bien y del mal.

Al mismo tiempo, hay que decir que ese episodio agudo de *barbarización* política y degradación del Estado no hubiera sido posible sin el compromiso, la adhesión, la conformidad de muchos. Esa trama de relaciones, complicidades, oportunismos no puede estar ausente en una exploración de la memoria en la medida en que, precisamente, constituye el punto ciego de una recuperación que vuelva sobre las responsabilidades de la sociedad. Se trata, entonces, de mirar el rostro visible de la acción dictatorial a la luz de una trama menos visible de condiciones que la sostenían. En este punto me interesa destacar una inspiración (más que una tesis) tomada de los análisis de Norbert Elias sobre Alemania: las condiciones de un *derrumbe civilizatorio* como marco necesario del terrorismo y la masacre argentinos.[1]

No se trata de forzar las analogías con el genocidio nazi. En todo caso, de la lectura de la obra de Elias puede destacarse, ante todo, la exigencia de un examen de largo alcance: el ensayo de biografía de una sociedad y, sobre todo, de un Estado, aparece como el marco necesario si se trata de *entender* una coyuntura que, siendo excepcional, aparece a la vez como un desemboque de tensiones y conflictos extremos. Es claro que está fuera de mis posibilidades intentar una exploración histórica del Estado y la sociedad argentinos que se plantee algunas de las preguntas que Elias ha buscado responder para Alemania. Pero hay un par de cuestiones que querría destacar de esa inspiración.

Por una parte, el peso de un sistema de creencias y de un cierto estado de alienación colectiva hace imposible comprender procesos de terror estatal y asesinatos masivos a partir de explicaciones últimas que recurran a los *intereses* o busquen una racionalidad consistente en la correlación entre los fines y los medios. En el caso de la dictadura argentina, ninguno de los fines que han sido expuestos entre las razones justificatorias alcanzan para explicar el plan sistemático de exterminio: ni la derrota de la insurgencia armada, ni la imposición de un plan económico, ni el propósito de "disciplinar" a la sociedad o la búsqueda de una recomposición política. Hay algo que excede cualquier justificación racional, que debe ser analizado a la luz de otros componentes, imaginarios, básicamente culturales, en la medida en que se admita un sustrato determinante de la percepción y la experiencia, hecho de visiones, escenas y creencias. En ese sentido la exploración que me propongo es menos de acontecimientos que de *representaciones*, explora sobre todo imágenes, ideas y discursos, que son la materia misma de la memoria y la experiencia sociales.

El poder de las creencias para imponerse sobre un mundo escasamente dispuesto a someterse a ellas puede ser descubierto en la fuerza del imaginario de la *revolución*. Alejada de la posibilidad de realización práctica en la coyuntura argentina de los '70, era sin embargo capaz de producir efectos devastadores, tanto por las esperanzas escatológicas de la izquierda insurgente como por los mitos de la fe y la salvación de Occidente que empujaban al conglomerado de la contrarrevolución, obviamente mucho más brutal en la medida en que disponía del aparato del Estado y la organización militar. En todo caso, la captura de la política por esa visión mesiánica de los objetivos últimos vendría a demostrar la potencia letal de esa combinación entre fines e ideales absolutos y medios violentos; sobre todo cuando, con la irrupción de las Fuerzas Armadas, se ponía en acción una máquinaria de terror que, en su desproporción respecto del carácter del enemigo señalado, mostraba ya los signos de la barbarización y la disolución de formas civilizadas de lucha. Hay que ver en aquella visión una condición básica del derrumbe de la ley y el Estado de derecho que se extendía más allá del agregado militar y sus métodos. Finalmente, la escalada ilegal que arrasaba con las instituciones encontraba una justificación en un orden que no era el de los acontecimientos, en una causa final que consagraba el poder redencional de la violencia.

Por otra parte, está el problema del Estado. Porque .. ..a-ta de terrorismo *de Estado* es que no hay comparación posible, en cuanto a sus consecuencias, con la violencia arrojada a la escena política por el terrorismo insurgente. No es posible volver sobre las representaciones impuestas de ese pasado sin examinar las significaciones diversas de eso que quedó plasmado en la figura de los "dos demonios". Desde luego se trata de considerar ese mito explicativo en lo que es capaz de señalar como problema y a la vez admitir sus limitaciones para dar cuenta del papel del aparato de Estado. Pero también de señalar la posición de una sociedad que ha encontrado en la figura de los "demonios" la confirmación de su inocencia y su ajenidad frente a la barbarie que se desplegaba ante sus ojos. En verdad, la centralidad del Estado (o más bien de la descomposición de sus funciones) en los crímenes masivos no depende de su fuerza sino de su *debilidad*. Ante todo, porque la cuestión estatal comenzaba por revelarse en la pérdida del monopolio de la fuerza y, sobre todo, de su función esencial como aparato de moralización de las instituciones y la sociedad. Eso es lo que se hizo visible desde el *corte* impuesto por el informe del *Nunca más* y el Juicio a las Juntas, que ocupan un lugar destacado en mi investigación. Pero si allí se anudaban la implantación de una memoria de la dictadura con las promesas de la democracia, hay que decir que en ese nuevo origen, la recuperación de la experiencia pasada se abre hacia un contexto presente, móvil y conflictivo. Desde luego, el conflicto no se reduce a una oposición simple entre memoria y olvido sino más bien entre diversas "memorias". E incluye los riesgos de la *trivialización* mediática que insiste en los dramas personales y los lazos afectivos primarios de madres, abuelas e hijos o en las memorias ideológicas de grupos y facciones. Asimismo, esos riesgos se hacen presentes en los modos de figurar la continuidad de una dominación, algo que ha encontrado su expresión en el uso excesivo del término "genocidio", aplicado indistintamente a la masacre del terrorismo de Estado y a las consecuencias presentes de la política económica.

En el punto de partida se hace necesario separarse de dos formas de negación de la tragedia: una es la que propone dar vuelta la página, la otra pretende retomar el combate en la misma escena congelada. En un caso se pretende que ese pasado está manifiestamente ausente y cancelado, a contrapelo de los signos que lo reactualizan; en el otro, en la visión heroica de los militantes y la épica de las consignas radicalizadas, el pasado queda borrado por una operación simétrica: está tan plenamente presente que no hay propiamente algo que rememorar. En un caso la amnesia, en el otro la alucinación. Pero en uno y otro no se trata nunca de una ausencia completa de recuerdo sino de un olvido a medias, que supone que algo del pasado emerge en el presente, aunque sea como un vacío, como un sustituto o un síntoma.

Si se admite, entonces, que la última dictadura tuvo condiciones previas, que fue tanto una irrupción como un *desenlace* (anunciado y consentido por muchos), surge inmediatamente la pregunta por el origen del ciclo de violencia política, ilegitimidad, repudio de las formas institucionales e impunidad estatal ¿Cuándo comienza esta historia? Desde luego, la memoria social es selectiva y recupera los sentidos del pasado a partir de marcos y soportes diversos (filiaciones ideológicas, identidades o tradiciones políticas); hay distintas narraciones de ese ciclo y, consiguientemente, diversos *orígenes*, que se remontan más lejos –la serie de los golpes militares, particularmente el de 1966– o más cerca, por ejemplo, el asesinato de Aramburu o los muertos de Ezeiza. No pretendo examinar en detalle esos períodos históricos y me basta con señalar que, en principio, una memoria del pasado más cercano, abierto en sus efectos en el presente, no puede eludir una serie más larga y que el trazado mismo de los acontecimientos clave en ese relato está abierto a las luchas propias de la memoria social. Y si existe algo así como una dimensión latente en la vida social, me inclino a explorarla por la vía de ciertas *escenas* que, a la vez que condensan una trama histórica, se ofrecen como un núcleo duro y persistente sobre el que vuelve el trabajo de la rememoración. De allí el potencial *mitológico* de esas escenas, susceptibles de ser hilvanadas en narraciones más o menos fijas y difíciles de conmover en la medida en que se sostienen en una trama de creencias. Es claro que no se trata de escenas incorporadas por la vía de la vivencia personal: hay memoria de lo que no se vivió, incluso de lo que no sucedió, en la medida en que su fuerza es inseparable de las narraciones que les han dado vida. En ese sentido, la memoria se conforma según el molde de esos relatos que siempre arrastran una dimensión mítica, su trabajo no va del acontecimiento al recuerdo sino, al revés, de formaciones y marcos *anteriores* a la significación de acontecimientos que nunca podrían ser admitidos en una memoria vacía.

Para alguien de mi generación las escenas destacables no son muchas: el 17 de octubre, la muerte de Evita, el bombardeo del 16 de junio y la caída de Perón; los golpes del 58 y el 66, el Cordobazo, el asesinato de Aramburu, el 25 de mayo de 1973, Ezeiza, la muerte de Perón, el golpe del 76, la aventura bélica en las Malvinas, Alfonsín presidente, el Juicio a las Juntas, la hiperinflación. No se trata de alargar interminablemente el marco temporal para albergar la ilusión de una historia global, que no deje nada afuera, ni la búsqueda de un comienzo recortado que pueda ser promovida al lugar de un origen; en verdad cada una de las escenas mencionadas puede ser recuperada como un pequeño mito de origen que encierra certidumbres y respuestas anticipadas. La rememoración de ese pasado, anclado en un conjunto de escenas significativas, y las disputas de sentido, en todo caso, buscan establecer marcos y fijar límites a lo que puede ser aprehendido y discutido, en fin a lo que puede ser enunciado. Me interesa explorar los giros y los cambios de posición frente al pasado, allí donde dependen de transformaciones duraderas en la trama que comunica al pasado con el presente, es decir, quiero destacar los signos que en el presente necesariamente renuevan el pasado significativo. Se trata de aprehender la trama que comunica al presente y el pasado cuando, justamente, la densa complejidad del presente muestra los signos de un cambio. Y si hay que indicar una escena contemporánea que se ha mostrado capaz de alterar el sentido común que enlazaba a todas las demás, un *nudo* de transformaciones de la memoria que instala una narración diferente, creo que esa escena es el Juicio a las Juntas, ya no un simple acontecimiento sino un *precipitado* que condensa un ciclo histórico en el preciso momento en que lo deja atrás.

Desde la escena del Juicio y lo que ella sanciona y despliega, se abren diversas preguntas y problemas que forman los núcleos mayores de este estudio. Por ejemplo, ¿en qué sentido hubo y no hubo una *guerra* en la Argentina? En principio, hay que reconocer que no faltaban discursos y acciones concebidos como parte de un escenario de guerra. La percepción de una crisis terminal y la búsqueda de transformaciones drásticas, refundadoras, formaron parte del trasfondo de representaciones y creencias comunes que amasaron la experiencia social de los '70. Si el Juicio operaba un cambio profundo en las significaciones de ese escenario anterior lo hacía trastocando la visión básica de esos enfrentamientos: ya no guerra (revolucionaria o antisubversiva) sino crímenes, víctimas y victimarios. Se instalaba por primera vez en la Argentina la idea, la evidencia puede decirse, de que los delitos perpetrados desde el Estado habían sido *crímenes contra la humanidad*, y esa proyección de la experiencia argentina a una dimensión universal, en la saga de las "masacres administradas" del siglo XX, encontraba necesariamente la figura del Holocausto como representación de un límite que se situaba más allá de toda explicación. Si por primera vez en la historia hubo campos de concentración en la Argentina, algo que no sucedió en otras dictaduras latinoamericanas y que en verdad no ofrece muchos casos comparables en el mundo, ¿cómo se ha representado ese reducto extremo de horror y violencia? Y sobre todo, ¿cómo pensar las relaciones entre el espacio del *campo* y las representaciones y accciones de poder en la sociedad?

Es bien conocido el papel decisivo que jugaron los familiares como actores públicos en las luchas por el esclarecimiento y la memoria. Esa condición, a partir de las Madres, le dio a esas luchas una dimensión moral universal; al mismo tiempo, irrumpiendo de ese modo desde el agravio privado, venían a ocupar un lugar ejemplar que la sociedad política había dejado vacante. Ese cruce particular entre experiencia privada y lucha pública política, que ha constituido un rasgo característico del paso de la dictadura a la democracia en nuestro país, no deja de plantear diversas cuestiones, entre ellas las que se refieren más directamente a lo que puede llamarse el *futuro de la memoria*, es decir la *transmisión* de una experiencia a quienes no formaron parte de ella. En esa dirección, a quince años de distancia, me interesa indagar las relecturas del *Nunca más*. Si se admite que tuvo un impacto decisivo como la narración que establecía un marco de verdad y una significación global, en un contexto muy preciso, el del nacimiento de la democracia, se hace necesario examinar las revisiones que buscan intervenir en una lucha abierta por los sentidos de ese pasado. En esa dirección, nuevos relatos disputan aquella memoria ejemplar y en ellos la figura moral de la víctima, que ha encontrado su cifra mayor en el *desaparecido*, viene a ser revisada por una evocación que busca exaltar o simplemente recuperar imágenes y sentidos de la militancia revolucionaria.

I. Introducción.
Historia y memorias del terrorismo de Estado

La problemática de la *memoria social* emerge con fuerza en la Argentina en directa relación con la enormidad de crímenes que golpean la conciencia colectiva y llaman a algún tipo de acción o reparación por parte de la sociedad. Ante todo, en el comienzo, la causa de la memoria surgió como una forma de *resistencia* frente al carácter clandestino que adoptó la acción represiva. En ese sentido, la dictadura no sólo desarrollaba un plan sistemático de detenciones ilegales y asesinatos sino que buscaba (y en gran medida lo conseguía) mantener un control estricto sobre la información pública de esas prácticas. Es importante recordar que en ese plano, el de una lucha por la información y por la verdad, se desarrollaba un enfrentamiento decisivo con la dictadura. Finalmente la forma más eficaz de la resistencia, la que contribuyó centralmente a socavar el poder militar, residió en ese objetivo de verdad: hacer conocer a la sociedad y a la opinión internacional la magnitud de los crímenes. Desde luego, el valor e incluso el deber de la memoria se referían al objetivo de enfrentar el silencio y la falsificación de los hechos. Ése fue el sentido, en el comienzo, de la oposición pública, moral antes que política, de los organismos de derechos humanos, las Madres de Plaza de Mayo en particular. A partir de allí, se puede decir que se estableció una estrecha relación entre tres componentes de la acción por los derechos humanos. Primero estuvo el *reclamo por la verdad*, es decir por el destino de las víctimas y la información sobre los crímenes; segundo, pero no inmediatamente, la *demanda de justicia* que apuntaba a que esta vez, a diferencia de otras dictaduras, los delitos cometidos desde el Estado no quedaran impunes; finalmente, el *imperativo de memoria*, es decir, la lucha contra formas históricas o institucionales de olvido o de falsificación de lo sucedido. Como es sabido, esa acción colectiva, inicialmente estuvo a cargo de los familiares y los directamente afectados, luego se extendió y penetró ampliamente en la sociedad, en el período que se abrió con la derrota de la aventura militar en las Malvinas. Es importante destacarlo, desde el punto de vista de la experiencia social, la cuestión de la memoria y los derechos humanos sólo tardíamente alcanzaron a instalarse ampliamente en la escena pública.

La situación fue diferente cuando el contexto ya no era de ocultamiento impuesto desde el vértice del poder sino el del estallido de testimonios, imágenes y denuncias en la sociedad. Ése es el nuevo contexto que se abre después de la derrota de Malvinas. El problema ya no era la falta de información sino cierto exceso en los medios que fue bautizado como el "show del horror", un bombardeo de imágenes y testimonios que buscaban un impacto inmediato. Es claro que a partir de esa nueva situación el imperativo de la memoria se enfrentaba con otros obstáculos. En ese punto, el deber de mantener viva y operante esa experiencia de recuperación crítica empezaba a referirse a algo que no era la simple preservación de todo lo sucedido en su materialidad horrorosa, sino que requería una elaboración. Ya no se trataba simplemente de sacar a la luz los hechos, de cualquier manera, sino de favorecer una selección y una presentación que permitiera demostrar, en principio, que se trataba de un plan, de una maquinaria deliberadamente organizada desde el Estado. En ese sentido, la demanda de justicia establecía un marco preciso a la recolección y la preparación de los elementos de prueba, en la medida en que se trataba de demostrar la responsabilidad institucional de las Fuerzas Armadas. Dado que esa acción pública se hacía en nombre de la defensa de los *derechos humanos*, los acontecimientos terribles a los que se refería quedaban instalados en una dimensión más general, en la saga de las violaciones en gran escala de los derechos humanos en el mundo contemporáneo. Por otra parte, esa acción empezaba a referirse a la voluntad de prevenir, de impedir que esa experiencia pudiera repetirse. Lo que me interesa destacar es que en cuanto se pasaba de la etapa de la *resistencia* a la de una acción destinada a superar esa etapa, en un sentido a completar el derrocamiento de la dictadura, se planteaba, necesariamente, el problema de los criterios y los *valores* que debían orientar un trabajo deliberado de la memoria en la nueva situación.

Memoria y justicia

En el tránsito a la democracia y, sobre todo, a la recuperación del Estado de derecho, hubo un núcleo propiamente formador de la experiencia social de ese pasado: el *Nunca más* y las repercusiones del Juicio a las Juntas. No es posible desconocer lo que la sociedad y las instituciones recuperadas para la democracia produjeron en la revelación de esos crímenes, y en el rescate ético de las víctimas. Y es claro que la acción y la autoridad de la ley (el juzgamiento efectivo o eventual de los responsables) se ha constituido en el sostén mayor de una operación propiamente rectificatoria sobre ese pasado. La memoria, en ese sentido, no se separaba de una función *reparatoria* sobre los males que se habían afincado en el Estado y pervertido la ley. Es porque las instituciones de la Justicia fueron degradadas y reemplazadas por el designio criminal de los poderosos que no era posible renunciar a la exigencia de justicia, como una acción que más que sobre los culpables, o más que una respuesta a la demanda particular de los familiares y afectados directos, operaba estableciendo el imperio de la ley como fundamento y garantía para el conjunto de la sociedad. Esa función de la ley y sus poderes, que tiende necesariamente a una realización universal, se ha puesto en juego y ha justificado el recurso a las jurisdicciones extranjeras habilitadas para juzgar esos crímenes cuando las vías legales quedaron interrumpidas en el país. Esa íntima relación de los deberes de la memoria con los imperativos de la Justicia en términos generales ha quedado incorporado al discurso y las acciones del campo de los derechos humanos y ha dominado una zona fundamental de la recuperación de ese pasado. Al mismo tiempo, no es posible desconocer que en los últimos años han surgido diversos trabajos, mayormente testimoniales, que buscan arrojar alguna luz sobre los muchos interrogantes e incertidumbres de esa etapa. Ya no se trata sólo del núcleo duro de la asociación entre terrorismo y criminalización del Estado, responsable de la única experiencia de violaciones de los derechos humanos en gran escala en la Argentina. Es la sociedad misma en sus organizaciones, sus grupos y sus tradiciones, la que pasa a ser, desigual y dispersamente, objeto de diversas operaciones, conflictivas incluso, de la memoria. ¿Qué pasó con la Iglesia, la clase política, los sindicalistas o el periodismo? ¿Qué recordar y juzgar del conglomerado contestario, particularmente de quienes, en nombre de una revolución que se entendía de muchas maneras, arrojaron su propios crímenes sobre la sociedad en ese período que se ha convenido en llamar los años '70?

Con la reconstrucción de la democracia, en 1983, las responsabilidades de la memoria y las demandas de justicia se encontraban y se enlazaban, por así decirlo, con las tareas de la reconstrucción del Estado y el nuevo pacto con la sociedad. Si me refiero al *Nunca más* y al Juicio es porque quiero destacar una dimensión histórica precisa, que parte de los acontecimientos que marcaron esa transición. No se trata de establecer conceptualmente las formas adecuadas o justas de una transición a la democracia desde regímenes dictatoriales responsables de crímenes contra la humanidad. En verdad, de un estudio comparativo, incluso a nivel latinoamericano, puede concluirse que no hay recetas ni modelos generales. En general, desde el punto de vista de una estricta justicia retroactiva sobre los crímenes de Estado, todas las transiciones de regímenes de dictadura a democracia son impuras e insatisfactorias: son tanto más insatisfactorias cuando más graves y extendidos hayan sido los crímenes.

Aquí querría retomar algunas ideas de un trabajo de Carlos Nino que trata sobre la transición argentina y los juicios, en el marco de un análisis comparativo y teórico sobre justicia y democracia o, si se quiere, sobre política y derecho.[2] Uno de los puntos centrales de ese estudio se refiere a las dificultades para hacer concidir el objetivo político de la democratización con el reclamo, la exigencia propiamente moral, de que todo crimen debe ser juzgado y castigado. ¿Hasta qué punto las medidas de justicia retroactiva son necesarias y convenientes para la construcción y protección de las nuevas democracias? El problema mayor es que una violación masiva de los derechos humanos, extendida en el tiempo y sostenida en un amplio compromiso del Estado y de sectores de la sociedad, no puede cumplirse sin la participación activa de muchos y sin la conformidad de muchos más. Ahora bien, el objetivo propiamente político, en la construcción y en la consolidación del Estado de derecho, posterior a etapas de dictaduras, apunta a la *inclusión*, es decir trata de incorporar en la máxima medida posible a sectores sociales y organizaciones al sistema democrático. Ese objetivo, que privilegia la orientación hacia el futuro, puede chocar con una orientación excesiva hacia el pasado, unilateralmente dedicada a la aplicación estricta del castigo de todos los responsables. Este problema formaba parte centralmente del debate político y también teórico en la transición argentina y Nino da cuenta de ello a partir de su participación personal como asesor del presidente Alfonsín.

En verdad, en la mayor parte de las transiciones, incluso en las que se produjeron después de la caída de los regímenes totalitarios al final de la Segunda Guerra Mundial, la política hacia el futuro impuso serias restricciones a la aplicación de medidas de justicia retroactiva. Tanto más en el caso de las dictaduras latinoamericanas que enfrentaban la necesidad de incorporar la institución militar al nuevo régimen democrático y que habían debido negociar en mayor o menor medida con esos mismos sectores las formas de la transición. En el caso argentino, claramente, la transición estuvo particularmente marcada por la intervención de la Justicia, de un modo que, en principio, buscaba hacer compatibles cierta justicia retroactiva, hacia el pasado, con una serie de modificaciones del marco legal que apuntaban, hacia el futuro, a prevenir que pudieran repetirse esos gravísimos delitos. Pero, finalmente, el objetivo mayor apuntaba no sólo a construir formalmente un Estado de derecho sino a implantar formas, valores, hábitos democráticos en la sociedad y sus instituciones como el mejor reaseguro hacia el futuro. En esa dirección, la acción de la ley que se aplicaba sobre los máximos responsables (y no sobre todos), no se separaba del objetivo de consolidar las instituciones del nuevo régimen.

En nuestro país, entonces, la implantación de una nueva memoria de la dictadura (y más en general de los años de la violencia política y el terrorismo en la sociedad) quedaba asociada fundamentalmente al restablecimiento del imperio de la ley; y dada la profundidad del daño y la magnitud de los crímenes de Estado, dada la reiterada irrupción ilegal del conglomerado militar en la vida de la República, la aplicación del castigo retroactivo, aunque fuera limitado a los máximos responsables, por primera vez reforzaba el efecto disuasivo de la ley y la hacía efectivamente vigente para los tiempos por venir. Ante todo, la puesta en escena social de la ley venía a caracterizar al crimen como tal. Sin esa preeminencia simbólica y sustantiva no habría crímenes sino alternativas de una lucha política (o de una *guerra*, como todos se acostumbraron a decir en aquellos años), situada por encima de la ley, que podía recurrir a términos neutralizados ("acción", "ejecución", "aniquilamiento") para eludir lo que en verdad era una generalizada tendencia a justificar el asesinato como una vía legítima de la práctica política. Frente a ello, la operación jurídica venía a destacar un lugar central al derecho, el cual, más allá de la normalización institucional y la construcción política, en un sentido más básico, prometía la restitución de un fundamento en la ley, no sólo como límite negativo al retorno posible de la violencia y la impunidad, sino como principio de una *nueva alianza* que, desde la rememoración de las víctimas, proyectaba los cimientos de una reconstitución de la sociedad. Ha sido dicho que una condición esencial en el largo período de incubación de ese desenlace trágico que fue el terrorismo estatal, estuvo dada por una situación básica de "ajuridicidad". Pero vale la pena tratar de precisar esa expresión: se trataría de un retorno de las formas imaginarias, primarias, del poder y la autoridad; es decir, el desemboque de una representación del poder como violencia e imposición que, en verdad, es la evidencia de un derrumbe moral largamente incubado.

Al mismo tiempo, hay que reconocer en el nuevo ciclo abierto en 1983, algo que no ha sido suficientemente considerado: esa implantación pública de la autoridad de la ley como un fundamento de la nueva etapa se hizo en ausencia de todo pacto político que comprometiera a los partidos mayoritarios. La fuerza de la escena de la ley y su impacto social a través de un Juicio público, que tuvo un indudable impacto en la ciudadanía, coexistía con la extrema debilidad de la escena política y la imposibilidad o la incapacidad de establecer un consenso sobre un programa de reparación judicial, moral y político por encima de las disputas de partidos y de facciones. En ese sentido, la iniciativa del presidente Alfonsín, elaborada mayormente por fuera de su propio partido, buscaba responder directamente, casi sin mediaciones, las demandas de la sociedad. Es claro que venía a romper con una disposición transigente y negociadora de la dirigencia de los grandes partidos, mayormente dispuestos, como en el pasado, a reclamar elecciones y no mirar para atrás. Por otra parte, la ausencia de la clase política en la definición de algún intento de solución al problema de los *desaparecidos*, reemplazada por el activismo de los organismos de derechos humanos, había marcado uno de los rasgos clave de la transición en el fin de la dictadura. Como es sabido, no fueron los partidos políticos quienes encabezaron la oposición; difícilmente hubieran podido hacerlo si se tiene en cuenta que mayormente adhirieron a los objetivos de la "guerra sucia" (aunque no necesariamente a la metodología) y proporcionaron una buena cantidad de dirigentes para cubrir cargos diversos en el elenco gubernamental de la dictadura. Pero hay que reconocer que en ese punto no dejaban de ser representivos del humor conformista con que la sociedad acompañó la mayor parte del período de la gestión militar. En todo caso, cuando la sociedad viró hacia la oposición al régimen no todos supieron o quisieron seguirla con la misma celeridad.

Ahora bien, más allá de las condiciones propiamente políticas, incluso de los objetivos de la política de derechos humanos del presidente Alfonsín, me interesa destacar lo que se producía en la esfera pública. No voy a referirme al *Nunca más* ni al Juicio en detalle, ya que constituyen un capítulo de este libro. Pero es claro que el *Nunca más* produjo un verdadero acontecimiento reordenador de las significaciones de ese pasado e impuso una marca que ha quedado como un polo de referencia para los trabajos de la memoria. Y lo más importante es que se implantó a la vez como una revelación (un relato) y como un acto originario que afirmaba la autoridad civil y devolvía cierto protagonismo a las víctimas que en ese punto comenzaban a representar a la sociedad. Era algo más que una narración de los crímenes y una recopilación de testimonios: era una *prueba* en el sentido de una intervención que se orientaba a someter esos acontecimientos a la acción de la ley. Y eso contribuyó decididamente a otorgarle el peso institucional y simbólico de un *corte* con el pasado. Al mismo tiempo, establecía una relación estrecha entre la legitimidad de ese nuevo ciclo democrático y la causa de los derechos humanos. Se puede decir que su impacto público dependía de dos factores. Por una parte, era un *acontecimiento histórico* fuerte, una condensación que fijaba, y en cierto modo rectificaba, la significación general de la última dictadura y proporcionaba a la conciencia pública una de las escenas más impactantes, la evidencia de un cambio de época: los jerarcas de la dictadura desfilando ante los estrados de la Justicia. Pero, por otra parte, constituía un *soporte institucional* fundamental en la promesa de un nuevo Estado de derecho y un nuevo pacto con la sociedad. En ese sentido, adquiría un carácter ejemplar a la vez para la formación de memoria y para la reafirmación de ciertos valores necesarios para una toma de posición, un juicio colectivo sobre ese pasado.

Memoria e historia

Ante todo, en la experiencia argentina la fuerza de la memoria es reactiva a la magnitud de esa verdadera conmoción política y moral que ha dejado sus marcas y permanece como una cuestión abierta. Si se atiende a las formas en las que se actualiza ese pasado, en diversas formaciones de la memoria, hay que reconocer el *peso real* de un pasado que es capaz de imponerse, confusamente a menudo, como una *herencia* que no termina de desplegarse. Sus efectos están a la vista, son síntomas públicos que van desde los avisos de los familiares, las acciones de los organismos de derechos humanos, los diversos testimonios, las autocríticas y los pedidos de perdón, los procesos judiciales, incluso el sobrecogimiento con que la sociedad responde a crímenes atroces, como el del soldado Carrasco o José Luis Cabezas, que evocan los espectros del chupadero. Hay todavía un peso *literal* de ese pasado que no puede ser dejado de lado. Y hay que admitir que las formaciones de la memoria resultan de una suerte de *compromiso* entre la experiencia presente y la fuerza del pasado, entre la recuperación retrospectiva y la imposición que retorna desde lo que todavía está vivo en las representaciones, las escenas y las pasiones. La intensidad de esa presencia y esa demanda de memoria depende, entonces, de la intensidad de la conmoción y la fractura política y cultural que se produce en esos años y que enfrentaron a la sociedad a un abismo que no tenía comparación posible ni antecedentes en la historia anterior. En ese sentido, si hay algo nuevo que nacía con las apelaciones a la memoria social, residía en que la acción y la intervención sobre la sociedad no dependía de una afirmación positiva, en el sentido de una identidad o de tradiciones adquiridas. Ése había sido el sentido más tradicional de la memoria, como memoria ideológica, que fue determinante y hegemónica en la construcción de sentidos de la experiencia en los años previos a 1976. Lo que nacía con la experiencia histórica del terrorismo era una formación de la memoria secundaria frente al abismo de lo que la sociedad vivió y frente a las amenazas recientes que debían ser conjuradas, revisadas y, de algún modo, remediadas. Retomaré más adelante este punto, pero me interesa resaltar que en ese nuevo estatuto de la memoria lo primero no eran los héroes sino las *víctimas* y la enormidad de los crímenes. De modo que, puede decirse, más que la imposición o la actualización de nuevas certezas tenía como condición cierto borramiento de un estado anterior de la memoria, que sería la condición del nacimiento, trabajoso e incierto, de una memoria nueva y *ejemplar*, en la construcción de la democracia.[3] Es lo que ha quedado plasmado con la consigna *Nunca más*: ante todo la voluntad de *no olvidar lo que no debe repetirse*. Es lo que quiero destacar cuando me refiero a un estado de la memoria que estaba, inicialmente al menos, dominado por la fuerza del *no* y se desplegaba en operaciones que ofrecían un aspecto *defensivo*.

Desde luego, hay otras producciones de la memoria. No puede desconocerse la aparición, hacia el presente, de una literatura volcada a una recuperación ideológica, nacida de construcciones que refuerzan memorias de grupos, mayormente autocomplacientes en la evocación de su propia participación en ese pasado. Esa reafirmación retrospectiva de una memoria afincada en la identidad y la continuidad de tradiciones y creencias ha encontrado un espacio de elección en el conglomerado político y cultural que se reconoce en la experiencia del peronismo, en particular, en las diversas narraciones que alimentan eso que es posible llamar una memoria montonera. Es posible pensar que, después de un primer momento de una memoria volcada hacia las víctimas y los crímenes, era esperable y aun deseable un trabajo que retornara sobre la experiencia para rescatar, debatir incluso, los programas, las acciones y las figuras del agregado político de la radicalización revolucionaria. Si hasta entonces casi únicamente se había relatado el horror de la masacre, con un centro puesto en los testimonios sobre los campos de concentración y exterminio, en la nueva producción, necesariamente sesgada, se trataría de recordar a las víctimas como militantes, luchadores activos por una causa. Un movimiento semejante se hace evidente en los grupos del movimiento de los derechos humanos que agregan a la denuncia de los crímenes alguna reivindicación de las víctimas como portadores de una acción que reclama ser valorada moral o políticamente. Retomaré la cuestión en otro capítulo de este libro. Pero aun sin un examen en detalle, si se la juzga a partir de objetivos de intelección de ese pasado, es posible decir que ese giro de la memoria, mayormente autorreferencial, tiene límites precisos. En la mayoría de los casos expone sobre todo el universo creencial, propiamente mítico en su capacidad de autoevidencia, que le da sustento; y al mismo tiempo es bastante visible el propósito orientado a la recuperación de la propia *inocencia*, algo que, como se verá, se corresponde con rasgos presentes en la sociedad.

Aquí querría considerar una distinción que propone Tzvetan Todorov en su trabajo sobre "los abusos de la memoria". En principio, Todorov pone en cuestión la separación simple que opone memoria a olvido; en verdad, en la medida en que la dinámica de la memoria supone cierta selección de los hechos del pasado, establece siempre un compromiso entre la preservación y el borramiento. Para que un contenido, o un grupo de representaciones, sea fijado, destacado, evocado y reconocido, otros contenidos y representaciones deben pasar a un cierto estado de borramiento, transitorio o definitivo. Todorov se desplaza claramente a los contextos de *utilización* de la memoria que son necesariamente retroactivos y que llevan a plantear un problema que es central para lo que estamos considerando: los criterios de un *buen uso* de la memoria. La distinción que me interesa retomar de su trabajo es la que establece entre una memoria *literal* y una memoria *ejemplar*. La primera, literal, se refiere a una recuperación de acontecimientos como hechos singulares, "intransititivos", cerrados sobre sí mismos, que mantienen una suerte de permanencia y continuidad en su impacto sobre el presente; serían una forma de sometimiento del presente al peso de ese pasado. La memoria ejemplar, en cambio, se sitúa, en un sentido, más allá del acontecimiento, aunque no niega su singularidad; lo incluye en una categoría general, incluso lo usa como modelo para abordar y pensar otros acontecimientos. Para Todorov esta dimensión ejemplar es la condición de una dimensión *pública* de la memoria y es la que permitiría convertir al pasado en *lección*, es decir, en principio de acción en el presente.

El análisis de Todorov se ocupa sobre todo de los usos de la memoria social y parece suponer que esa memoria está ya formada y disponible. En ese sentido, deja de lado los problemas de la formación de la memoria, es decir, los materiales, las formas y los marcos de la fijación y evocación de representaciones del pasado. Esto tiene que ver sin duda con los casos que analiza (los totalitarismos, Bosnia), pero en su examen de la cuestión no considera las condiciones, culturales y políticas, que pueden favorecer o dificultar esa implantación de la memoria ejemplar.[4] Estos son justamente los problemas pendientes en el estudio en la situación argentina: el estado de una memoria social que permanece abierta y sometida a diversos conflictos. De modo que si se trata de la utilización de la memoria en las tareas del presente, en el caso argentino, esa dimensión de la acción pública no puede separarse de los trabajos mismos de la memoria y de sus soportes, es decir, una dimensión específicamente histórica, que se refiere a las características propias de una experiencia que en principio no puede derivarse de un tratamiento general.

A partir de lo expuesto, quiero destacar ciertos rasgos de la memoria colectiva: se trata de una *práctica social* que requiere de materiales, de instrumentos y de soportes. Su forma y su *sustancia* no residen en formaciones mentales y dependen de *marcos materiales*, de artefactos públicos: ceremonias, libros, films, monumentos, lugares. La idea de un trabajo debe ser tomada también en un sentido bien concreto: depende de una producción multiforme y como tal requiere de actores, iniciativas y esfuerzo, tiempo y recursos. De lo contrario, como es sabido, capítulos enteros del pasado, comunidades, tradiciones y experiencias se vuelven, propiamente, insignificantes. Finalmente, el presente condiciona esa recuperación del pasado. Pero, además, –me interesa destacarlo–, la causa de la memoria depende de la fuerza y la perdurabilidad de sus *soportes* y de una acción que sea capaz de renovar su impacto sobre el espíritu público. Éste es el punto en el que me interesa volver sobre los trabajos de la memoria social en el nuevo marco de la construcción democrática. Allí queda bien en claro que los contenidos y el sentido de la rememoración de ese pasado oprobioso, si bien dependían de un estado de la conciencia colectiva, requerían de actores, de prácticas y de marcos institucionales. Entre ellos se destacaban, desde mucho antes, los organismos de derechos humanos, pero ahora y sobre todo estaba la acción que se promovía desde el Estado recuperado. El pasado era puesto en verdad en línea con el presente de un modo que construía cierta solidaridad entre el recuerdo y la acción. En ese sentido me interesa destacar la idea de un *trabajo* de la memoria, una *implantación*, una práctica formadora que se apropiaba del pasado en contra no sólo de la significación que la dictadura había procurado imponer sino de la insignificancia y el acostumbramiento espontáneos que provenían desde la escena que los medios producían en la exhibición del horror. Quiero destacar el papel de formaciones y los *usos* de la memoria que constituían operaciones retroactivas en un sentido más amplio y diferente de las estrictas medidas de justicia estudiadas por Carlos Nino.

Frente a una idea de memoria como representación *reproductiva*, que insiste en la consigna de "no olvidar" como si el recuerdo fuera límpido y transparente, me interesa resaltar también los *límites* y las *zonas opacas* en la significación de ese pasado. No hay ni memoria plena ni olvido logrado, sino más bien diversas formaciones que suponen un compromiso de la memoria y el olvido; y es preciso reconocer que la memoria social también produce clichés y lugares comunes, es decir, sus propias formas de olvido. En todo caso me interesa destacar la dimensión de la práctica social, bajo la luz de las acciones que permitan una comunicación con un pasado aún significativo y, sobre todo, hagan posible las *preguntas* sobre el pasado. Y es claro que no se trata de un registro pacífico: la memoria es plenamente histórica y está sometida al conflicto y a las luchas de sentido. En esa dirección, es cierto que responder a los problemas de la memoria pública depende menos de las herramientas consagradas de la investigación histórica que de cierto estado de la conciencia social. Sin embargo no es posible renunciar a un objetivo de saber. Se podría evocar aquí, en un sentido preciso, esa fórmula de Foucault sobre una historia del presente que se refiere, finalmente, a una indagación y a un debate sobre nosotros mismos. De lo que se trata, finalmente, es de *problematizar* ese pasado de un modo que vuelva como una interrogación sobre las condiciones, las acciones y omisiones de la propia sociedad.

La exploración que propongo parte necesariamente de un *estado de la memoria*, pero trata de no permanecer dentro de sus límites. Cuando todos hablan de memoria y en su nombre se producen todo tipo de obras e iniciativas, parece necesaria cierta distancia crítica frente a la expansión y a la promoción de un concepto que es a la vez psicológico y político. Hay que decir que con la memoria no alcanza y que en algún punto los propios contenidos de lo que puede llamarse la memoria corriente, instalada, deben ser problematizados. Quiero insistir sobre esto: si la memoria pública sobre la violencia, el terrorismo de Estado y la tragedia de los *desaparecidos* es el objeto de una lucha por las significaciones de un pasado que permanece vigente, activo, en el presente, es importante considerar su capacidad para mantener una relación de indagación, que reúna la rememoración y la intelección con vistas a un futuro diferente. Me interesa situar la memoria en un espacio de problemas, que se abren en la medida en que no se trata sólo de la recuperación testimonial ni de las construcciones fijadas del pasado sino de una dimensión abierta a una práctica de la inteligencia. Y en ese punto la memoria y la *historia*, como disciplina de conocimiento, establecen una relación necesaria e intrincada.

En la discusión con los historiadores revisionistas, Habermas llamó "uso público de la historia" a ciertas prácticas en las que la función de interrogación e interpretación desde el pre-

sente domina sobre las reglas internas a la disciplina.[5] Ese debate, en todo caso, planteaba como un problema relevante el de
la construcción de un consenso (y, por lo tanto, el del límite del
pluralismo) en la interpretación de acontecimientos decisivos
del pasado, en ese caso, de la experiencia histórica del nazismo. Dado que la sociedad no es concebible como un actor colectivo homogéneo y no hay un fundamento esencial permanente, coexisten memorias y tradiciones diferentes; mucho más
en las condiciones propias de las sociedades contemporáneas,
en las que parecen haberse resentido todas las instancias de integración cultural y social. En todo caso, la exigencia de ciertos
núcleos de consenso, necesariamente inestables, operaría, si no
en el nivel de las respuestas y las interpretaciones, al menos en
torno de las preguntas y cuestiones relevantes desde el presente; es decir, como la voluntad explícita de mantener un espacio
de debate en el cual la dimensión de una "verdad histórica", por
muy provisional que sea, esté permanentemente en juego. Pero
también se establecen ciertos límites respecto de los relatos y las
intervenciones susceptibles de ser reconocidas y debatidas. En
ese cruce entre historia y memoria, brevemente, hay dos componentes que me interesan destacar. Por una parte, un componente *intelectual* de la memoria, que arrastra una voluntad de conocimiento y se propone no sólo repudiar, denunciar, sino
entender. Por otra, un componente *ético* que convierte a ese saber
en un interrogante que vuelve sobre la propia sociedad, sobre
el propio sujeto o grupo involucrados: este es el compromiso de
la memoria con las tareas y las responsabilidades del presente.
Sin algo de este doble componente, la memoria puede ser una
forma de la *repetición* del pasado, más cerca de la alucinación y
de una forma de olvido que de una rememoración eficaz.

Hay una fórmula que se ha vuelto habitual entre nosotros y
que anuda los trabajos de la memoria con las responsabilidad
hacia el futuro: se dice que se trata de *recordar para no repetir*. Pero suele olvidarse que con esa proposición Freud se refería a un
trabajo de rememoración y elaboración en condiciones muy particulares y no a cualquier forma de revivencia del pasado. En

principio, partía de la matriz de la situación de análisis y su "regla fundamental" que impone, como ideal al menos, la decisión de poner en crisis la memoria habitual; en verdad se trata de promover una suspensión, un borramiento de las representaciones manifiestas como una condición para la rememoración de las escenas latentes. En todo caso, Freud puede servir para introducir las complejidades y las paradojas del recuerdo y el olvido. El modelo del trauma psíquico, por ejemplo, propone una *tópica* compleja de la memoria según la cual el síntoma es, a la vez, amnesia y recuerdo intensificado de un suceso determinado. Lo que en la experiencia corriente es amnesia y desconocimiento, en otra escena, inconsciente, es recuerdo vivo, tan vivo que el síntoma repite y mantiene ese suceso como lleno e inmodificable. Ese olvido coincide, entonces, con la persistencia de un núcleo de representaciones que no puede ser elaborado por la palabra, la descarga afectiva, la conexión con otros sucesos, la inclusión en una determinación o un propósito, la proyección hacia el futuro. De allí las paradojas de la *represión*: lo que es amnesia y desconexión de sentido en un nivel, resulta ser, por el contrario, un recuerdo tan intenso que es como si el suceso estuviera siendo todavía vivido, sin mediaciones ni tiempo transcurrido. Igualmente, se hacen evidentes las paradojas del olvido normal. ¿Qué es olvidar, sino abrir un tramo y un espacio virtual de recuerdo, justamente porque eso que no está presente, que no es vivido ni pensado está latentemente disponible para ser evocado, confrontado, incluso discutido o rectificado por un acto de la memoria? De modo que si hay una amnesia patológica que aparentemente no quiere saber nada con cierto suceso del pasado (el que, sin embargo, vuelve en los síntomas); también hay una patología del *exceso de memoria*, que revive el pasado sin distancia ni olvido normal y casi no puede tramitarlo, incluirlo en una red más abierta de sentido, discutirlo o convertirlo en punto de partida de un nuevo encadenamiento de recuerdos, ideas, propósitos.

Finalmente, la "regla fundamental" puede ser definida como un principio de rememoración (de las representaciones inconscientes) pero también como una *regla de olvido* que alcanzaría, propiamente, a la suspensión de las creencias y las certezas. Y justamente cuando Freud destacaba el papel del vencimiento de las *resistencias* en el trabajo analítico, estaba reconociendo que aun en esas condiciones especiales podían darse modos de recordar que no escapaban a las trampas de la repetición. Era eso lo que destacaba cuando, para contraponer el psicoanálisis a la terapia sugestiva, recurría a la distinción que Leonardo da Vinci hacía entre la pintura (que como la sugestión operaría poniendo algo) y la escultura, asimilada al psicoanálisis porque su trabajo consistiría en *sacar*. *Per via di levare* es la fórmula que ha quedado acuñada para exponer el núcleo mismo de ese trabajo de socavamiento y reconstrucción de la memoria. De modo que si se quiere usar un concepto inspirado en Freud conviene distanciarse de las figuraciones autorreferenciales, introspectivas o, en todo caso, catárticas de la memoria. Se trata, más bien, de una rememoración capaz de cierto *olvido*, de la suspensión de esas certezas que forman habitualmente una coraza defensiva frente a la irrupción de las preguntas capaces de renovar el pasado.

Dictadura y sociedad

Con el advenimiento de la democracia, la representación pública de la ley que alcanzaba a los poderosos ofrecía una escena enteramente nueva: el alzamiento de las víctimas que denunciaban y demandaban justicia contra los crímenes de sus victimarios. No hablo del procedimiento técnico jurídico y la intervención del ministerio público en representación de la sociedad, sino de la representación del Juicio como la rectificación del poder omnímodo de los victimarios por vía del protagonismo de las víctimas. Al mismo tiempo, en ese escenario, de algún modo la sociedad quedaba convocada en posición de espectadora horrorizada de acontecimientos que parecían ocurridos en otro lugar. En efecto, la fuerza, la centralidad del ritual judicial no dejaba de provocar, fijar podría decirse, una memoria capturada por los crímenes y sus ejecutores, y arriesgaba dejar de lado un capítulo decisivo de la rememoración y el juicio intelectual y moral: el de las acciones y omisiones que involucraban a la propia sociedad. Es claro que no se trata de arrojar una culpabilidad general ni de concebir a la sociedad como un conjunto homogéneo, una suerte de sujeto colectivo que actuaría como un actor unificado. La referencia a la sociedad y a su papel se refiere, en todo caso, a una sociedad civil que se distingue del Estado y posee organización propia, autonomía relativa, ciertas identidades y tradiciones, en fin, es lo que puede destacarse en actores colectivos visibles, no sólo políticos sino económicos, eclesiásticos, profesionales, periodísticos.

En un sentido profundo, *la dictadura puso a prueba a la sociedad argentina*, a sus instituciones, dirigentes, tradiciones; y hay que admitir que muy pocos pasaron la prueba. En cuanto se aborda la implantación del terrorismo de Estado en una perspectiva que se interrogue sobre sus condiciones y en una periodización de más largo alcance, es posible ver lo que revela, como un espejo deformante pero sin embargo fidedigno, de esa sociedad que lo produjo y lo admitió. Si hasta aquí, en general, los *crímenes de Estado* absorbieron la dirección de la memoria social, si, como se vió, la formación de un núcleo firme de la experiencia de esos años estuvo focalizado en la enormidad de las violaciones de derechos fundamentales, el propósito de un saber crítico hace necesario desplazar el foco hacia la relación de la dictadura con la sociedad argentina. Es cierto que la dictadura irrumpió con rasgos propios y significó una ruptura traumática respecto de ciertas reglas que habían gobernado la vida política en la Argentina, aun durante los regímenes militares. No hay dudas de que sometió a la sociedad a una violencia sin límites y hasta entonces desconocida, especialmente por la implantación del aparato clandestino de represión y exterminio que ha quedado expuesto en el *Nunca más*. Si se atiende a los procedimientos de detención que allí se describen y que se desarrollaban de un modo bien visible, con despliegue de armas y de efectivos, si se piensa en las consecuencias de la *desaparición* sobre familiares, allegados y vecinos, no puede desconocerse el propósito de vencer toda resistencia e imponer ampliamente su dominación sobre una sociedad paralizada por el *miedo*. En esa dirección era visible el objetivo de escarmentar drásticamente a una sociedad que se había mostrado extensamente permeable a los aires tumultuosos de una "liberación" que aparecía, a los ojos de un estamento militar formado en la paranoia anticomunista, como la antesala de la revolución social.

Pero si se atienden, más allá de la masacre implementada metódicamente, a objetivos más amplios, pero no por eso menos centrales, la dictadura se proponía disciplinar la fuerza de trabajo, suprimía los partidos políticos (que se habían mostrado incapaces de estabilizar un orden social y político) y buscaba reforzar los lazos familiares tradicionales y moralizar las costumbres. Y allí donde encarnaba un principio de *orden* frente al caos social y político (más allá de que terminara por instaurar un régimen que terminó arrastrado a formas mucho peores de desorden) no dejaba de recibir apoyos explícitos y una conformidad bastante extendida. Hay que recordar que el régimen, en verdad, fue cívico-militar, que incorporó extensamente cuadros políticos provenientes de los partidos principales y que no le faltaron amplios apoyos eclesiásticos, empresariales, periodísticos y sindicales. De modo que la representación, ampliamente instalada después del renacimiento democrático, de una sociedad víctima de un poder despótico es sólo una parte del cuadro y pierde de vista que la dictadura fue algo muy distinto de una ocupación extranjera, y que su programa brutal de intervención sobre el Estado y sobre amplios sectores sociales no era en absoluto ajeno a tradiciones, acciones y representaciones políticas que estaban presentes en la sociedad desde bastante antes. Por otra parte, las figuraciones de la *guerra* que exaltaban la imagen épica de los represores no eran muy distintas de las que impregnaban la acción de las organizaciones armadas del peronismo y el guevarismo que, hay que recordarlo, llegaron a tener un respaldo significativo en la sociedad.

Se hace necesario, entonces, volver sobre las representaciones de la *guerra*. No porque haya razones para decir que efectivamente la hubo, sino porque más allá del plano estrictamente militar no es posible dejar de ver que los antagonismos inconciliables, la voluntad de soluciones drásticas y la disposición a aniquilar al enemigo, ofrecían un marco ampliamente compartido en la percepción de los conflictos. En ese sentido, como se dijo, una de las varias objeciones a la llamada "teoría de los dos demonios", que condensa la significación de ese pasado en la acción de dos terrorismos enfrentados, reside en que coloca un definitivo manto de inocencia sobre la sociedad. Sin duda es legítimo preguntarse (como lo hace un observador extranjero, quien además es coronel del Ejército español), cómo fue posible que "militares profesionales del país más culto y más europeo de América latina" hayan implementado un plan que incluía la práctica sistematizada de la tortura y el asesinato.[6] Una cuestión de esa naturaleza requiere un examen focalizado sobre el actor militar y eso es precisamente lo que ofrece la excelente investigación de Prudencio García. Al mismo tiempo, si se abandonan explicaciones simplistas, especialmente las visiones conspirativas que descargan toda la responsabilidad en los designios del poder económico mundial, una evidencia se impone: casi todos recibieron el golpe de 1976 con alivio, incluso unos cuantos que iban ser víctimas directas de su acción criminal. De modo que hay que reconocer que una exploración que se pregunte *cómo fue posible* el terrorismo de Estado debe ser ampliada a lo que sucedió en la sociedad, en sus organizaciones y sus dirigentes. Por esa vía se llega, necesariamente, a los problemas de la *responsabilidad colectiva*, es decir a un plano en el que la acción pública de la memoria excede la denuncia de los crímenes en la medida en que la búsqueda de la verdad, de cara a la sociedad, enfrenta algo distinto de la culpabilidad de los criminales.

Es sabido que el tema de la responsabilidad se ha prestado a diversos usos, incluyendo iniciativas de "reconciliación" que vienen a decir, más o menos, que todos somos culpables o, lo que es lo mismo, que no hay responsables. Es claro que una igualación de esa naturaleza es una invitación a la amnesia y a la renuncia al saber antes que el punto de partida posible de una rememoración encarada como un trabajo y un debate colectivos. Admitir una convergencia de responsabilidades en las condiciones del asalto dictatorial al Estado no implica igualarlas bajo ese pesado velo que confunde y encubre posiciones y comportamientos bien diferentes. Aquí vale la pena retomar la distinción ejemplar que Karl Jaspers proponía para impulsar las preguntas que, frente a la experiencia del nazismo, necesariamente involucraban a la sociedad alemana. En 1945 se ocupó de ese problema, en un curso dictado en la Universidad de Heilderberg, y propuso una distinción que me parece muy clara y enteramente aplicable al caso argentino: existe una *culpabilidad criminal*, una *culpabilidad política* y una *culpabilidad moral*.[7] La culpabilidad criminal no ofrece mayores dudas en la medida en que en la Argentina hubo un proceso penal, producción de la prueba y condena; y nada de eso fue borrado o cancelado por los indultos. El problema pendiente, en todo caso, a partir de la ley de "obediencia debida", es el de la amplitud con que se ha definido la persecución penal de los responsables. Pero en la medida en que los crímenes ocurrieron, las pruebas están, y hay procesos en curso en el país y en el extranjero, en ese terreno el problema sigue abierto.

Diferente es el estado de la cuestión en las otras dos dimensiones, las responsabilidades política y moral. En principio, una sociedad debería hacerse responsable no sólo por lo que activamente promovió y apoyó sino incluso por aquello que fue incapaz de evitar. Además, es claro que hubo una responsabilidad política inexcusable de los partidos y grupos que colaboraron activamente con ese régimen y de los círculos del poder que aportaron una conformidad que, en muchos casos, se convirtió en un apoyo activo. Por otra parte, si se atiende a las condiciones de la instauración de la dictadura, no puede dejar de reconocerse que fue promovida por una escalada de violencia ilegal, facciosidad y exaltación antiinstitucional que involucró a un amplio espectro de la sociedad civil y política, en la derecha tanto como en la izquierda. No sólo el viejo partido del orden y los responsables de la violencia paraestatal celebraron en marzo de 1976, también lo hizo cierto sentido común revolucionario que consideraba que una dictadura era preferible a un gobierno constitucional en la medida en que ponía en claro el carácter del enemigo, en una lucha política concebida como una escalada de guerra hacia la toma del poder.

Una buena parte de la sociedad había acompañado con cierta conformidad pasiva el vuelco de la política hacia un escenario de violencia que despreciaba tanto las formas institucionales de la democracia parlamentaria como las garantías del Estado de derecho. En ese sentido, es posible postular que algo cambió en la percepción social de la violencia entre 1973 y 1974, hay que admitir que la escalada de acciones terroristas en la escena social cotidiana y diversas manifestaciones de la degradación política y el caos en el Estado (en gran parte amplificadas por la prensa favorable al golpe) estuvieron en la base de una suerte de *rebote* del humor colectivo de una mayoría que viró hacia la conformidad con formas de restauración del orden y la autoridad, en principio dictatoriales, de acuerdo con la experiencia histórica. Pero si es cierto que una mayoría acompañó o aportó su conformidad pasiva a las faenas de la dictadura (responsabilidad moral, diría Jaspers) no lo es menos que entre las condiciones necesarias estuvo esa larga y pronunciada demolición de las formas, largamente debilitadas, de la democracia institucional y la jerarquía de la ley. De modo que una recuperación de ese período que combine el trabajo de la memoria con la admisión de las responsabilidades de la sociedad enfrenta como problema mayor el de la genealogía de la cultura de la violencia y de la ilegalización de las instituciones y el Estado.

Ahora bien, si se trata de entender qué cambia en la sociedad en las nuevas condiciones del renacimiento democrático, hay una evidencia que se impone: el período posterior a la derrota de Malvinas fue también el de una acelerada "resurrección de la sociedad civil".[8] La implantación de la problemática de los derechos humanos, más propiamente del destino de los *desapa-*

recidos, como una prueba decisiva, fundamental puede decirse, para la democracia, coincidía y se superponía con los efectos de la profunda crisis de la dictadura que condujo a un derrumbe acelerado y a una suerte de derrocamiento que se exponía directamente ante la sociedad. Ante todo, hay que contar con la repercusión de la derrota hacia el interior de la corporación militar. Enfrentada a una guerra efectiva, con un enemigo exterior en condiciones de combate, el conglomerado de las armas con la política había fracasado ruidosamente. Allí donde quedaba aun un componente de profesionalismo, entre los oficiales más jóvenes, o en los sectores menos involucrados en la represión clandestina, se produjo una fractura que rompía de hecho la unidad, más bien precaria, con la que el régimen había llegado a la guerra con Inglaterra.[9]

Hay que reconocer, entonces, el modo complejo, mezclado si se quiere, con que irrumpe, en ese contexto, el *descubrimiento* de los crímenes de Estado, ante todo por la súbita conversión de una prensa hasta entonces complaciente (cuando no adherente y beneficiaria) del poder de facto a la defensa de la causa de los derechos humanos. Son muchas las evidencias de la amplia movilización de la sociedad en torno de la reivindicación nacional sobre las Malvinas. Es claro, entonces, que la pérdida del consentimiento y aun la disposición a admitir y denunciar los crímenes del régimen estuvieron en ese momento asociados fuertemente a la decepción posterior a la derrota.

No puede decirse que la problemática de los derechos humanos haya nacido allí porque eso sería desconocer la acción desarrollada desde antes por los organismos de derechos humanos, que tuvieron una considerable exposición pública en ocasión de la visita de la Comisión de la OEA, en 1979. Pero el momento de la ruptura y la confrontación crítica, que expresaba un viraje francamente opositor en la sociedad y dio lugar a una denuncia amplia de la "guerra sucia" se precipitó hacia fines de 1982. Si esa significación, en la que los crímenes de la dictadura condensaban todo lo repudiable del pasado inmediato, fue una condición del cierre de un ciclo histórico, no es posible dejar de considerar en el cambio del humor social una suerte de rebote que arrastraba otros agravios, ante todo el de una derrota que la ciega algarabía triunfalista había convertido, finalmente, en vergonzosa y humillante.

Me interesa concentrarme en ese período para indagar lo que cambia en un espacio de representaciones que abarca las visiones de la dictadura junto con la autopercepción de la sociedad. Por ejemplo, ante las evidencias que salían a la luz decía una entrevistada en esos años: "Apoyé el Proceso, pero no sabía que la cosa había llegado a tal extremo. En este país no hay término medio".[10] Es posible pensar que esa tentación de los extremos era una disposición bastante extendida. Después de la derrota, hacia febrero de 1983, la opinión mayoritaria destacaba que el problema de los *desaparecidos* debía ser llevado a la Justicia; sólo la Iglesia argentina se mantuvo fiel casi hasta el final en su apoyo, a la vez doctrinario y corporativo, al régimen. Es claro, entonces, que en un lapso de tiempo comparativamente corto se produjo una decidida transformación de la significación de la dictadura.

En esa dirección, si se tratan de indagar las formas cambiantes, contradictorias incluso, de recuperación de ese pasado, vale la pena retomar la original investigación llevada a cabo por Guillermo O'Donnell sobre la vida cotidiana bajo la dictadura. Esa exploración incluyó una primera serie de entrevistas, realizadas entre 1978 y 1979, en las que se proponía a los entrevistados una opinión sobre el presente en comparación con otros momentos de la vida del país. Casi invariablemente elegían el período previo al golpe y contrastaban lo que recordaban como "una época de caos, violencia e incertidumbre insoportables" con el *orden* presente. Aun cuando no dejaban de cuestionar aspectos de la política del régimen (sobre todo en el terreno de la economía) sus representaciones en relación con aquel pasado inmediato estaban armadas a partir de ese esquema global: el *orden* que el régimen ofrecía, a pesar de diversos reparos, era preferible al "caos" anterior; y respecto de ese desorden se coincidía en general con el diagnóstico dictatorial:

la "demagogia irresponsable" que había "abierto las puertas a la subversión".[11] Ausente, en esa visión de la vida bajo la dictadura, la dimensión de la política, aparecían con insistencia los valores del trabajo, el hogar y la aspiración a un medio ordenado y estable en la escuela y el ámbito laboral, en abierto contraste con la experiencia de un período de desborde e intoxicación política asociados a la primera mitad de los '70. En todo caso, si bien no faltaba un reconocimiento de la pérdida de participación, incluso de interés, en los asuntos públicos, una representación característica del cambio sufrido insistía en la idea de una nueva madurez. Aunque O'Donnell no lo señala, es posible ver allí un núcleo de sentidos que, con valoraciones distintas y aun opuestas, va a caracterizar muchas de las evocaciones retrospectivas de la agitación contestataria anterior a 1976 como la representación de una aventura juvenil.

La investigación de O'Donnell incluyó una nueva entrevista en el período inmediatamente posterior a la derrota de las Malvinas. Se les dijo a algunos de los sujetos de la muestra que se habían perdido las grabaciones de las entrevistas anteriores y se les pidió ayuda para reconstruirlas. La consigna pedía que trataran de recordar con la mayor fidelidad posible lo que habían dicho entonces, sin incluir opiniones desde ese nuevo presente que de hecho instalaba ya la conciencia del final del régimen. Desde luego, los recuerdos ofrecidos por los entrevistados de sus opiniones anteriores habían cambiado en un sentido muy definido que ponía en relación dos núcleos, asociados en el rechazo del régimen: la derrota militar y las violaciones a los derechos humanos. A partir de la nueva *formación* de la experiencia, el recuerdo de las opiniones vertidas en la primera entrevista se acomodaba al nuevo humor opositor. No sólo no repetían, como lo habían hecho antes, el discurso de la dictadura sobre la "guerra antisubversiva", sino que estaban plenamente convencidos de que nunca habían pensado ni dicho nada semejante y que siempre habían rechazado al régimen de facto.

¿Qué análisis hacer de estas producciones de la memoria? En principio, sacaban a la luz algo más que un cambio de opinión en la medida en que daban cuenta de una renovación de la conciencia histórica de ese pasado. No se trata de lanzar ninguna denuncia sobre la sociedad ni de volcar sobre ella una responsabilidad final sobre esa etapa de la Argentina. En todo caso, esa recuperación defensiva desde un estado de inocencia era y es un rasgo bastante extendido y resulta mucho más encubridora en las evocaciones de quienes dieron apoyos más tangibles a la dictadura, en quienes tuvieron responsabilidades políticas, en el sentido de Jaspers, e incluso en las extensas reconstrucciones hechas por los protagonistas de la aventura guerrillera. Lo que me interesa, en todo caso, es reconocer que esas formas de acomodar el pasado al presente constituyen el trabajo mismo de la memoria, en la medida en que se admita que la memoria es una construcción siempre retroactiva. De modo que no tiene mucho sentido la búsqueda de un criterio de verdad sometido a las evidencias de los hechos. Porque, ¿cuáles son los hechos? Si toda memoria recupera y rehace el pasado, ¿por qué considerar más verdadera la recuperación de 1978 que la de 1982?

Es claro que el problema es otro cuando se busca investigar y producir un *conocimiento histórico* sobre ese pasado (algo que prácticamente no ha sido hecho), es decir una producción mediada, regulada, justificada y comunicable. En ese caso el objetivo de conocimiento exige una prevención crítica frente a la materia frágil de la memoria y éste es el límite mayor de muchas de las reconstrucciones más o menos ficcionales aportadas por quienes fueron protagonistas y ofrecen su propia participación en los hechos que narran como una garantía de verdad. Frente a las expresiones de una *memoria testimonial*, plenamente confiada en la clarividencia de los actores y la transparencia de los testimonios, vale la pena insistir en que los acontecimientos del pasado son opacos y mucho más cuando se trata de cernir su impacto sobre el presente. De modo que si de saber histórico se trata, es imperativo buscar sus principios de inteligibilidad más allá de la conciencia de los actores.

O'Donnell tiene el mérito de haber insistido, tempranamente, sobre la necesidad de no limitar el examen del terrorismo de Estado a la acción del conglomerado dictatorial ni admitir la explicación por los "dos demonios", variantes de una disposición *proyectiva* de los males de la sociedad. En todo caso, la desmesura de la dictadura reflejaba desquiciadamente, como un cristal deformado y roto, ciertos rasgos presentes en la sociedad, un desorden que no es difícil reconocer en sus organizaciones rectoras: conflictos empujados hasta el antagonismo y la escalada, multiplicación de las luchas, disposición paranoica a colocar afuera y en el otro la responsabilidad de todos los males, soberbia autorreferencial en la consideración del propio lugar y los medios disponibles, predilección por los atajos y las vías ajenas a las normas, escaso apego a las formas institucionales. Si hacía falta algo para revelar esas líneas de sintonía, hay que volver sobre la experiencia social que acompañó la aventura militar lanzada en las Malvinas, verdadero punto ciego de la exploración sobre el pasado reciente, para encontrar todos esos rasgos juntos. Frente a la representación simple del régimen como un poder que se descargaba verticalmente sobre la sociedad desde una cúpula despótica, los análisis de O'Donnell muestran la combinación de dos movimientos. Por un lado, en la escena social de los conflictos, que las organizaciones políticas eran incapaces de contener y canalizar, irrumpía el propósito de una intervención ejemplarizadora sobre una sociedad infectada extensamente por esa figura ubicua de la subversión, es decir, una sociedad indisciplinada, atravesada por diversas rebeldías, contestaria, insolente e imperativa en sus demandas diversas y contradictorias. Y es claro que a partir de ese diagnóstico la irrupción del poder dictatorial situaba sus metas mucho más allá de las formaciones guerrilleras, en fábricas y sindicatos, universidades y escuelas.

Por otra parte, parece claro que para la consolidación de la dictadura no bastó con el despotismo de las cabezas visibles del nuevo esquema de poder. La dictadura en verdad "soltaba los lobos en la sociedad" y estimulaba rasgos de autoritarismo e intolerancia presentes en las condiciones de la vida corriente, los que en las nuevas condiciones se aplicaron hacia abajo, desde diversas posiciones microsociales de mando, en escuelas, oficinas, fábricas, pero también en la familia y los medios de comunicación. Fueron muchos los que se plegaron a reafirmar las formas de una autoridad que se imponía a subordinados cada vez más despojados de derechos o posibilidades de control sobre su situación. Una idea fructífera de esos análisis viene a constatar que no alcanzaba con el personal militar y las fuerzas de seguridad: fue necesaria "una sociedad que se patrulló a sí misma". Lo más importante para una mirada de más largo alcance es que la facciosidad y eso que O'Donnell llamó "corporativismo anárquico" penetraban ampliamente en el propio conglomerado cívico-militar y se ponían en evidencia no sólo en la disputa entre distintas facciones (que a menudo se encaraba con métodos tan terroristas como los que se aplicaban a la *subversión*) sino en la acelerada disposición con que muchos de los otrora incondicionales y beneficiarios del régimen se dispusieron a tomar distancia de él cuando no tenían ya beneficios que obtener. Si hay que creer en la memoria social tal como ha sido expuesta y reconvertida hacia atrás, en el fin de la dictadura, sus apoyos habrían sido tan mínimos que no es posible entender cómo pudo instalarse y mantenerse como lo hizo, con relativa facilidad.

¿Culpa colectiva? El papel y la responsabilidad de la "gente corriente" no pueden ser eludidos en un examen de las relaciones entre dictadura y sociedad. Se refiere a un problema que va más allá de las opiniones recogidas por O'Donnell entre personas inocentes de toda participación en la maquinaria del terror, en la medida en que involucra también a muchos que brindaron una participación necesaria pero subordinada, obsecuente incluso, en funciones menores dentro del aparato estatal, en las Fuerzas Armadas y de seguridad y en instituciones públicas diversas. Se trata de considerar y a la vez juzgar el papel cumplido, en muchos casos voluntariamente, por los niveles más bajos de perpetradores y otros colaboradores, algunos forzados por la pertenencia a las instituciones involucradas en la represión, otros más libremente dispuestos a brindar su apoyo mediante la delación o la proclamada adhesión y la difusión del discurso del régimen. Es claro que en esa colaboración podían mezclarse la adhesión doctrinaria con la conformidad resultante de la presión desde arriba y las formas diversas, más o menos miserables, de búsqueda de beneficios, ascensos o prebendas. Probablemente, ninguno de ellos podría ser acusado de conductas criminales específicas y sin embargo todos ellos formaron parte necesariamente de las condiciones que hicieron posible el despliegue del terrorismo dictatorial.

Una cuestión similar ha surgido con fuerza en la discusión de la responsabilidad de la sociedad alemana por el genocido nazi, en particular a partir de las tesis de Goldhagen que descargan el mayor peso de la responsabilidad sobre los "alemanes corrientes".[12] Al respecto hay que decir que la explicación última del genocidio nazi por la acción de los "verdugos voluntarios" se ha mostrado endeble y, sobre todo, unilateral, frente a las complejidades del acontecimiento. Desde luego, su eventual aplicación al caso argentino es aún más problemática en la medida en que puede hacer pensar en un movimiento de abajo hacia arriba que convierte a las cúpulas ejecutoras en instrumentos que actuaban, por delegación, los impulsos violentos de los argentinos comunes y corrientes. Claramente, no puede decirse que en la Argentina haya habido un sistema despótico nacido desde abajo. Admitir que las responsabilidades por la irrupción e implantación de la dictadura no terminan con los ejecutores mayores de la masacre e imponen una mirada más extendida sobre la sociedad, no implica, en absoluto, desconocer que las condiciones para esa colaboración extendida fueron creadas por un régimen que corrompió al Estado y la moral pública y estimuló todas las claudicaciones y todas las bajezas. Para hablar del papel de la "gente corriente" en situaciones extremas es necesario preguntarse quienes la pusieron en esa situación.[13] En todo caso, establecida la responsabilidad criminal de quienes tuvieron la capacidad de decisión en la implantación y administración de la maquinaria de terror, lo que se puede constatar es la capacidad de miseria moral y acomodamiento oportunista presente en amplios estratos de la comunidad, algo que, probablemente, no distingue demasiado a la sociedad argentina de otras. Asimismo, hace posible advertir que muchos, quizá la mayoría, de los perpetradores eran gente ordinaria, parte de una burocracia que realizaba su trabajo con un empeño rutinario, empujados por motivaciones y cálculos igualmente ordinarios. Algo que, por supuesto, es más intraquilizador que la imagen de verdugos depravados y disociados de la gente común; sobre todo para quienes a toda costa quieren conservar su buena conciencia frente a la dictadura pero no podrían asegurar, en verdad, cómo hubieran actuado en esas circunstancias, es decir, sometidos a un aparato que ejercía su presión y su dominación sobre muchos. A esto se refería Hannah Arendt cuando, en sus notas sobre el juicio a Eichmann, acuñó la expresión *banalidad del mal*. Claramente, el mal ejercido en la escala monstruosa de las "masacres administradas" nunca es banal, pero en una gran proporción es llevado a cabo por sujetos mediocres y en sí mismos insignificantes.[14]

Si puede hablarse, en esa dirección, de una "cultura del miedo" como condición y a la vez como efecto del régimen dictatorial, uno de sus rasgos principales es el modo en que se entronca con las demandas de seguridad. No alcanza con una imagen puramente negativa del miedo como parálisis, restricción y encierro: el miedo también *disciplina* en un sentido positivo. La intervención autoritaria, entonces, no es simplemente productora de la irrupción del miedo, sino que encuentra una condición necesaria en un miedo menos visible, que se prolonga en la demanda de orden frente a la amenaza del caos y el derrumbe. La investigación microsocial de la conformidad a dictaduras demuestra la firmeza de un esquema organizador de la experiencia social que opone el caos al orden autoritario, eventualmente prolongado en el sistema represivo criminal. De modo que hay que destacar, como señala Norberto Lechner, que la intervención autoritaria se impone, en gran medida, por la promesa del orden, es decir, de terminar con el miedo; aunque, finalmente, para muchos termine generando otros miedos.[15] Un mérito del análisis de Lechner es que pone de relieve una dimensión *cotidiana* de la dominación, algo habitualmente descuidado en los estudios políticos de las dictaduras. Se trata de una dimensión hecha de rutinas normales y de la defensa y la búsqueda de un orden normativo dentro de una realidad más o menos previsible. El miedo más básico se refiere allí a un mundo sin sentido y sin raíces, a la pérdida de "referentes colectivos" y la "desaparición de horizontes futuros". Y este "miedo de los miedos", dice Lechner, es el fundamento, en última instancia, de la cuestión del orden: antes que a un sistema político responde a los parámetros habituales de comportamiento, a la participación en un marco de reglas y una defensa básica frente a formas extremas de incertidumbre y confusión. No hay sociedad que soporte largos períodos de extrema inestabilidad e imprevisibilidad y la intervención autoritaria sirve, en ese sentido, para proporcionar al desorden y la inestabilidad un origen claro, atribuible a una causa visible.

En ese sentido, el repliegue a lo privado, el refuerzo del reducto familiar es tanto la manifestación del miedo a las amenazas situadas en la violencia y el caos en la esfera pública como la búsqueda de un refugio. Una forma característica de la cultura del miedo, en esa experiencia de extrema incertidumbre, conduce a la *privatización*, la desconfianza y el repliegue respecto de la escena social: un efecto del miedo que es a la vez una defensa contra el miedo y que llama a ocuparse de los propios asuntos. De modo que no se puede dejar de ver que los llamados al orden, incluso a formas ilegales de represión de la insurgencia y la disidencia radicalizada (que, hay que recordar, comenzaron antes de 1976) alcanzaban una conformidad que no necesariamente nacía de una adhesión a las justificaciones ideológicas del bloque dictatorial. Desde luego, una clave de esa intervención eficaz de la violencia encarnada en el Estado es que la fuerza de su amenaza se dirija sólo contra los *otros* o, en todo caso, sea visible ante todo como dirigida contra los otros. Sin duda, la figura del *subversivo* cumplía con la fisonomía del otro expulsado de ese mundo normal que, por supuesto, es una construcción social. Y hay que admitir que a esa construcción segregativa contribuía fundamentalmente un influyente partido del orden, pero también la violencia en las calles, incluyendo modalidades desquiciadas del terrorismo guerrilllero.

Finalmente, bajo las condiciones de excepción, era el aparato mismo de percepción y juicio de realidad el que quedaba comprometido en el repliegue egoísta (narcisismo individual, de familia o de grupo cerrado) que, por otra parte, no excluía ni la búsqueda del beneficio propio ni las formas de imposición y los despotismos admitidos dentro un régimen que los promovía allí donde hacía posible participar en diversas impunidades. La restricción a lo privado operaba como una formación de compromiso que reunía el anhelo de seguridad con los efectos de la intervención coercitiva y restrictiva que rompía los lazos sociales, comenzando por los más cercanos. Para no hablar de la sociedad en general, diversos testimonios revelan los aspectos más mezquinos de la conformidad de familiares directos que tendían a culpar a las víctimas y en verdad no querían saber de la experiencia de quienes volvían del infierno de los *campos*. En ese funcionamiento paradójico de la familia, "que con tal de cuidarte y protegerte casi no te dejaba vivir" se puede mostrar la dinámica de un funcionamiento que reúne en el miedo la coerción admitida y ejercida, como un medio de protección. Como es sabido, el silencio sobre la vida personal y el destino de muchos de los *desaparecidos* comenzó a quebrarse con la demanda de los hijos que buscaban reconstruir su historia.[16]

Ahora bien, es necesario agregar dos indicaciones sobre la sociedad. En primer lugar, muchas de las formas de ese autoritarismo extendido en las relaciones sociales que bajo la dictadura venían a modelarse en el esquema del orden jeráquico, calcaban procedimientos de imposición que no habían estado ausentes en espacios de agitación y lucha de los primeros '70, en medios sindicales, políticos y universitarios. Desde luego que la justificación y, sobre todo, las consecuencias fueron muy diferentes en las condiciones terribles que impuso la dictadura. En segundo lugar, ya bajo la dictadura, el cuadro de una extendida proliferación de microdespotismos, que muchas veces obedecían a objetivos de beneficio personal o de grupo, estaba muy lejos de cumplir con el ideal de una sociedad jeráquicamente disciplinada según la ficción organicista del cuerpo social, ajustado e integrado de arriba hacia abajo, que el régimen proclamaba a través de sus jefes y sus mandaderos. No hace falta decir que si la dictadura tuvo éxito en el logro de un generalizado sometimiento a las nuevas reglas (clausura del espacio público, restricción de las formas de solidaridad, repliegue en la familia y los negocios privados), al mismo tiempo estuvo muy lejos de alcanzar una adhesión disciplinada a sus declamados propósitos, ni mucho menos una identificación explícita con sus fines últimos. Más que una sociedad obediente lo que hubo fue una sociedad que se acomodaba y se subordinaba, pero que no cancelaba la explosión de intereses, modalidades corporativas y búsquedas de beneficio a corto plazo, incluso ente los propios sectores de apoyo o beneficiarios del régimen. El cuadro entonces era el de un compromiso inestable entre el sometimiento al poder (y la autorrestricción de las demandas) y formas diversas de acomodamiento y calculado oportunismo.[17]

La dictadura estuvo lejos de poder implementar un proyecto constructivo de reforma de la sociedad; lo que hizo fue descargar una empresa de terrorismo revanchista atravesada por facciosidades y conflictos que no demostraban una efectiva unidad ideológica o política. Incluso en los momentos más críticos de la guerra con Inglaterra la dictadura careció de una unidad política de mando que le permitiera encarar negociaciones con alguna posibilidad de alcanzar un acuerdo aceptable para las distintas fuerzas. En ese marco, sólo el plan de exterminio de la *subversión* se ofrecía como el principio de una unidad juramentada. De modo que frente al esquema simple de la empresa de disciplinamiento, que se aplicó mucho y mal al examen de la dictadura argentina, parece preferible la idea de una extrema privatización (y "desciudadanización" en los términos de O'Donnell) que no cancelaban la búsqueda del beneficio propio.

Finalmente, bajo el manto general de ese régimen de excepción convivían distintos proyectos. Hubo una línea del dis-

curso y la propaganda militar que buscaba respaldarse en el idea-
rio de un nacionalismo reaccionario y autoritario: es la línea que
encuentra una derivación ulterior en las corrientes carapintadas
y en la carrera política de una figura como Aldo Rico que ha terminado incorporado al peronismo. La otra línea, aportada por
los civiles, que exaltaba las virtudes del *mercado* y la competencia, resultaba más eficaz porque no dejaba de recuperar núcleos
presentes en la sociedad desde mucho antes. Un análisis de la
propaganda de la dictadura excede los límites de este trabajo pero, brevemente, es posible ver que en su discurso sobre la sociedad superponía mensajes no demasiado compatibles. Por un lado había una incitación a participar ("el partido lo jugamos
todos"), dentro de límites estrictamente definidos, lo que suponía el ideal de súbditos moderadamente activos en el sostén de
la causa mayor de la refundación nacional, reforzada por los valores del integrismo católico. Por otro, la lógica del interés y los
valores del *consumidor privado* impulsaban una causa distinta, que
incitaba a poner la búsqueda del propio interés (y del grupo re-
ducido, la familia ante todo) por encima de toda otra consideración. Es claro que este segundo componente, que se reforzaba por los cambios culturales y morales que recorrían el mundo,
produjo efectos más visibles y perdurables.

II. Figuras de la guerra

El "Proceso de Reorganización Nacional" anunciaba desde la desmesura de esa denominación que no le bastaba intervenir sobre el Estado y las instituciones sino que la *Nación* misma debía ser objeto de una profunda reconstrucción, una regeneración podría decirse, social y política. Hay que recordar que en su nacimiento la dictadura contaba, para ese propósito, con una base de apoyo y una conformidad bastante amplias. De modo que al volver sobre las condiciones que la hicieron posible, no parece adecuado pensar que sus únicos instrumentos de poder fueran la represión, la tortura y el asesinato. Quiero destacar, entonces, que las Fuerzas Armadas intervenían sobre una sociedad que ofrecía mayormente una pasiva conformidad a lo que veía como inevitable, aunque, desde luego, obtenían el respaldo bastante más entusiasta de quienes desde antes bregaban por la restauración de las jerarquías, la preeminencia del principio de la *autoridad* y del repertorio de valores de la constelación conservadora. Con ello incorporaban una tradición que tenía su arraigo en la sociedad, incluso en una buena parte de los partidos populares. En fin, lo menos que puede decirse es que en esa composición inestable, de indudable orientación restauradora, la transformación liberal de la economía buscaba hacerse compatible con una abundancia discursiva que insistía con esa mezcla de conservadurismo y nacionalismo que no era ajena a tradiciones bien instaladas en la sociedad.

No voy a insistir sobre lo que ya fue expuesto en el capítulo anterior: el golpe militar de 1976 fue bastante bien recibido por la sociedad, aunque muchos no parecen dispuestos a reconocerlo. Esto fue así incluso para una buena parte de la dirigencia revolucionaria que, como es el caso de la cúpula montonera, celebraba el 24 de marzo como el comienzo de una escalada de guerra que los llevaría a la victoria.[18] Entre los militantes, por otros motivos, eran muchos los que llegaron a vivir el golpe militar con alivio, como un desenlace que venía a cortar con una situación intolerable. A las acciones de la represión ilegal ya desatada se agregaban los vaivenes de una dirigencia irresponsablemente aferrada a incrementar al extremo la escalada de la violencia y ciega frente a los efectos que provocaba con su acción. El destino trágico de Roberto Quieto, un jefe histórico de la guerrilla, puede ser tomado como un signo elocuente de una derrota anunciada. Había sido detenido poco antes del golpe en una playa de Vicente López, sin lucha; y fue evidente en los días posteriores que había brindado información bajo tortura, por lo cual fue juzgado y condenado a muerte por la dirección montonera; desde luego, no debieron tomarse el trabajo de ejecutar la sentencia porque de eso se encargaron las fuerzas ilegales que lo habían capturado. Aunque el tribunal que lo juzgó, atribuyó su defección a circunstancias puramente individuales ("conductas liberales e individualistas", "malas resoluciones de problemas de su vida familiar") en verdad, puede decirse que en su pasividad ante la derrota final había un diagnóstico político que veía anticipadamente el destino fatal que habría de caer brutalmente sobre esa empresa insurgente que había contribuido a fundar.[19] Básicamente era el proyecto mismo de la revolución como un horizonte posible y cercano el que se había desmoronado rápidamente. Y precisamente cuando el mesianismo de la insurgencia naufragaba (salvo por la obstinada voluntad de la dirigencia guerrillera en imaginar condiciones de guerra) ascendía un mesianismo de signo contrario: la defensa de la civilización occidental y cristiana supuestamente amenazada por las fuerzas del comunismo a escala planetaria.

El discurso del orden y la autoridad con el que se buscaba justificar la irrupción militar encontraba sus condiciones de instauración en el fantasma del caos y el despedazamiento del cuerpo social. La imaginería un poco torpe de un creativo publicitario condensaba, sin mucho esfuerzo, esa corporización de la Nación en el dibujo animado de una vaca cándida, y sobre todo pacífica, que veía con sorpresa y creciente temor como su cuerpo era atacado por una multitud de pequeños bichos desagradables y voraces. Una ficción que condensaba, con la claridad de una representación escolar, no sólo la naturaleza de los problemas que creía enfrentar el régimen militar sino la visión de la sociedad a la que el mensaje se dirigía. Ante todo, la idea, tan propia de una imaginación alimentada por la psicología de las masas de fines del siglo XIX, que acentuaba su carácter infantil y su propensión a convencerse de las verdades simples y tangibles. Pero, sobre todo, en esa visión de los enemigos del cuerpo social como agentes patógenos se sostenía la imagen de una intervención drástica de defensa orientada al exterminio. La idea de una violenta restitución de la *integridad* de la Nación, que pretendía suprimir las manifestaciones del antagonismo, finalmente, negaba la existencia misma del conflicto social y político. Se transmitía así una visión que en un punto es propia del *totalitarismo*: la operación imposible de la *reincorporación* de las diferencias en un cuerpo político unificado, una unidad imaginaria que es previa a las instituciones y las leyes. Desde luego que se trataba de un totalitarismo de base conservadora y que se diferenciaba del nazismo o el fascismo por su recalcitrante desconfianza en el apoyo de masas. Sólo la fugaz transformación de la relación con la sociedad producida durante la guerra de las Malvinas produjo un estado de fusión patriótica que ilusionó a unos cuantos, civiles y militares, en la posibilidad de un régimen autoritario con apoyo popular.

En un tiempo dominado por las visiones radicales, mesiánicas incluso, del cambio histórico, la dictadura construía una propuesta que también ponía el acento en la voluntad de una transformación drástica del presente y buscaba instalar un *corte fundacional*, el comienzo de un nuevo ciclo histórico que borraría, aniquilaría, el pasado. La izquierda, sobre todo montonera, había construido sus mitos históricos inventando en el pasado argentino las figuras y las escenas de su proyecciones revolucionarias; en verdad, la propia apelación "montonera" condensaba esa recuperación mítica del pasado. Por su parte, la celebración del centenario de la "Campaña del Desierto", en 1979, ofreció a la dictadura la oportunidad de exhibir las equivalencias (básicamente irreales) con las promesas de un nuevo recomienzo que también vendría a fundarse en la contundencia de las armas contra un enemigo irrecuperable. Esa igualación imaginaria de los *salvajes* aniquilados por la fuerzas del entonces coronel Roca con los *subversivos* que amenazaban la esencia de la Nación fundaba esa proyección épica de un nuevo origen que debía ser conquistado por la fuerza de las armas antes que por el imperio de la ley o las instituciones de gobierno. El fantasma de la guerra fundaba la política, puede decirse; pero, hay que recordarlo, el imaginario de guerra estaba instalado desde bastante antes como un patrón de significación alimentado desde la derecha (el anticomunismo cerril que veía un germen de insurrección en cada protesta) tanto como desde una nueva izquierda, dominada crecientemente por un fantasma de poder bastante más extendido que el que alimentaba el horizonte de acción de los grupos autoconvocados para la lucha armada.

De modo que una exploración inicial del nacimiento de la dictadura y de sus relaciones con la sociedad lleva a advertir la fuerza de una antigua evocación del *orden* y de las escenas que desde el pasado sostenían la irrupción del actor militar. Así como, según Marx, los revolucionarios ingleses usaban el lenguaje del republicanismo romano, nuestros dictadores evocaban a Roca y la "Campaña del desierto" para revestir a una faena de exterminio del sentido de una refundación de la Nación que, ante todo, le devolvería la integridad amenazada por las fuerzas de una renovada forma de salvajismo. Un bastante extendido partido del orden celebraba la apoteosis del poder militar y se presentaba como destinado, una vez más, a intervenir frente al caos y los fantasmas de la anarquía en un proyecto de *salvación nacional*. Me interesa destacar el automatismo de una historia repetitiva en la que, frente al vacío y la incertidumbre, los fantasmas del pasado venían a acogerse en las representaciones de ese presente. En verdad, las Fuerzas Armadas habían sido parte activa de la larga crisis política y estaban por lo tanto impregnadas de los mismos factores de desorden y facciosidad que dominaban la escena colectiva. Que en esas condiciones pudieran encarnar la reserva del orden y la autoridad, según una tradición que se remontaba, en un linaje fantástico, a Roca y los mitos sanmartinianos, muestra el peso de una construcción imaginaria de la escena política y social. En todo caso, es claro que la eficacia de esa construcción (tan alejada de las experiencias reales que invariablemente las habían llevado al fracaso) comunicaba ampliamente la autoexaltación de un estamento que se consideraba ungido y preservado más allá de la historia con las expectativas de una sociedad preparada y dispuesta a identificar la reconstrucción de un orden con el ejercicio de formas autoritarias de sujeción e imposición. Éste es el punto en el que una sociedad mayormente paralizada y desengañada admitía esa representación del orden como violencia de un poder autoritario, y con ello alimentaba un imaginario de guerra que, en cierto sentido, aportaba una justificación a la escalada del terrorismo contrainsurgente. Desde luego que una buena parte de esa sociedad sería, en gran medida, víctima de las formas desmesuradas de la represión ilegal y no es difícil encontrar los casos de quienes, como Jacobo Timerman, comenzaron adhiriendo al régimen para terminar apresados en una maquinaria de tortura y exterminio que de algún modo habían contribuido a instalar.

En el nivel en el que sitúo mi análisis, las alegaciones retroactivas, pos Malvinas, que insisten en que no se sabía la magnitud ni la modalidad de la represión criminal desatada no cambian el centro de la cuestión. Desde bastante antes, las representaciones de una situación de excepción estuvieron alimentadas en la sociedad, a derecha e izquierda, por el desbarranco de la política hacia la justificación de la violencia sistemática y sin límites y por la disposición a la búsqueda de salidas drásticas, primero en el imaginario de la revolución, después en el del orden y la autoridad. Esto es lo que hay que poner de relieve en una discusión abierta sobre las representaciones de la *guerra* ("revolucionaria", "antisubversiva") que dominaban la visión de los conflictos. Y así como fueron muchos los que celebraron como una victoria popular los asesinatos de Aramburu o Rucci, en el nuevo clima instalado en 1976, la sociedad admitía mayormente lo que la dictadura ejecutaba. En un sentido, incluso, la faena atroz del exterminio venía a intervenir brutalmente y sin medida en una cuestión que los partidos políticos, el justicialismo en particular, habían sido incapaces de resolver: el terrorismo urbano. Lo destacable, en todo caso, es ese sentido común que condensaba en la corporación militar la imagen de un actor separado de la sociedad. Esa misma idea *delegativa* unida a una representación épica de la lucha social y política estuvo presente en el tipo de organización y de prácticas de la guerrilla. Después de la aventura militar de las Malvinas, cuando irrumpe en la sociedad la denuncia de los crímenes contra los derechos humanos, se impondrá mayormente la representación de una dictadura en guerra con una sociedad básicamente inocente. En esa nueva formación de la memoria se mantuvo esa separación del actor militar, ya no como una reserva del orden que se impondría desde fuera sino como un ejército de ocupación extranjero.

El orden

Si se trata de ver a la dictadura como un producto de esa sociedad, es decir, a la luz de las continuidades y las condiciones que la hicieron posible, es claro que no alcanza con destacar lo que irrumpía como excepcional, incluso como *traumático*. O al menos se hace necesario suspender la idea corriente que en el trauma evoca inmediatamente la figura de una ruptura violenta, súbita, de acontecimientos externos que se imponen con una fuerza incontrolable a quien los sufre en una situación de pasividad. En principio, no se trata de negar los efectos propiamente traumáticos, en particular sobre los muchos afectados directamente por la represión clandestina o las diversas medidas de persecución social y política. Lo que quiero discutir es la capacidad de la figura del trauma, en su significación corriente, para dar cuenta de las características centrales presentes en el nacimiento de la dictadura. Ante todo por los modos en que ha quedado incorporado a cierto sentido común de denuncia del terrorismo de Estado: la idea del trauma como una interrupción externa. Pero de ese modo se oscurece lo que en ella se precipitaba, desmesurada e irracionalmente, de una *conflictividad* social y política de larga data.

Hemos visto, partiendo del corte impuestro por el *Nunca más* y el Juicio, las condiciones que marcaron el final de la dictadura y, al menos inicialmente, lo que la dictadura revelaba de la sociedad. Ahora quisiera explorar las condiciones de una forma de conformidad que dependía de una visión del *orden*, traducido en términos de una intervención necesariamente violenta en un escenario dominado por el antagonismo. Muchas de las escenas que dominaron la escena política en esos años alimentaban las representaciones de una confrontación total. Ya en las formas del pasaje de la dictadura a la democracia en 1973, era claro que la asunción de Cámpora venía marcada por aspiraciones de cambios radicales que debían abarcar no sólo la economía y la política sino también la sociedad y la cultura. Las grandes categorías que permitían dar significación a esa exaltante promesa de cambios alimentaban un imaginario de la revolución y, en general, ordenaban el pasado según esa gran oposición, Liberación-Dependencia, que proporcionaba la forma general de todo conflicto. Más aún, los fantasmas de esos combates se pusieron en acto en ese 25 de mayo de 1973 por la noche, en el penal de Villa Devoto, en una manifestación de masas que se presentaba como una derrota simbólica del régimen militar por parte de una insurrección popular. Lo destacable es que esa significación insurreccional de los desórdenes, que enmarcaron la liberación de los combatientes, era compartida igualmente por las Fuerzas Armadas. En efecto, más de una vez los responsables del plan de exterminio agitaban esa escena como la evidencia de una defección de la clase política, que había

votado la amnistía, y de la debilidad de la Justicia frente a la naturaleza extrema de los enfrentamientos y las amenazas de la insurgencia. Y hay más de una evidencia de que la evocación de
esa escena estuvo en la base de la decisión de no dejar prisioneros vivos en el futuro.

Si se miran esos años en sentido retrospectivo hay en verdad
una sucesión de *escenas* que podrían fácilmente ser consideradas
excepcionales o aun traumáticas, desde el asesinato de Aramburu a la masacre de Ezeiza; pero también podrían incluirse los crímenes que la Triple A arrojaba sobre la escena pública o ciertas
acciones del terrorismo insurgente en Formosa o Monte Chingolo o incluso los golpes institucionales que en el peronismo gobernante condujeron al derrocamiento del presidente Cámpora o,
después de la muerte de Perón, la irrupción igualmente aguda
de las sucesivas manifestaciones de la crisis económica que estableció una primera experiencia del desborde hiperinflacionario.
Casi enteramente el devenir de esos años podría ser caracterizado por la irrupción descontrolada de acontecimientos que rom-
pían cualquier idea de normalidad institucional. De modo que
no faltaban indicadores de sucesos excepcionales en un tiempo
que se ha convertido, a la distancia, en una etapa de agudos de-
sequilibrios políticos y violentos pasajes a la acción. Y es claro que
la irrupción y la acción de la dictadura, aun con la desmesura incomparable de su violencia contra una buena parte de la sociedad, debe ser puesta en ese marco.

En rigor, es posible pensar que la propia muerte de Perón,
producida en las circunstancias conocidas de enfrentamiento de
facciones en el interior del peronismo y de la escalada de la violencia ilegal en la escena pública, se constituía imaginariamen-
te como un primer cierre de las esperanzas abiertas en 1973.
Prácticamente agotadas las expectativas del *desorden liberador* y la
fascinación por la violencia como factor eficaz de la transformación social, el renacimiento de las aspiraciones del orden reac-
tivaba inmediatamente la reorientación de las expectativas hacia el actor militar. De modo que el peso real, material, de esa
crisis aguda (que desde la muerte de Perón recuperaba, hacia

atrás, otras escenas que sostenían una cadena asociativa en torno del fantasma del caos y la guerra social) se cargaba con las imágenes y las escenas en las que una buena parte de la sociedad plasmaba, defensivamente si se quiere, sus tópicos preferidos: orden, autoridad, repliegue sobre la familia y los negocios privados. No se trataba, como suele decirse simplificadamente, de una sociedad aterrorizada sino, sobre todo, prudente, según correspondía a los nuevos tiempos, y dispuesta a sobrevivir. Esta disposición flexible estaba presente en distintos segmentos de la sociedad, desde los sectores empresarios, políticos y eclesiásticos que obtenían tangibles beneficios hasta las extensas capas medias (que en general carecían de genuina simpatía por el régimen) dispuestas a aprovechar los beneficios de la "plata dulce" que se precipitaban sobre los centros de compras en Brasil o Miami. Lo cierto es que, hacia 1976, en las condiciones de desorganización social y política y desquicio del aparato del Estado, que mostraron su expresión más aguda después de la muerte de Perón, se favorecía en el estamento militar la idea mesiánica (aceptada y alimentada por otros) que le adjudicaba una posición de cohesión y disciplina aptas para las tareas de la salvación nacional. La ilusión de estar por encima de la sociedad alimentaba la megalomanía de la corporación de las armas como reserva del orden frente a la sociedad.

Pero hay que recordar que la preocupación por el orden y la autoridad había estado presente como un problema central en la escena política durante la presidencia del general Perón. Si el 25 de mayo de 1973, en la Plaza de Mayo por la mañana y en el penal de Villa Devoto por la noche había nacido ese fantasma del desorden liberador, un estado de exaltación de anhelos y demandas que potenciaba todos los sueños, pronto se hizo evidente que el orden y la autoridad también formaban parte del elenco de tópicos movilizados en torno de la restauración, finalmente fallida, del viejo caudillo al lugar de un monarca nacional. Como es sabido, el problema del terrorismo insurgente había formado parte del elenco básico de cuestiones que el ge-

neral Lanusse había intentado, infructuosamente incorporar
a un acuerdo de gobernabilidad que Perón se había ocupado
de sabotear permanentemente, confiado en la que creía su ilimitada capacidad táctica para maniobrar con la organización
montonera a la que calificaba, según le cuadraba: primero fue
la "juventud maravillosa" y luego una formación "infiltrada" y
"mercenaria".

Despedido en España por el general Franco y aguardado
con ansiedad en Ezeiza, fallidamente, por una tendencia revolucionaria que creía (o simulaba creer) que vendría a ponerse a
la cabeza de una revolución inminente, en ese mismo grave malentendido que ha rodeado la figura y la actuación de Perón se
resumía la tragedia que se avecinaba. Es conocida la afirmación
del viejo caudillo que consideraba al terrorismo urbano como
un problema policial, con lo cual no sólo desconocía la dimensión política del problema sino, lo que era más grave, relegaba
completamente su propia responsabilidad en el crecimiento de
la violencia y el apoyo al terrorismo. Pero en verdad lo más inquietante era el criterio mismo de lo que se definía como "policial" para el jefe del justicialismo. En Córdoba, como es sabido, amparó, o promovió (lo que no era muy diferente, dada su
modalidad de liderazgo), que un jefe policial derrocara al go-
bernador electo. En efecto, en la medida en que Perón ponía
su propia astucia por encima de las leyes y de los resguardos institucionales, favorecía claramente tanto los medios legales como
los ilegales en la represión de quienes discutían su autoridad. Ya
era evidente para todos (salvo para la dirigencia montonera)
que después de Ezeiza el principal problema que enfrentaba el
liderazgo del viejo caudillo era la contestación radicalizada de
la Juventud Peronista y que todas las acciones e iniciativas surgidas de su conducción apuntaban a liquidarla, sin demasiados mi-
ramientos respectos de las formas.

Si el comienzo de la etapa de los '70, plasmada como en una
fotografía en las movilizaciones populares de 1973, estuvo dominado por el exceso de las pasiones desbordadas y descentradas
en la sociedad, un estallido multiplicado de la pluralidad de de-

mandas, hay que recordar que los partidos políticos mayoritarios estuvieron entre los primeros enunciadores de la causa del orden. Perón y Balbín no sólo se abrazaron en pos de la reconstrucción de la concordia política, también coincidieron (en distinta medida y, evidentemente con una cuota de responsabilidad que caía centralmente sobre el titular del Poder Ejecutivo) en alimentar un curso decididamente represor sobre ese estado de movilización social; y, sobre todo, contribuyeron a arrojar en la misma bolsa a las diversas formas de la acción política contestataria. Mientras Perón convocaba al comisario Villar o apañaba el golpe de estado policial en Córdoba, Balbín acuñaba el término "guerrilla industrial" para englobar por igual a las nuevas corrientes sindicales opositoras a la burocracia tradicional y a la acción foquista de las organizaciones armadas. Y si ésa era la visión de los partidos populares, ¿qué cabía esperar de las entidades empresarias dominadas y aterrorizadas desde siempre por el fantasma de una insurrección comunista anticipada (o alucinada) en el menor gesto de desorden? ¿Qué de organizaciones sindicales que habían hecho de la confrontación con las oposiciones de izquierda una bandera y una práctica de exclusión y, a menudo, de violencia y matonismo?

Hay que tomar en serio las evidencias de que la sociedad, antes de 1976, no recibía pasivamente el impacto de ese escenario de violencia que crecía en la escena pública y se trasladaba al Estado: había adhesiones y movilizaciones y eran muchos los que tomaban partido. Perón volvía a la Argentina dispuesto a encabezar las tareas propias de una "pos guerra civil" y creía que venía a liderar el proceso que iba a dejarla atrás.[20] Pero fue evidente a poco de andar que los signos de un antagonismo inconciliable, necesariamente violento, seguían vivos y actuantes, ante todo en el propio conglomerado que había apoyado el retorno del viejo caudillo. La idea de una crisis grave, terminal incluso, en lo social y en lo político, parecía justificar tanto las apuestas fuertes a la causa de la revolución como las medidas de excepción de una política de seguridad crecientemente represiva, ahora dirigida por el propio Perón. Es bastante claro que ese clima, que retomaba y ampliaba las representaciones de una guerra social que venían de antes, se precipitaba y se mostraba visiblemente en el interior del peronismo. De Ezeiza al derrocamiento del presidente Cámpora se desplegaba una línea de acción que, finalmente, hacía evidente el giro brutal hacia una imposición de la autoridad (de Perón ante todo) sobre el desborde de la juventud. Y hay que recordar que Perón no sólo encubrió los hechos de Ezeiza sino que les dio mayormente su aprobación al suscribir la justificación de los responsables de la masacre, que era presentada como una operación destinada a poner en caja a los "infiltrados" y que, por otra parte, según su voluntad, lo llevaba a la presidencia. Hay que recordar igualmente que la Triple A empezó a operar cuando Perón era presidente y que su cabeza visible, López Rega, era su mano derecha y hombre de confianza, designado como su representante personal ante la Juventud Peronista, en un gesto de respaldo que era un verdadero insulto a las ilusiones de la "tendencia revolucionaria".[21] Y su idea sobre el carácter policial de la solución de la guerrilla insurgente incluyó la incorporación del comisario Villar, otra de las figuras de la organización terrorista de ultraderecha, un ex funcionario de la anterior dictadura que había perseguido al peronismo.

No quiero continuar con una enumeración de hechos que, a la distancia, muestran bastante claramente que en el comienzo de esa guerra desatada contra la organización montonera y, por extensión, contra el ERP, estaba, sino el designio explícito, la aprobación del viejo líder. No hace falta decir que cada una de las provocaciones de los grupos terroristas contra un gobierno que mantenía un elevado grado de legitimidad ante la sociedad producía un agravamiento de la escalada y, finalmente, facilitaba enormemente la faena de los escuadrones de la muerte. Ahora bien, volver sobre el peronismo en ese período de *ascenso de los extremos*, desde 1973 a 1976, en el que el clima y el discurso de la confrontación alimentaba parejamente propósitos de exterminio recíproco, muestra algo que no puede entenderse simplemente como una guerra de aparatos. No alcanza con decir que el peronismo trasladaba su facciosidad desbordada al aparato del Estado. Hay que agregar que las diversas manifestaciones de apoyo y las celebraciones recíprocas de los muertos del otro bando demostraban una amplia participación de una sociedad que compartía, aunque fuera por una relación delegativa con los guerreros, la visión básica de un antagonismo que sólo podría resolverse por la aniquilación del enemigo. También en esto el peronismo se mostraba como un microcosmos de la sociedad. En ese punto, el multifacético y contradictorio movimiento político y social, cada vez menos liderado por el anciano general, en sus tensiones extremas, sus sueños y sus miedos, encarnaba un cierto estado colectivo y se ofrecía como una condensación representativa de procesos más amplios en la sociedad: la lógica de una guerra total, indiscriminada, que luego animó las peores faenas de la dictadura, se puso en acción primeramente en la masacre de Ezeiza. Y el hecho de que no haya habido una mínima investigación con resultados tangibles y que nadie haya afrontado responsabilidades por esos crímenes parecía establecer la matriz de una confrontación sin normas que empujaba a desenlaces inevitablemente más violentos.

En cuanto al general Perón, desde ese lugar único de liderazgo que estaba a la vez expuesto a la contestación juvenil y al fracaso del pacto propuesto a la sociedad ¿habría podido hacer otra cosa que lo que hizo, a saber, estimular el antagonismo y la facciosidad, trasladada al aparato del Estado y la sociedad toda? Queda a la imaginación historiográfica, el desafío de pensar si el curso ulterior pudo ser diferente. En todo caso, la muerte de Perón se produjo en circunstancias que hacían imposible su perduración simbólica, sea como figura ideal de identificación y cohesión, sea como líder político capaz de construir un camino y sostener un proyecto destinado a sobrevivirlo. Esa muerte que sacudió a la Nación no sólo clausuraba el ciclo histórico que lo había tenido como protagonista central, no sólo venía a aplastar las ya bastantes menguadas ilusiones sobre un curso posible de reforma social y política, sino que al mismo tiempo, producía cierto efecto de revelación sobre la posición misma atribuida a Perón. Sin herederos ni organización que lo sustituyeran, fracturada la idea misma de unidad del pueblo por las luchas de facciones, parecía claro que ese lugar imposible de liderazgo, que apenas había podido conservar y en el que se reunían esperanzas contradictorias, había dependido de un estado de exaltación, de una suerte de alienación imaginaria que se hacía visible justamente cuando la muerte imponía su verdad irrevocable. Ausente cualquier dimensión de *alianza* de hijos y herederos, desmantelados los recursos institucionales de gestión de acuerdos básicos, rotos todos los pactos, lo que vino después sólo podía incrementar hasta el paroxismo las evidencias de la *fragmentación* del cuerpo social.

De los diversos males que Perón provocó a la República, las circunstancias de su muerte no fueron de los menos decisivos. En todo caso, es difícil dejar de ver la mezcla de omnipotencia, ceguera e irresponsabilidad con que contribuyó, hacia la posteridad, al legado de desunión y paroxismo antagonista, al proyectar a su esposa a un lugar imposible de liderazgo político. Después, como es sabido, crecieron los enfrentamientos y las acciones que ponían en escena, ante una sociedad moralmente anestesiada, una escalada de terrorismo cada vez más indiscriminado. Como era de esperar, la Triple A, que contaba con el amparo del Estado, superaba la capacidad de acción criminal de sus enemigos armados. De modo que, más allá de cuántos muertos hubo de un lado y del otro, la ofensiva restauradora del gobierno de Isabel Perón instalaba ya un *tiempo de revancha*, un clima exaltado de recomposición violenta que arrastraba a sectores significativos de la sociedad, en particular sus organizaciones dirigentes.

Al mismo tiempo, era muy claro que, para esa búsqueda básicamente autoritaria del orden, el blanco de lo que debía ser suprimido no alcanzaba sólo a las organizaciones armadas. De hecho, la Triple A asesinaba sobre todo militantes de diversos frentes de acción pública y escasamente alcanzaba a las cúpulas guerrilleras que pronto pasaron a la clandestinidad. Pero lo que me interesa destacar es que el curso represivo, más o menos violento, se extendía a toda forma de desorden no encuadrado en la disciplina de las respectivas organizaciones, sindicales, políticas, aun religiosas y profesionales. Con la instauración de la dictadura se potenció en cada una de ellas esa voluntad de sujeción y de imposición intransigente frente a los signos de disidencia que habían proliferado desde abajo. Hay que recordar que la intervención represiva puesta en ejecución por el Estado terrorista a menudo operaba por una suerte de delegación, no siempre tácita, para suprimir diversas rebeldías y recibía una conformidad más o menos explícita de las respectivas conducciones impugnadas. Es lo que sucedió en el ámbito de las empresas industriales privadas, en las reparticiones estatales y es también lo que revela el trabajo pionero de Emilio Mignone sobre la Iglesia, que puede ser tomado como un modelo de un proceso que con variantes atravesaba muchas organizaciones.[22]

La guerra

Todavía hoy el escenario bélico resume, para el bloque favorable a la dictadura, la única justificación esgrimida: se repite una y otra vez que hubo una guerra y que se derrotó a la *subversión*. La investigación de la CONADEP y el Juicio, así como el sentido común de la sociedad, han desechado que el accionar de las organizaciones guerrilleras tuviera una envergadura suficiente como para asemejarse a una situación de guerra. Pero lo más destacable es que las Fuerzas Armadas tomaron el control del Estado y gobernaron durante el equivalente a casi ocho años, y durante ese tiempo se propusieron una reconstrucción en profundidad en materia económica, sindical, educativa y de las relaciones exteriores; ilegalizaron a los partidos políticos, cerraron y reemplazaron el Parlamento por un engendro donde las tres fuerzas, como facciones políticas, simulaban un ámbito legislativo, rehicieron el Poder Judicial, intervinieron sindicatos y universidades, se propusieron reformar planes de enseñanza y limpiar los planteles educativos y de la administración, ejercieron poderes de censura sobre los medios de comunicación, subordinaron y movilizaron a las fuerzas de seguridad, redefinieron la política exterior; en fin, acumularon la suma del poder y lo usaron muy ampliamente; y en ese ejercicio incorporaron un importante elenco de figuras políticas, empresariales, y religiosas. De ese amplio proyecto, salvo la imagen de la guerra triunfante, todo lo demás ha quedado borrado en la significación retrospectiva que los propios defensores del régimen hacen de su *Proceso*. Cuando deben buscar una justificación de ese programa megalómano sólo pueden aferrarse a la escena fundante de la guerra total contra el enemigo irrecuperable. De modo que la discusión acerca de si hubo o no una guerra, que se desplegó en el Juicio a las Juntas con abundantes fundamentos jurídicos y militares, tocaba, en otro registro, ese *mito de los orígenes* sin el cual la empresa de la toma del poder perdía un sustento esencial.

Pero es notable advertir que, a la distancia, para algunas figuras no menores del conglomerado militar responsable de esa supuesta contienda, no hubo tal victoria. "Perdimos la guerra contra la subversión", dice el ex coronel Rico.[23] Ahora bien, *¿qué clase de guerra fue ésta, que no se sabe quien ganó?* Es claro que la afirmación de Rico se propone cuestionar hacia arriba a quienes la condujeron. Pero en esa constatación provocadora que vendría a disolver la única justificación que todavía esgrimen los defensores de la dictadura, queda en evidencia la ambigüedad y la diversa amplitud con que la represión clandestina buscaba definir sus objetivos. Dado que si se trataba de "aniquilar" a las organizaciones guerrilleras sin duda el objetivo, bastante modesto dada la escasa envergadura del enemigo, fue cumplido a costa de imponer un proceso de criminalización del Estado que terminó desplazado al interior del propio régimen. Pero es claro que no se trataba de una lucha contra el terrorismo a secas, dado que nunca se persiguió a la Triple A y, por el contrario, hay bastantes evidencias que muestran que los elementos policiales que habían actuado en las bandas de ultraderecha fueron incorporados sin más a los grupos bajo control de las Fuerzas Armadas, al menos en el Ejército. En todo caso, la idea de la derrota, singularmente esgrimida por el ahora dirigente justicialista, debe ser referida al objetivo más ambicioso, que definía muy ampliamente a la *subversión* y alucinaba una vasta conspiración que igualaba a las acciones terroristas de izquierda con las expresiones más variadas del cuestionamiento y la movilización política, sindical o universitaria. Si el objetivo apuntaba, en verdad, a una verdadera refundación de la sociedad que extirpara toda disidencia y si, en algunos destacados exponentes de esa visión desquiciada de la Argentina y del mundo, se sostenía en una fe integrista que reunía y potenciaba los fanatismos de la cruz y de la espada, es claro que tal programa estaba derrotado antes de empezar. En todo caso, para una mentalidad llanamente fascista y escasamente dispuesta a los matices, como la del ex coronel, para quien la lucha política es la continuación de la guerra, la proliferación del cuestionamiento a la dictadura, incluyendo centralmente el Juicio a las Juntas, resultaba la evidencia misma de que aquella vasta conspiración había alcanzado a imponerse.

En verdad, la dictadura carecía de un programa político coherente más allá de la represión clandestina de ese enemigo amplio y ubicuo, la *subversión*. Atravesada por las divisiones entre las tres fuerzas, y por las facciones dentro del arma dominante, el Ejército, sólo podía ofrecer algunas fórmulas hechas que giraban en torno de unos pocos tópicos y machacaban, en cuanto a la política interna, sobre todo en la necesidad de la renovación de la clase dirigente y la represión de la indisciplina social. Es cierto que diversos documentos, entre los que se destacaba un ostentoso "Proyecto nacional" producido por el Ministerio de Planeamiento, a cargo del general Díaz Bessone, proponían grandilocuentes visiones fundacionales y prometían hacia el futuro el nacimiento de una "nueva República".[24] Pero es claro que no podían construir nada duradero en esa dirección. En primer lugar, por la pobreza de ideas y de conocimiento que revela ese engendro discursivo que combinaba trivialidades huecas (del tipo de "realzar la misión de la familia" o "preservar, consolidar y desarrollar los valores esenciales del ser nacional") con una visión del mundo envejecida, que sólo podía repetir los clichés del fascismo criollo contra la democracia y el peligro del comunismo. Pero, sobre todo, porque nadie, entre quienes tenían poder de decisión en la cúpula militar, parecía tomar demasiado en serio las proyecciones desmedidas de ese ensueño totalitario lanzado hacia un futuro que parecía muy lejano. En ese sentido, si hubo jugadas políticas nacidas de los jefes militares (el proyecto de un Movimiento de Opinión Nacional y la "cría del proceso", las ambiciones de Viola defenestradas y reemplazadas por el ascenso de Galtieri, el proyecto nacional-populista de Massera, etc.), contradictorias entre sí, es evidente que respondían a inspiraciones y ambiciones que estaban muy lejos de poder constituir proyectos de largo alcance. Puestos a jugar concretamente en la arena política los jefes militares mostraban rasgos similares a los de la peor política criolla, sólo que agravados e intensificados por sus limitaciones formativas y el encierro empobrecedor en su propia socialidad corporativa.

Tal como ya ha sido expuesto, sólo la "guerra contra la subversión" fundaba un principio de unidad que incluía, como un pacto de sangre, el acuerdo sobre la metodología criminal; a los lazos propios de una organización cerrada y separada de la sociedad civil se agregaba así el peso de las solidaridades nacidas de las acciones clandestinas. Pero en verdad el conglomerado militar tenía en común algo más que la práctica de la *guerra*, en la medida en que compartía una visión de los conflictos que situaba el escenario local en el marco mayor de una guerra total contra el comunismo y por la defensa de Occidente. La contienda local era sólo una parte de la expansión internacional del comunismo ateo que, algunos decían al pasar, era "instrumentado por el Poder Internacional del Dinero".[25] No vale la pena insistir en otras fuentes para desplegar una formación discursiva previsible, que tiene la estructura propia de un delirio paranoico. Aceptada la premisa mayor, es decir la gigantesca conspiración del marxismo ateo que actuaría por detrás de todo conflicto, y la premisa menor que sostenía la defección de las democracias occidentales (y eso incluía a los Estados Unidos, por lo menos hasta el triunfo de Reagan) e incluso, para algunos, la siniestra confabulación del comunismo con el capitalismo "plutocrático", las conclusiones surgían con facilidad y revestían a las funciones policiales y represivas del aura de una cruzada universal por la fe y la defensa patriótica. Más aún, este razonamiento sobre el orden mundial, desviado en el origen, que era una creencia bastante más generalizada que los diversos proyectos enfrentados sobre política interior, era capaz de devolver a los autoproclamados guerreros de Occidente la imagen exaltante de una vanguardia espiritual y material que se adelantaba a su tiempo. Podían soportar la incomprensión de muchos, incluso de aquéllos a quienes consideraban los beneficiarios finales de una acción que a menudo se presentaba como un deber y aun como un sacrificio, en la medida en que estaban absolutamente convencidos de que la historia futura reconocería su empresa de patriotas.

En este punto, la disputa ideológica con la oposición, incluso con el conglomerado de la acción revolucionaria, era una disputa sobre el significado mismo de la idea de *Nación*. Frente a lo que era concebido como una agresión externa, los cruzados de uniforme venían a decir que el verdadero nacionalismo era el de las Fuerzas Armadas y no el de un falso discurso de "liberación nacional" que en realidad encubría el designio de someterse al poder comunista mundial. En fin, la principal razón para exumar estas construcciones bizarras (que el tiempo de la apertura impulsado simultáneamente por la política económica de la dictadura, convertía rápidamente en un desecho) reside en lo que fueron capaces de producir como principio de acción de una brutal intervención sobre el Estado y la sociedad. Adicionalmente sirve para reconocer los núcleos de una cosmovisión ultranacionalista, que se entroncaba fácilmente con una visión arraigada en sectores políticos, en particular del peronismo, y que se prolonga hacia el presente en figuras como Seineldín o Aldo Rico.

Finalmente, el Juicio reveló a la conciencia pública la magnitud de un sistema criminal que en los centros de tortura y exterminio, evocaba los horrores del genocidio nazi. Pero la doctrina de la represión antisubversiva, la guerra total y los

lineamientos de la metodología clandestina, la tortura en particular, tenían otras fuentes más cercanas e igualmente externas
a la experiencia argentina. Prudencio García pone de manifiesto lo que la doctrina debía a las tesis de la "seguridad nacional"
y la supuesta *tercera guerra mundial* en curso, originados en los
centros estratégicos de los Estados Unidos desde finales de los
'50. En cuanto a la metodología, en particular el uso sistemático de la tortura, la fuente de inspiración provenía, inicialmente, de la actuación francesa en Indochina y Argelia, que fue ampliamente expuesta en la formación de los oficiales argentinos
en esos mismos años; pero también incorporaba las enseñanzas
recibidas en diversos centros militares de los Estados Unidos.[26]
De modo que, si se trata de señalar esa dimensión más general,
que situaba las acciones de los militares argentinos en un escenario más allá de las fronteras nacionales, hay que reconocer el
papel cumplido por un linaje militar proveniente de Occidente, de Francia y los Estados Unidos, recalcitrantemente consa-
grado a la causa de la contrarrevolución a escala planetaria.

Como sea, ni franceses ni norteamericanos, que habían actuado fuera de su territorio, emplearon la tortura con sus propios connacionales ni lo habían hecho del modo indiscriminado y generalizado que emplearon sus desmesurados epígonos
argentinos, no convirtieron en rutina la ejecución de prisioneros ni hicieron desaparecer los cadáveres; y, desde luego, nunca
se les pasó por la cabeza apoderarse del Estado y convertirlo en
una organización a su servicio. Ésas fueron innovaciones desquiciadas que salieron de la inventiva de los militares argentinos, algo que algunos jefes, entre ellos el ex jefe de Policía de la provincia de Buenos Aires, el ex general Ramón Camps (quien se
vanagloriaba de haber asesinado y hecho desaparecer 5.000 prisioneros) y los generales Díaz Bessone y Vilas, reconocieron im-
plícita o explícitamente en sus escritos.

Vale la pena en este punto examinar la preparación y ejecución del plan sistemático que el Juicio a las Juntas fue capaz de
mostrar y probar. Recordemos que en el alegato de la acusación

se presentaba a las operaciones terroristas desde el Estado como una respuesta al terrorismo insurgente; pero resultaba inmediatamente evidente que un plan de esas características no podía haber nacido simplemente como una reacción contemporánea a los acontecimientos. En efecto, como se vió, tanto la doctrina como la metodología eran bien conocidas desde, por lo menos, comienzos de los '60. Onganía había hecho profesión pública de la "doctrina de la seguridad nacional"; y sin embargo la dictadura que encabezó no produjo un programa represivo como el de 1976. Si se admiten las evidencias que indican que hubo, poco antes de esa fecha, una determinación institucional, al menos en el Ejército, que decidió adoptar la modalidad clandestina que se plasmó en el terrorismo de Estado, hay que considerar el papel cumplido por el terrorismo guerrillero. En principio, hacia 1976 las organizaciones combatientes estaban prácticamante derrotadas; de modo que, como se dijo, la *guerra* no se proponía objetivos propios de una confrontación con un enemigo armado sino, mucho más ampliamente, aniquilar a esa figura amplia del mal, la *subversión* que, es importante resaltarlo, tampoco se había formado recientemente. Cuando se plantea si el plan criminal de las Fuerzas Armadas debe ser abordado como parte de una escalada aguda de terrorismos enfrentados, de ultraizquierda y de ultraderecha (algo que está presente en el "Prólogo" del *Nunca más*) o como un proceso que requirió una larga preparación de la organización militar para ser llevado a cabo de ese modo, hay que admitir que no caben respuestas simples. Si se trata de la doctrina, de la metodología y de la construcción de la *subversión* como blanco, condiciones necesarias pero evidentemente no suficientes, el proceso es bastante más largo y no puede ser analizado como una respuesta a las prácticas del terrorismo guerrillero. Pero si se trata de examinar las condiciones que hicieron que esa metodología se pusiera en práctica y se extendiera del modo que se hizo, mucho más allá de los modelos invocados, se hace necesario atender a las nuevas condiciones presentes en la sociedad y al clima de guerra que parecía admitir con demasiada facilidad la resolución de los conflictos por la vía del asesinato.

Las figuras de la *guerra*, entonces, habitaban diversamente las formas de representar el sentido de la violencia política y las prácticas terroristas enfrentadas. Comencemos por lo más obvio: *no hubo guerra en términos de una consideración estrictamente militar.* Y si resultaba necesario un análisis técnico del tema, ahí está el prolijo estudio, ya citado, del coronel Prudencio García que recoge en gran parte los datos contenidos en la investigación de Daniel Frontalini y María Cristina Caiati.[27] En el caso del ERP, la fuerza con mayor actividad propiamente militar, en su momento de máximo crecimiento, llegó a contar con un contingente de 400 a 500 miembros armados. Cuando decidió concentrar fuerzas en Tucumán, hacia mediados de 1975, destacó no más de 50 efectivos permanentes y excepcionalmente, con refuerzos provenientes de las ciudades, alcanzó a disponer de 120 combatientes. Contra ellos el Ejército llevó adelante el "Operativo Independencia" y desplegó una fuerza de 5.000 hombres y un equipamiento militar desproporcionadamente superior que en pocos meses aniquiló a la guerrilla tucumana. La última acción militar del ERP, que terminó en un desastre, fue el ataque al Batallón Depósito de Arsenales 601 en Monte Chingolo, en diciembre de 1975, en el que intervinieron prácticamente el total de los efectivos, unos 150 en total, y sufrieron entre 50 y 70 bajas. La inmensa desproporción de fuerzas y de medios impide considerar que haya habido en esos enfrentamientos acciones de guerra. Pero además y sobre todo, para el momento del golpe, en marzo de 1976, esa fuerza ya estaba derrotada. Lo estaba, ante todo, por su propia debilidad militar y por la irresponsabilidad suicida con que encaraba su acción; pero, además, por el nivel de infiltración que sufría y que quedó en evidencia en el ataque de Monte Chingolo: no sólo el Ejército los estaba esperando sino que además había tenido en sus manos e inutilizado gran parte del armamento que los guerrilleros iban a emplear.[28] En cuanto a Montoneros, en su mayor y prácticamente única operación militar, en octubre de 1975, contra el Regimiento de Infantería de Monte, en Formosa (que también terminó en un completo fracaso) movilizó entre 30 y 40 efectivos y perdió 16. Nunca intentaron repetir algo parecido. En su momento de mayor fuerza contaba con una cantidad de entre 600 y 800 efectivos de combate.

De modo que la excusa que todavía hoy se esgrime para justificar el golpe de Estado y que dice que no era posible combatir la guerrilla insurgente con las restricciones que imponía el ordenamiento institucional y jurídico de la democracia entonces vigente es una evidente falsedad. No sólo lo pudieron hacer (aun violando extensamente derechos individuales, como se hizo en Tucumán, con la conformidad del peronismo gobernante y la resignada aceptación de la oposición) sino que ya la habían prácticamente derrotado. Las propias Fuerzas Armadas, reiteradamente desde 1976, insistían en la debilidad militar y la impotencia operativa de las organizaciones guerrilleras. Y lo siguieron haciendo mientras consideraron que no debían dar cuenta a nadie de un plan represivo que, como se dijo, tenía objetivos mucho más extensos que las fuerzas de la insurgencia armada. Recién cuando la dictadura enfrentó una oposición más sostenida, sobre todo internacional, y advirtió que no podía evitar las consecuencias de la extensa masacre civil que había llevado a cabo, apareció la línea argumental defensiva que decidió olvidar todo lo que anteriormente habían dicho sobre "bandas" de delincuentes que sólo podían practicar el terrorismo y se inventó, hacia atrás, un enemigo poderoso, un ejército en armas que habría estado a punto de tomar el poder. Finalmente, el "Documento Final" justificatorio de la masacre, en mayo de 1983, crea la cifra de 25.000 a 30.000 efectivos, de los cuales 15.000 habrían sido combatientes, con lo que pretende hacer creer que la cifra de alrededor de 30.000 *desaparecidos*, que empezaba a ser expuesta públicamente, coincidía con esos supuestos efectivos de la insurgencia armada.[29]

Es claro, entonces, que no hubo tal guerra y que nunca hubo, ni antes ni después de marzo de 1976, la menor posibilidad de que un asalto revolucionario al poder pudiera ser exitoso. Lo que hubo, indudablemente, fue una decisión de las Fuerzas Armadas de asumir funciones policiales, de represión indiscriminada de la contestación social y política, incluyendo fundamentalmente la que se desplegaba a la luz del día en fábricas, barrios y universidades. Ese es el núcleo esencial de una lucha "antisubversiva" que requirió de una extensa preparación previa y que comenzaba por definir como blanco militar a cualquier opositor más o menos radical, sin que importara si portaba o no armas. Para ello fue necesario que tanto la doctrina como la metodología militar cambiaran los objetivos de la defensa frente al enemigo exterior por la temática de la *seguridad* frente al *enemigo interior*. Ése es el marco de justificación para que el cumplimiento de funciones policiales, degradadas por la acción clandestina, pudiera ser asumido como una actividad de guerra. Es igualmente el fundamento de un argumento repetido hasta nuestros días: esa lucha contrainsurgente debió ser encarada como una guerra no convencional y con una metodología propia. Por una parte, a partir de esa óptica todo conflicto (social, cultural o político) quedaba aproximadamente asimilado a un hecho de guerra. Por otra, desde el punto de vista *metodológico*, en el enfrentamiento con el enemigo interior no valían los mismos procedimientos que en la guerra convencional y quedaban enteramente justificados procedimientos ilegales, sobre todo la generalización de la tortura, para enfrentar y desarticular a fuerzas que, se decía, usaban formas clandestinas de organización. Algo que además de ilegal era manifiestamente falso en muchísimos casos (algunos muy conocidos), de víctimas que fueron secuestradas de sus casas y que no llevaban una vida clandestina. Todavía hoy se repiten los mismos argumentos justificatorios, con ejemplos extraídos de las luchas en Argelia o en el Medio Oriente, sin la menor disposición a admitir las diferencias con la situación argentina.

¿Alcanza con decir que no hubo guerra, que el campo de batalla nunca se constituyó como tal, salvo en la cabeza de los siniestros ejecutores? Algo es evidente: la intervención de las Fuerzas Armadas fue *política* antes que militar. Y es en el escenario de la política o si se quiere del derrumbe y la degradación de la política (que los militares no construyeron solos), en condiciones que venían del pasado, donde hay que situar cualquier intento de entender el papel jugado por las representaciones de una *guerra* que se proyectaba como una lápida sobre la escena colectiva. No es fácil volver sobre ese tópico después del Juicio a las Juntas, en la medida en que precisamente uno de sus efectos residió en la implantación de un *consenso* básico en la transición a la democracia que derrotaba el discurso y la doctrina justificatoria de la "guerra antisubversiva" y los reemplazada por la figura de las gravísimas *violaciones de los derechos humanos*. Desarmada esa presentación de la guerra sólo quedaba el plan criminal y la recuperación del punto de vista de las víctimas, el peso de los testimonios y las escenas de los campos de concentración. Como ya fue dicho en el capítulo anterior, en ese terreno las responsabilidades criminales han quedado claramente establecidas. Pero el problema es otro si se trata de dar cuenta, más allá de la definición jurídica, de los modos en que se incorporaba y se daba significación a la violencia social y política durante la primera mitad de los '70, y si se atiende a ciertos rasgos presentes no sólo en los actores organizados (las fuerzas militares y de seguridad y las organizaciones del terrorismo guerrillero) sino en sectores significativos de la sociedad.

Puede ser importante, entonces, a contrapelo del sentido común pacificador impuesto después de 1983, repasar los signos que alimentaban la construcción de ese espacio de representaciones de la *guerra revolucionaria* como un tópico central de la escena política, antes que como una definición militar. Y que era tan central en la visión de la *seguridad* y la contrainsurgencia (que traducía todo conflicto a la "guerra interior"), como en quienes creían percibir una situación revolucionaria a disposición de una vanguardia suficientemente decidida y sin mayores escrúpulos en el empleo de procedimientos extraídos del arsenal del terrorismo. No sólo del lado de la izquierda revolucionaria ese presente se teñía con las creencias de un futuro ya anticipado. La Fuerzas Armadas (y la derecha fascista) veían en ese puñado de combatientes el germen de una oleada revolucionaria y alucinaban que combatían contra lo que en pocos años sería un ejército semejante al Vietcong. Y por eso podían tratar a los estudiantes secundarios de La Plata que reclamaban por el boleto escolar como si fueran ya, según esa visión desviada, los peligrosos guerrilleros en los que inevitablemente terminarían convirtiéndose. En la otra trinchera, las organizaciones revolucionarias compartían la misma ficción que alienaba su visión de las condiciones presentes a esa proyección ilusoria: también ellos veían decenas de miles de combatientes en el futuro y cuando asesinaban a un político desarmado, como el Dr. Mor Roig, seguramente se exaltaban con los muchos más que caerían por la acción de una justicia popular que por el momento era sólo el designio exclusivo de una cúpula con pretensiones despóticas. Y en el medio o al costado de esa construcción desquiciada de la escena política, que arrastraba a muchos y reproducía los principios de una acción intransigente en todos los terrenos, la clase política tradicional fracasaba en toda la línea.

Queda pendiente un examen capaz de situar más precisamente el papel de las tradiciones y de los partidos políticos, actuantes en la etapa abierta en 1973, en ese escenario de la política transmutada en un escenario de guerra. Sólo puedo destacar lo que allí se formaba en términos de un repertorio de imágenes, percepciones, proyecciones, que no eran sólo vagas ilusiones sino principios de acción. Todo ello alimentaba una sensibilidad, instalaba creencias y reforzaba actitudes: se vivían tiempos de crisis profundas, de transformaciones terminales, necesariamente violentas. Pocas expresiones fueron más repetidas que esa, tan desgraciada en su capacidad de autocumplimiento, que adjudicaba a la violencia la condición de "partera de la historia", en este caso con las peores consecuencias. En ese contexto, que no admitía matices y borraba las diferencias que no se alinearan con el eje de la confrontación, se imponía la idea de un antagonismo (de clases, del pueblo contra sus enemigos) concebido, en la izquierda tanto como en la derecha, como la confrontación radical de dos mundos ideológica y políticamente inconciliables. Quienes permanecen cerca del sistema de nociones y creencias que impulsaba a la izquierda in-

surreccional de aquellos años, destacan una fecha y un acontecimiento que habría abierto las puertas a la revolución social:
el Cordobazo, 1969. Efectivamente, después de muchos años
(desde las masacres de la Patagonia) el Ejército intervenía a través de una acción represiva sobre sectores sociales rebeldes por
medio de una ocupación territorial. Es claro que situar allí el
comienzo efectivo de una guerra supone un marcado forza-
miento de los hechos y, sobre todo, desconoce la diferencia entre una revuelta social, aguda y disruptiva y un enfrentamiento de largo alcance de fuerzas organizadas. Pero no es ese el
ángulo que quiero destacar. Lo destacable es que la significación general de una confrontación total, sin concesiones ni
acuerdos posibles no estaba sólo presente en el actor militar y
en las vanguardias armadas sino que era acompañada por una
franja considerable de la sociedad.

Quiero detenerme en uno de los episodios que me parecen
de los más terribles del repertorio de horrores relatados en el
Nunca más. Se trata de una reunión que se llevó a cabo poco después del golpe y en la que ejecutivos de la Ford, en Pacheco, se
dirigieron a los delegados gremiales con un mensaje de advertencia que, más o menos, les hacía saber que de allí en más se
terminaban los reclamos y se esperaba del sector obrero obediencia y disciplina laboral. Hasta aquí no habría nada demasiado llamativo; seguramente situaciones como esas se repitieron
ampliamente en el ámbito laboral, con o sin advertencias, dado
que el propósito de terminar con los conflictos y la agitación en
fábricas y empresas públicas estaba entre los propósitos primeros y explícitos de la dictadura. El agregado siniestro se produce cuando los delegados plantean alguna objeción y reciben la
siguiente respuesta: "Uds. le van a mandar saludos a un amigo
mío, Camps".[30] Muchos de los obreros no sabían, todavía, quien
era el entonces general Camps, jefe de Policía de la provincia de
Buenos Aires. Una situación muy parecida, que involucra a civiles respetables es la que cuenta Emilio Mignone y se refiere a la
represión en Acindar: en una reunión social el general Alcides

López Aufranc responde a las inquietudes de economistas y miembros civiles de la dictadura sobre la actividad de los delegados gremiales en esa planta con una respuesta tranquilizadora: "todos están bajo tierra".[31]

Camps ha sido juzgado y condenado por la Justicia y por la sociedad. Pero, ¿cómo interpretar la adhesión, más aún, la colaboración activa de empresarios y ejecutivos que en ésa y en otras empresas arrojaron a muchos de los denunciados a la tortura y el exterminio? Ya no se trata de juzgar militares adoctrinados durante años como una casta situada por encima de la sociedad y de las leyes, formados para la aplicación de procedimientos criminales a los que consideraban como los únicos adecuados en una *guerra* que sólo podría librarse clandestinamente. No hay razones para pensar que los ejecutivos de Ford Argentina (o los economistas y asesores que sirvieron a la dictadura tan prolijamente como a los gobiernos constitucionales que siguieron) eran peores que los de cualquier otro lugar del mundo. Seguramente habían sufrido presiones y amenazas, habían vivido tensiones y conflictos con la parte gremial y, probablemente, alguna acción de la guerrilla les había pasado cerca. Pero todo eso no alcanza a explicar que con tal facilidad pudieran reducir la conflictividad laboral a los términos de una guerra de exterminio, máxime cuando, en las nuevas condiciones, era claro que no había ninguna posibilidad de un resurgimiento de la agitación fabril. Para que pudieran considerar que los procedimientos criminales de Camps eran una forma justificada y legítima de resolver esos conflictos, era necesario que se agregara la convicción vivida de una crisis que requería soluciones drásticas y, sobre todo, el clima exaltado de revancha social y política que la dictadura impulsó desmedidamente. Y hay que recordar que para la derecha identificada con la dictadura la "subversión marxista" era la única responsable del comienzo y la intensificación de esa guerra social, a pesar de lo hechos que desmentían esa convicción, en particular la acción terrorista de la ultraderecha.

Finalmente, hay que decir que si el exceso en la amplitud y en la radicalidad de las demandas había caracterizado las ansias de transformaciones que agitaron a la sociedad argentina desde fines de los '60, una análoga voluntad desmedida e irreal animaba a quienes, en el nuevo clima del contragolpe antisubversivo, admitían una definición muy amplia lo que debía ser propiamente *suprimido* de la escena social y política. Como ya fue dicho, el proyecto de lo que se llamaba "reorganización nacional" conducía en definitiva al objetivo imposible de una refundación de la Nación y una regeneración de la sociedad. Más aún, se proponía enfrentar un complejo ideológico y sobre todo cultural que incluía a corrientes intelectuales críticas y antitradicionales que estaban muy presentes en la cultura y que, por otra parte, se comunicaban con una sensibilidad de cambio, inconformista, que era muy activa en el escenario internacional de Occidente. De modo que, más allá del poder efectivo que ejercían, los dictadores sobrevaloraban más allá de todo límite su efectiva capacidad para suprimir de la experiencia, y aun de la memoria social, un componente extendido, que había nacido en esa sensibilidad *contracultural* propia de los '60; y que si bien era política (de Cuba al Mayo francés y a las Brigadas rojas) estaba a la vez impregnada de una sensibilidad de cambio que era también y sobre todo cultural y moral.

Ahora bien, si se trata de reconocer el peso de las definiciones voluntaristas, no es fácil eludir la evidencia de que los señores de la guerra, que venían a fundar un nuevo orden, a partir de la irrupción violenta iniciada en 1976, también hacían prevalecer notoriamente un activismo ciego por encima del análisis de las condiciones y la consecuencias de su acción. Sólo así se explica que puedan haber pensado que la metodología empleada, extendida territorialmente y prolongada en el tiempo, podía llevarse a cabo secretamente. Sólo una pertinaz ceguera a la reflexión y la experiencia podía sostener la creencia de que todo les estaba permitido y que nunca deberían rendir cuentas por su acción; y no hace falta decir que el voluntarismo y la ceguera alcanzaron límites insólitos cuando creyeron que podían invadir las islas Malvinas sin embarcarse en una guerra que estaba perdida de antemano.

Finalmente, si se trata de abordar eso que se llamó la "guerra sucia" en esta exploración de la escena política, y si se la sitúa en el contexto de la agitación y la violencia posterior al Cordobazo, no parece desacertado ver allí la expresión de un *choque de voluntades* que, como no podía ser de otro modo, se resolvió por la intervención de factores que dependían menos de la definición subjetiva de las luchas que del peso material de las fuerzas en juego, determinado no sólo por el control de las armas y del aparato del Estado, sino también por los apoyos en sectores dirigentes claves de la sociedad. Pero la formación de esa voluntad, dispuesta a todo no era algo fácil ni dependía sólo del control de las armas. Se trataba de la construcción de un actor colectivo capaz de hacerse cargo de la empresa desmesurada que soñaba con establecer no sólo una definitiva reorganización, incluso una depuración física de sus dirigentes, sino un tutelaje permanente sobre la Nación. Ése era exactamente el contenido de la *democracia* que no se cansaban de prometer. En ese punto, más allá de diferencias y enfrentamientos de facción, la figura de la democracia proyectada por el poder militar, más o menos alejada en el tiempo, respondía a eso que el ex general Videla llamó muy gráficamente, la "cría del Proceso". Aún hoy, epígonos y nostálgicos de la dictadura repiten que la democracia conquistada en 1983 está en deuda con la acción militar. Habría que precisar que no es precisamente porque así haya estado en sus planes, sino porque el nuevo ciclo encontró una indudable fuerza inicial en el generalizado repudio a los señores de la muerte. En todo caso, se acerca más a la verdad la señora Margaret Thatcher cuando se atribuye un papel decisivo en el tránsito argentino a la democracia.

Ahora bien, entre las razones, complejas, de los procedimientos criminales de la llamada "guerra sucia", vale la pena detenerse en la tesis central de Prudencio García: la *autonomía militar* como un componente central de la identidad y la cohesión corporativa de una organización que actuaba como un estamento separado de la sociedad civil, o más bien por encima de ella.[32] Esa identidad, construida desde mucho antes, pretendía encarnar, más allá de la Constitución y las leyes, la esencia inasible de la *Patria*. "El Ejército nació con la Patria" es la fórmula que condensa esa autoexaltación mítica. Y lo menos que puede decirse es que, dado que es difícil ponerle una fecha de nacimiento, esa manera de remitirse a un "mito de los orígenes", sumado al sostén de una formación cerrada, propia del tipo de aprendizaje social de la comunidad militar, ha otorgado una firmeza particular a esa identidad estamental. Es claro que también en ese terreno, propiamente imaginario, se libraba una *guerra* que tenía por objeto el contenido mismo de una disputa por la legitimidad, sostenida en esa identificación mítica originaria. Y cuando los militantes Montoneros gritaban "Patria o Muerte" enarbolaban una consigna, en sí misma vacía salvo en la amenaza mortal, que bien podrían haber proclamado los represores que finalmente los exterminaron. En rigor de verdad, si se pone entre paréntesis la discusión, que no tiene resolución posible, acerca del contenido que debe darse a esa figuración de una pertenencia primaria y originaria, las Fuerzas Armadas no sólo estaban mejor formadas y penetradas de esa creencia inconmovible que los erigía en la última reserva frente a las fuerzas que venían a disolverla, sino que, como lo demostraron, estaban mejor pertrechadas, moral y materialmente, para llevar siniestramente a la práctica esa promesa de muerte.

Ahora bien, ¿por qué no hubo condiciones para la implantación de una dictadura autoritaria, de orden y restauración, al estilo de lo que había sido la de Onganía? ¿Por qué sectores tradicionalmente defensores del orden, como la Iglesia, con amplios contactos y un "magisterio" sobre las Fuerzas Armadas no impulsaron esa salida, como ya lo habían hecho en el pasado? Si se trata de entender la novedad de lo que irrumpe en 1976, hay que comenzar por reconocer, como ya se dijo, que los ingredientes de la mezcla letal (seguridad nacional, guerra antisubversiva y paranoia anticomunista) estaban formados desde mucho antes. Algo debió agregarse que proporcionara un sentido nuevo y pleno a las figuras de la *subversión*, algo que situaba y ordenaba todas las indisciplinas no sólo en el eje mayor de la guerra anticomunista sino que introducía la *inminencia* o la inevitabilidad del asalto bolchevique al poder. En verdad, militares y combatientes guerrilleros, cada uno a su modo, compartían esa fascinada convicción de que una situación revolucionaria estaba a la orden del día. Al mismo tiempo, había una básica debilidad estratégica en el polo militar, dado que su visión del mundo y de la Argentina los llevaba a imaginar que la revolución comunista avanzaba incontenible, incluso en las democracias occidentales.

Estaban a la defensiva, por una parte, como siempre lo dijeron, porque habían sido atacados. Y en un punto es cierto que la escalada terrorista de provocación que el ERP y los Montoneros desataron contra oficiales menores de las Fuerzas Armadas y de seguridad era un llamado a la venganza directa por parte de una corporación que se unificaba en la respuesta a los ataques recibidos al boleo. Cancelado (como lo estaba extensamente en la sociedad) el freno de la ley, la corporación militar se unificaba y respondía, ante todo, en el nivel de la venganza directa y de la solidaridad propia de un grupo cerrado. Es claro que esto no explica el golpe militar pero sí la predisposición de muchos a dejar de lado otras diferencias y a aceptar su parte en una faena de exterminio que, incluso, se justificaba como un deber y hasta un sacrificio frente a la sangre de los camaradas caídos. Es lo que se expone en una anécdota reveladora del libro de Juan Gasparini sobre Montoneros. Un oficial del Ejército, que lleva en su cuerpo las secuelas de un enfrentamiento con la guerrilla peronista, se presenta en la ESMA para hablar, "de oficial a oficial", con un jefe guerrillero prisionero. En un reconocimiento entre guerreros, le pide explicaciones sobre lo que juzga, razonablemente, como un accionar suicida de la organización y termina preguntando: "Y ustedes, ¿qué creían, que nos íbamos a quedar con los brazos cruzados mientras casi todas las promociones del Colegio Militar tenían bajas?".[33] Es posible pensar que para muchos oficiales era ésa una motivación fuerte del compromiso que asumían en el aparato de la represión clandestina. Más aún, en muchos casos eran los oficiales jóvenes, más cercanos a los caídos bajo la acción del terrorismo insurgente, los que más duramente reclamaban acciones drásticas de represalia. Según el general Fausto González en los entierros mientras los generales lloraban, los oficiales con alguna participación en los combates insultaban y exigían medidas.[34]

Pero más profundamente, la debilidad política del proyecto global de la dictadura derivaba de la desmesura de sus ambiciones fundacionales que, hay que insistir en ello, iban mucho más allá de la aniquilación de la guerrilla e incluía una visión del mundo que iba, simplemente, a contramano de la historia. Por ejemplo, el influyente general Bayón, director de la Escuela Superior de Guerra en el texto sobre el avance del poder comunista al que ya me referí, que parece escrito por un lunático pero que era tomado como una producción intelectual orientadora por parte de la cúpula castrense (y seguramente también por parte de algunos jefes integristas de la Iglesia argentina), mencionaba a Aldo Moro como un ejemplo palpable de que las democracias occidentales se rendían ante la conspiración comunista mundial. Como es sabido Aldo Moro, líder demócrata cristiano, impulsaba conversaciones con el Partido Comunista Italiano que se interrumpieron cuando fue asesinado por las Brigadas Rojas. Y ése fue el comienzo del fin de la organización terrorista italiana que fue exitosamente reprimida en el marco de un Estado de derecho que contó con el apoyo de los comunistas, en un curso que desmentía absolutamente las catastróficas previsiones de los catedráticos castrenses. Pueden buscarse otros ejemplos, pero no es preciso abundar demasiado sobre esas proyecciones insensatas para advertir que, obviamente, esa amplificación desmedida del alucinado poder comunista, en el plano nacional e internacional, además de ser un obstáculo insalvable para entender el mundo contemporáneo, terminaba resaltando a tal punto el poder de ese enemigo que lo hacía propiamente invencible. Ése es el papel que Norbert Elias adjudica a la posición de "grupos declinantes", en el fondo débiles y desesperados, en el desencadenamiento de episodios de barbarie.[35] Finalmente, si dejamos de lado toda consideración moral, aun cuando la tortura destinada a obtener información podía encerrar cierta racionalidad, no había ninguna lógica, ninguna justificación realista en el exterminio masivo, salvo ese fantasma de humillación y revancha en el que la organización militar y de seguridad reaccionaba como una masa humana moral e intelectualmente degradada.

No puede desconocerse que en ese terreno, en el que las proyecciones políticas se reunían con los desvaríos de una recalcitrante fe integrista, el elenco dirigente de la dictadura mostró sus fisuras e incoherencias, tanto mayores cuanto más se enfrentaba a la evidencia de los fracasos de su ambicioso programa refundacional. Es claro que el polo tecnocrático del área económica, formado en las mejores escuelas de economía de los Estados Unidos, tenía una visión del mundo distinta y más apegada a objetivos tangibles de transformación de la estructura productiva y los negocios que, como es sabido, terminaron orientados hacia la Unión Soviética y, en proyecto al menos, hacia la China comunista visitada por Videla y Martínez de Hoz. El poder económico y financiero, por su parte, que brindaba un apoyo político a la empresa represiva, estaba muy lejos de subordinar sus demandas al mesianismo de los cruzados de Occidente. Y los diversos proyectos de salida política, pergeñados desde el interior de un inestable conglomerado cívico-militar que reunía y confundía dirigentes y mandaderos, se orientaron a objetivos cada vez más modestos en la negociación con las mismas fuerzas políticas que habían sido denostadas como uno de los blancos principales de la "reorganización nacional". Con el desastre y la humillación de las Malvinas los proyectos de salida terminaron en algo más parecido a una desbandada y, obviamente, casi nadie pareció recordar cuales habían sido los objetivos iniciales del costoso (en todo sentido) golpe de Estado. De modo que fue la presión de los sucesivos fracasos, que iban rebanando en tajadas el grandioso proyecto inicial de las Fuerzas Armadas y en la misma medida menguando los apoyos, lo que llevó a la fórmula reconvertida, mistificadora, que computaba la irrisoria victoria sobre la guerrilla, que en lo central ya estaba derrotada, como una gesta bélica que habría justificado el enorme daño arrojado sobre la sociedad por una usurpación del poder que duró ocho interminables años.

Ahora bien, la dictadura agregaba un ingrediente fundamental a la justificación de la *guerra*, a saber, la convicción, que animaba a muchos de sus jefes (ante todo al devoto general Videla), de estar librando una cruzada por la fe católica que estaba, además, bendecida por la jerarquía de la Iglesia argentina. Hay pocas investigaciones de la dictadura argentina tan importantes e ilustrativas como la que Emilio Mignone dedicó a la Iglesia y a la que ya me referí. Sería muy importante contar con trabajos equivalentes sobre otras organizaciones (políticas, sindicales, empresarias, periodísticas) capaces de devolver un cuadro más ajustado del comportamiento de la sociedad. En ese sentido el estudio sobre la posición de la Iglesia presenta un caso ejemplar que pone en evidencia la trama y las diversas lógicas que operaron en los apoyos que hicieron posible la instauración y la consolidación del poder dictatorial y sin los cuales difícilmente la metodología del terror hubiera alcanzado a desplegarse como un plan sistemático. Lo que revela ejemplarmente, ante todo, es una combinación de la adhesión ciega (incluso la santificación de la cruzada por la fe) con la obtención de beneficios corporativos; y es claro que el apoyo corporativo al sistema de poder no fue exclusivo de la Iglesia.

En esta exploración de las significaciones de la guerra quiero detenerme, por ahora, en esa legitimación religiosa de la *guerra santa* que sólo la Iglesia podía proporcionar. Basta recordar las reuniones que la junta militar tuvo, en los días del golpe del 24 de marzo, con la jerarquía eclesiástica y el vicario castrense para advertir hasta que punto fue importante la conformidad, por lo menos, de las cabezas del catolicismo argentino con la etapa que entonces se abría. Seguramente en esas reuniones no se discutieron los detalles del plan represivo. Tampoco los ejecutivos de la Ford necesitaban saber sobre los métodos de Camps ni los economistas preocupados por Acindar requerían detalles sobre el modo en que los representantes gremiales habían terminado "bajo tierra". Si en esos apoyos se mezclaban la adhesión entusiasta y el cálculo oportunista, hay que reconocer que fue en el seno de la Iglesia, particularmente en las vicarías castrenses, donde surgió un cemento ideológico, un gran relato justificatorio que revestía a esa empresa criminal del aura de una cruzada por la fe. El provicario castrense, Victorio Bonamím con sus exhortaciones públicas a una "redención por la sangre" era, en todo caso, la cabeza visible y desaforada de esa mezcla mortífera de nacionalismo ultraconservador e intregismo ultramontano que los capellanes se encargaban de introducir y fijar entre los ejecutores uniformados de la masacre.

Es cierto que no todos los obispos compartían las exaltaciones propiamente fascistas de Bonamín o Medina y que incluso hubo algunos que se enfrentaron a la dictadura y sufrieron las consecuencias. Tampoco hay que creer que el catolicismo operaba homogéneamente en las Fuerzas Armadas en el sentido de una consagración activa a la causa de la fe; para muchos seguramente ser católico y mantener las formas externas del culto era un rasgo de clase, compartido con los sectores dominantes tradicionales o un ingrediente inseparable de la constelación ideológica del nacionalismo de elite. Incluso es posible pensar que en muchos casos la proclamada causa de la religión encubría objetivos diversos (políticos, de enriquecimiento o de poder) más terrenales. Y desde luego, no voy a insistir sobre ello, la lógica de la reestructuración económica y el gigantesco enriquecimiento de algunos grupos empresarios a costa de la colonización del Estado tenían poco que ver con cualquier misión trascendente. En verdad, esa proclamación pública que consagraba la Nación a la moral y la fe católicas y la multiplicada presencia de prelados y religiosos en diversos escenarios montados por el poder de facto, coexistía con altos niveles de corrupción y de subordinación de los asuntos públicos a los negocios privados, algo que, por otra parte, se reproducía en el interior de la propia institución eclesiástica. De modo que, si la dictadura no sólo puso a prueba a la sociedad y sus dirigentes sino que, en general, sacó a la luz y puso en acción a lo peor de ellos, la Iglesia, considerando lo que de ella podía esperarse, sin lugar a dudas, estuvo a la cabeza del ranking de la degradación moral y política de las instituciones de la sociedad.

Dicho esto y admitidos lo límites del impulso mesiánico integrista en una consideración más global de las políticas de la dictadura, hay que reconocer al mismo tiempo que en el terreno específico de la guerra, no sólo en su justificación final sino en el cotidiano acompañamiento que vicarios y capellanes hicieron del desarrollo efectivo de la masacre, la religión agregaba un rasgo decisivo a la significación fuerte del término *subversión*. En el terreno propiamente doctrinario, aquello que debía ser suprimido era algo más que una desviación política o un extravío ideológico en la medida en que se tocaba con una abominación esencial respecto de un orden que Dios habría impuesto en la Tierra. Esa dimensión católica fundamentalista, que respondía a una tradición que había penetrado la mentalidad de los militares argentinos por décadas, sobreañadía al objetivo político represivo una justificación trascendente. Pero además y sobre todo, hay suficientes evidencias de una siniestra acción pastoral que acompañaba de cerca la represión que se desarrollaba en cuarteles, cárceles y aun en centros clandestinos y que podía intervenir tanto sobre las dudas o los escrúpulos de los represores como sobre las reacciones de las víctimas para favorecer una aceptación resignada y colaboradora con el designio de sus captores. Si a la fe permanente y a la asistencia y el consejo pastoral se agrega ese *monopolio del perdón* ejercido por los prelados, puede entenderse la fuerza resultante de esa asociación de la cruz y la espada y su capacidad para otorgar una solidez y un fundamento que excedía la política para significar un compromiso y un deber totales. "Había que hacerlo" y "tuvimos que hacerlo" era para muchos jefes militares una justificación final, incoercible y sostenida en esa convicción recalcitrante e impearmeable a las contrariedades de la experiencia. Y hay que decirlo, la extensa revancha vengativa resultaba bendecida por una legitimidad que, finalmente, no estaba sujeta a las leyes y los límites de las convenciones corrientes.

En este punto, cierta exaltación *sublime* de la disposición a

transgredir todo límite admite una comparación con un rasgo
que últimamente ha sido propuesto en el análisis de la experiencia y la acción de los ejecutores del genocidio nazi. Véase el frag-
mento siguiente de un discurso de H. Himmler a oficiales superiores de las SS:

"La mayoría de ustedes sabe lo que significa ver cien cadáveres uno al lado del otro, o quinientos o mil. Por haber enfrentado eso y, no obstante –dejando de lado algunas debilidades hu-
manas– haber permanecido íntegros, nos hemos hecho fuertes.
Esta es una página de gloria de nuestra historia, una página no
escrita y que nunca deberá ser escrita […] Podemos decir, en
general, que cumplimos la tarea más difícil por amor a nuestro
pueblo. Y no hemos sufrido ningún daño en nuestro yo interior,
en nuestra alma o nuestro carácter".[36]

Si se deja de lado el rasgo populista del "amor al pueblo", varios núcleos de esta exaltación de una elite autoungida pueden
servir para iluminar a los ejecutores locales de la masacre; ante
todo, la dureza inquebrantable de ese compromiso que los distingue como elegidos, el espíritu de cuerpo reforzado por la
identificación a una causa y a una "gloria" que están más allá de
lo que puede ser humanamente entendido y, consiguientemente, el pacto de secreto y silencio. Si se reemplaza la adhesión al
Führer por el compromiso con una cruzada por la fe, hay que reconocer que la mixtura de guerra contrainsurgente y guerra santa y el sostén religioso, como una presencia cercana en el propio
teatro de operaciones, construían un aparato de creencias justificatorias que podían ser más firmes que la religión laica que había pretendido fundarse con la doctrina y la identidad nazi. La
experiencia de los campos clandestinos será tratada más adelante, pero vale la pena destacar que, en un punto, la tortura además de un medio de obtención de información, quedaba a menudo asimilada a un castigo de Dios que apuntaba a borrar una
falta esencial. En la visión que ofrece Pilar Calveiro hay algo que
se agrega a la lógica de una metodología orientada a aniquilar a
las organizaciones guerrilleras, incluyendo sus bases políticas y
sociales más amplias, el *ritual de purificación* y el fundamento pro-

piamente mesiánico de un ejercicio total del poder que se descarga sobre el cuerpo y sobre el alma de la víctima.[37]

En todo caso, la Iglesia argentina carga con la responsabilidad de haber proporcionado ese fundamento último a una empresa de exterminio, y está claro que las autocríticas ligeras no son la vía adecuada para enfrentar ese capítulo siniestro de su pasado reciente. Finalmente, si, como lo demuestra el trabajo de Mignone, la cúpula de la Iglesia pudo mayoritariamente amparar y aun justificar el asesinato de sacerdotes y obispos en el marco de esa *guerra* sin leyes, ¿qué podía esperarse de otras instituciones menos ligadas a una tradición de magisterio moral?

En este examen de las significaciones de la guerra en la dictadura y en la sociedad no puede faltar una consideración, así sea abreviada, de la contienda de las Malvinas. En principio, hay que decir que la experiencia social y el amplio acompañamiento colectivo de la guerra convierten al episodio en un núcleo revelador, una clave del ciclo dictatorial que merece un tratamiento específico. Ya ha sido señalado el papel de la derrota en el Atlántico Sur en la emergencia y expansión en la sociedad de la denuncia de los crímenes en la represión interior. Ahora bien, más allá de una estricta consideración histórica sobre las causas, que indudablemente venían de antes, no puede desconocerse la voluntad política que operó en la decisión de llevar adelante el operativo y en el momento elegido para ello. Hay que recordar que el tema de las relaciones con la sociedad y la acuciante cuestión de la herencia del régimen era uno de los problemas centrales que la dictadura enfrentaba en el período anterior a la guerra. El proyecto de creación de un movimiento político de apoyo que garantizara alguna salida institucional aceptable, bajo la tutela militar, estaba lanzado esta vez en torno de la figura de Galtieri que buscaba ser promovida por un conglomerado servil en el que se destacaban fuerzas conservadoras del interior. Hay que recordar igualmente que ese bloque, que había construido apoyos significativos en el empresariado, la Iglesia y la prensa, celebró entusiasmado el triunfo de Reagan en los Estados Unidos, no sólo porque suponía que la cuestión de los derechos humanos, que había estado en el centro de las dificultades con la administración Carter, iba a perder vigencia en el frente exterior, sino porque estimulaba las ilusiones depositadas en la construcción de una fuerza política de derecha que fuera capaz de un consenso más extendido en la sociedad. En el frente interno, como es sabido, las ilusiones de los dictadores y sus servidores enfrentaban dificultades que no tenían que ver centralmente con sus crímenes en la represión clandestina, sino con las crecientes dificultades en el terreno de la economía. Ese había sido el eje de las primeras movilizaciones de la CGT, entidad que nunca incluyó la cuestión de los derechos humanos entre sus consignas y que era más bien hostil a la lucha de las Madres de Plaza de Mayo.

Ahora bien, no es aventurado ver en la decisión de lanzar la invasión a las islas el designio de lograr una legitimidad retrospectiva hacia la "guerra interior", "sucia" según se acostumbraron a llamarla. Una guerra admitida casi unánimemente como justa y popular y en la que se ponían en escena fantasmas de redención y salvación nacionales, que naturalmente contó con el apoyo de la cúpula de la Iglesia, se proyectaba como la reconstrucción triunfal de una suerte de unidad, *fusión* épica, podría decirse, con la sociedad. Lo que me interesa destacar es que el tópico de la guerra se proponía así como el componente dominante de la entera narración que la dictadura pretendía ofrecer de sí misma: primero la guerra antisubversiva habría eliminado al enemigo interior y pretendidamente sentado las bases para una refundación nacional, y luego se habría cumplido la guerra contra el enemigo externo, de redención y recuperación de la integridad territorial de la Patria. La escena de Galtieri en los balcones de la Casa de Gobierno en la Plaza de Mayo, ante una multitud que sólo Perón y el peronismo habían podido reunir hasta entonces, parecía condensar los sueños recuperados de esa omnipotencia fundacional de la dictadura. Desde luego, la dimensión grandiosa de esos sueños vanos, tan alejados de la muy limitada capacidad exhibida por el conglomerado castrense y sus aliados civiles, fue directamente proporcional a la profundidad de la crisis y el estrépito de la caída posterior a la derrota. En todo caso, para el tema que nos ocupa, la inversión del humor colectivo que rechazó la guerra y se indignó con la torpe irresponsabilidad de sus ejecutores, arrastró también un decisivo cambio en la significación de la otra *guerra*, contra la *subversión*, que perdió todo consenso en la sociedad. Los señores de la guerra empezaban a ser empujados al banquillo de los acusados y el reclamo por las víctimas comenzaba por el de los soldados conscriptos arrastrados a la muerte en el sur. Y en el tránsito del reconocimiento de esas víctimas, que quedaron en el haber de la dictadura, al descubrimiento de las otras víctimas, las de la represión criminal, como ya se dijo, se abría un nuevo ciclo caracterizado por la relevancia de la cuestión de los derechos humanos.

Los fracasos del voluntarismo insurgente

Se hace necesario volver sobre lo que produjeron las organizaciones de la insurgencia armada en ese escenario de violencia y de guerra instalado en la sociedad. Es preciso ser muy claro en este punto: la provocación terrorista a las Fuerzas Armadas no explica un golpe que, como se dijo, era fundamentalmente político y aspiraba a una reestructuración en profundidad de la Nación. También fue dicho que las Fuerzas Armadas no necesitaban apoderarse del conjunto del Estado para reprimir a un terrorismo subversivo que estaba seriamente desarticulado y, sobre todo, carecía de un apoyo popular que pudiera brindarle posibilidades de resurgimiento. En el límite, el objetivo del bloque dictatorial era otro, mucho más ambicioso, y apuntaba a eso que sólo algunos exaltados se animaban a proclamar como una "nueva República". Y más allá de las rencillas y disputas de facción, era el frágil andamiaje institucional de la otra república, formalmente liberal, la que se convertía en un obstáculo que debía ser, inicialmente al menos, suprimido.

Dicho ésto y depejada la justificación del golpe por el ataque insensato de los grupos guerrilleros, queda aún la tarea de explorar las condiciones que llevaron a un sector significativo de la sociedad, sobre todo jóvenes, a recorrer un camino sin retorno hacia la muerte y el fracaso. Es cierto que la irrupción de la guerrilla se sostenía en un clima de radicalización ampliamente instalado en la sociedad. La nueva izquierda, antiinstitucional, tendía a representar los conflictos como parte de una guerra y a incluir toda práctica de lucha en la visión general de una acumulación contestataria para el *asalto al poder*. Es un hecho que las vanguardias armadas no representaban a todo el diverso espectro de la radicalización contestataria. Pero al mismo tiempo, en el límite extremo de la sensibilidad del izquierdismo intransigente, la imaginación guerrillera no dejaba de exponer algo bastante característico de un clima de ideas y valores: la creencia irreductible en el peso de la construcción subjetiva de la voluntad revolucionaria. Un tópico de esos años (que en verdad es anterior y se empieza a construir desde la muerte del Che Guevara), el *hombre nuevo*, revelaba bien esa superposición de la lucha política con una ascesis subjetiva que debía alcanzar, idealmente al menos, una dimensión redencional. Finalmente ese visión romántica y heroica, cerrada a la experiencia, nacía de una verdadera rectificación guevarista del pensamiento marxista; y exaltaba a tal punto los alcances ilimitados de la decisión de una vanguardia convencida, que la definición misma de la situación revolucionaria (y por lo tanto de la *guerra*) dependía de la fuerza de su voluntad. Así se aplastaba justamente aquello que, en la tradición marxista, había sido (o al menos había pretendido ser) un arma fundamental de la izquierda, a saber, eso que se llamaba el análisis racional de las "condiciones objetivas" y que, en general, situaba la causa de la izquierda revolucionaria en directa oposición a las tradiciones irracionalistas del culto al coraje, al heroismo y la muerte.

Es importante precisar lo términos usados: en la insurgencia argentina hubo mucho más *terrorismo* que guerrilla; o, en todo caso, salvo el desastroso intento del ERP en Tucumán, que sirvió sólo como excusa para una primera represión extensa y bastante indiscriminada de fuerzas militares amparadas por el gobierno constitucional, lo que hubo fue "guerrilla urbana", que es una forma de terrorismo.[38] Y es importante destacar la diferencia ante todo porque el terrorismo (secuestros, asesinatos, atentados, asaltos) es un método disponible para diversos usos y está desprovisto de significación ideológica: ha sido usado por la derecha fascista (muchas veces desde el Estado) y por movimientos nacionalistas mucho más que por expresiones de izquierda inspirados en el marxismo. Seguidamente, es importante la distinción por el hecho de que mientras que, en Latinoamérica, hubo guerrillas militarmente exitosas (notoriamente en el caso cubano o nicaragüense) y guerrillas que fueron capaces de trasladar su fuerza y su organización al plano de la lucha política (en el caso de El Salvador), todos los experimentos de guerrilla urbana, es decir terroristas, fracasaron. Por otra parte, en el caso argentino (a diferencia del uruguayo) no sólo fracasaron militarmente sino que fueron incapaces de construir ningún núcleo o línea, por pequeña que sea, capaz de incidir en el curso ulterior de la etapa democrática, algo que se prolonga en la posición actual de extrema debilidad de los diversos grupos, siempre divisibles, de la izquierda en la Argentina, un núcleo ideológico testimonial condenado al aislamiento y políticamente casi inexistente.

Las operaciones de guerrilla, a diferencia del terrorismo, o son un modo de hacer la guerra, en la retaguardia de las fuerzas enemigas o son acciones de resistencia frente a un ejército de ocupación o son prácticas de un núcleo armado que alcanza a establecerse y organizarse en zonas rurales y apunta a convertirse en un ejército con miles de efectivos. Es claro que la acción en las ciudades, el desplazamiento a la "guerrilla urbana", trae otro tipo de impacto, sobre todo por la amplificación en los medios; y puede ser importante como un medio de agitación y de reclutamiento, encarado a la vez como propaganda armada y como una presión que en definitiva busca una negociación con el poder. Esto es lo que sucedió en la Argentina en la etapa previa a la elección que llevó a Héctor Cámpora a la presidencia; y la eficacia de los grupos armados, peronistas en este caso, dependió de la inclusión de esas acciones en la lucha política general, en la construcción de frentes de oposición y movilización, en fin, en una estrategia que no se dirimía en el terreno militar sino en el político y que, como es sabido, conducía el general Perón. Finalmente, ni la espectacularidad de las acciones terroristas, hasta mayo de 1973, ni la visión sobrevalorada que retrospectivamente han ofrecido algunos de sus ex integrantes, puede ocultar que la salida pactada del régimen presidido por el general Lanusse dependió mayormente de lo que el frente político y social de oposición fue capaz de lograr. Por ejemplo, Perón debió aceptar la cláusula proscriptiva y el *ballottage* porque no obtuvo el apoyo de la UCR en ese punto, y ninguna presión terrorista fue capaz de vencer ese obstáculo.

¿Dónde radicó el éxito de la política montonera? Sin duda contribuyó a una salida electoral menos condicionada; pero seguramente mucho más por la capacidad de movilización de la juventud que por las muertes y atentados y en el marco de un frente de oposición en el cual los actores políticos y sindicales jugaban el papel mayor. No voy a insistir sobre lo que vino después, cuando finalmente se cumplió la reiterada promesa que la JP había contribuido como nadie a agitar y extender y Perón llegó al poder. El líder no sólo reforzó y amplió el lugar de la derecha sindical y política en su movimiento sino que, como ya fue dicho, respaldó las acciones destinadas a liquidar a las corrientes revolucionarias. A la luz de esas terribles consecuencias no es fácil seguir el razonamiento de quienes consideran el ascenso de Perón como un triunfo histórico de la organización insurgente, que había luchado por ese objetivo sin ahorrar ni el esfuerzo ni la sangre, propia y ajena. Ya que, aún dejando de lado la evidente sobrevaloración de la parte que les tocó en esa empresa, si la crónica anunciada de un proceso que desembocó en el hostigamiento criminal y la expulsión pública por parte del líder soberano (y que llevó a una completa pérdida de apoyo de las bases peronistas), puede ser contado, por algunos al menos, como una victoria, es difícil imaginar cómo hubiera sido el escenario de la derrota.

Diversas producciones de lo que puede ser llamado una *memoria montonera* han llegado a una autocrítica, que es ya un lugar común, y que sitúa el error mayúsculo de la organización en la decisión de asesinar a Rucci y arrojar su cadáver como un mensaje sobre una eventual mesa de negociaciones con Perón, en el momento mismo en que el líder histórico alcanzaba la presidencia. Pero es obvio que en ese crimen se manifestaba no tanto el comienzo de la confrontación con el caudillo como la expresión, brutal y sin retorno, de un choque que venía desde antes. En verdad, hay que pensar que esa ruptura era inevitable a partir de la definición misma del proyecto revolucionario montonero, que difícilmente era el de Perón, y de la modalidad exaltadamente jacobina con que se mostraron dispuestos a forzar su lugar en el movimiento, algo que no podía dejar de chocar con las hábitos autocráticos del caudillo.

Aquí querría detenerme en esa verdadera *impronta* ocurrida en su nacimiento público con el asesinato de Aramburu. Muy jóvenes, propiamente "imberbes" (y en esa expresión Perón exponía todo lo que lo separaba de los ímpetus de la acción por la acción) encontraron en esa operación sorpresiva, casi instantánea, el pase de magia que los colocaba en el centro de la escena política: conmovieron al régimen de Onganía, concitaron el elogio (siempre taimado) de Perón, emergieron como héroes vengadores frente a amplios sectores del pueblo, ante todo peronistas, que acumulaban muchos años de rencorosa frustración. Es claro que aunque se mostró finalmente como un camino sin salida, el terrorismo operaba en el marco de una estrategia que los montoneros no decidían ni controlaban y que dependía enteramente del capital político y la habilidad de Perón para hacer jugar esas acciones en una dirección definida, que lo devolvía a un lugar central en el escenario de salida de la dictadura de Lanusse. Obviamente, sin esa conducción y sin esa capacidad para intervenir en la escena política, los procedimientos terroristas de la guerrilla urbana sólo servían a una estrategia de provocación.

Es posible pensar que el golpe de mano que culminó con la muerte del general Aramburu y que les dio una súbita celebridad, marcó a fuego la visión montonera de la política y sus formas deseadas, ideales, de acción. Ese mismo patrón marcado por la *espectacularidad* gobernó algunas de sus acciones más resonantes, como el asesinato de Rucci, y se repetía cada vez que se buscaba un efecto contundente en una *guerra* que se desarrollaba sobre todo en los medios y en el impacto sobre la sociedad. Es fácil advertir que todas las acciones propiamente militares, en las que buscaban un combate a partir de fuerzas propias organizadas y enfrentaban otras fuerzas organizadas terminaron en fracasos resonantes.

Finalmente sólo quedaban las irrupciones del terrorismo, que no requerían de una mayor organización militar y que, además, repetían ese patrón ideal de la primera acción: el golpe audaz que sacude el escenario a la vez que desconoce las consecuencias ulteriores. Y la búsqueda de espectacularidad, que debía reinventar nuevas formas e incrementar su potencial de provocación, alcanzaba en la imaginación montonera límites nunca vistos: así es como decidieron secuestrar el cadáver de Aramburu, al que ya habían dado muerte, para continuar una acción de venganza, en este caso por el secuestro y los agravios sufridos por el cadáver de Evita.[39] Era evidente que, a contramano de lo que la inventiva de la cúpula guerrillera podía anticipar, ese escarnio sobre restos humanos, que transgredía tabúes básicos de la cultura (y que alcanzarían un límite propiamente siniestro en el tratamiento que la dictadura iba a dar a los cuerpos de las víctimas) sólo recogió un repudio horrorizado.

Querría destacar que esa primera acción sobre el general Aramburu, cuyo impacto se buscó patética y fallidamente reproducir con el secuestro de su cadáver, condensaba mucho de lo que vino después: audacia y golpe de efecto, elitismo fundado en las armas y el culto al coraje, pertinaz disposición a descuidar y sacrificar otras vías frente a la plena y fascinante inmediatez de la victoria sobre el enemigo muerto. Pero lo más destacable de esa primera acción fue el éxito en términos de una celebridad que recibió una amplia adhesión no sólo de los viejos peronistas sino, sobre todo, de las capas medias radicalizadas, especialmente juveniles, que constituían sus principales bases de apoyo y reclutamiento. Tanto por sus efectos en el campo de las fuerzas que se definían como enemigas como, sobre todo, por el impacto respecto de las propias bases (y los mitos que fundaban la identidad montonera) ese asesinato quedó incorporado como el patrón-oro, una forma eficaz, drástica, instantánea en verdad, de acción política. Más de veinticinco años después, un ex dirigente formado en esa familia, seguía añorando el asesinato que cambiara la historia y, en el mismo momento en que reconocía que había sido un crimen matar a Rucci, agregaba que era a López Rega a quien debían haber ejecutado.[40] ¿Y por qué no a Perón mismo, dado que los blancos se le acercaban tanto? Como es sabido la ultraderecha que lo rodeaba tomaba en serio esa posibilidad y también el viejo caudillo parecía creerlo cuando hablaba detrás de un vidrio a prueba de balas. En todo caso, no hacían sino sacar las consecuencias de una lógica de la acción por la acción que parecía dispuesta a sobrepasar todo límite y que consagraba al asesinato en un lugar superior entre las prácticas políticas eficaces.

Como sea, la idea de la muerte de Perón rondaba la mente de muchos, con la notable excepción del propio líder que al parecer no contaba con ese desenlace eventual. Esa idea ha estado incluso presente como un acontecimiento deseado en algunas recuperaciones autocríticas que cuestionan la estrategia montonera hasta 1974, sólo por no haber permanecido en el movimiento esperando que Perón muriera para disputar la conducción del movimiento en su nombre.[41] Pero, además de que Perón había designado claramente a su sucesora, no se ve bien qué clase de estrategia de construcción política podía articularse sobre esa simulación que suponía una fingida subordinación al líder, al que por otra parte habían contribuido a entronizar como un dios de la política y la revolución, para después apostar por su muerte e intervenir en una lucha por la herencia que, seguramente, no iba a ser pacífica. En todo caso, si se trata de seguir con esa visión que exalta la eficacia de la muerte como activadora de un proceso político de liberación, quedaba por lo menos otra muerte necesaria, la de Isabel Perón.

El enfrentamiento con Perón, entonces, no fue un error o un accidente y ya en aquella primera acción de guerra se sellaba la radicalidad de un enfrentamiento y una apuesta a la entronización de la lógica de las armas que necesariamente iba a chocar con el liderazgo soberano del anciano caudillo. La vía de los fusiles es de difícil retorno, salvo condiciones muy particulares de cambios en la escena, acuerdos institucionales y liderazgos muy firmes y claros en la transformación hacia objetivos de inserción en el marco político legal. Del lado del *pathos* montonero era sin duda muy difícil retroceder desde ese lugar heroico de guerreros justicieros a los tiempos lentos de la política en el partido o la incorporación a una gestión de gobierno que no tenía forma de cumplir las demandas desatadas por la agitación maximalista que había regado de sangre el camino hacia la soñada "patria socialista". Pero, hay que recordar, en contra de las formas habituales de recuperar esos episodios, que en el sangriento malentendido que pautaba la relación de los Montoneros con Perón, éste no era una figura situada por encima de la guerra intestina y muy pronto lo demostró claramente. Es claro, (ya lo era entonces para muchos pero, en todo caso, hoy resulta indiscutible) que el general Perón, después de Ezeiza y antes de la muerte de Rucci, ya mostró su disposición a usar todos los intrumentos legales e ilegales para liquidar el desafío montonero.

Las acciones terroristas que aparecían como el camino más eficaz, en ausencia de verdaderas condiciones para una guerra de guerrillas, terminaron en un ejercicio suicida de provocación de un enemigo que, obviamente, estaba mejor equipado en términos tanto materiales como de moral de combate. Finalmene, en vísperas del golpe, cuando las acciones de la guerrilla urbana se dirigieron abiertamente contra las Fuerzas Armadas y de seguridad era claro que no era el daño militar lo que buscaban sino una reacción que, ilusoriamente, debería profundizar la escalada hacia una futura confrontación mayor. La línea seguida suponía, brevemente, que el colapso del sistema institucional llevaría a una dictadura más brutal que la anterior, que sería incapaz de contener una oposición creciente y frente a la cual las direcciones guerrilleras surgirían en una posición de liderazgo de un frente político popular que arrastraría a las masas. Esta línea es precisamente la que fracasó en toda América latina. Como ya se dijo, la táctica del terrorismo indiscriminado terminó cumpliendo un papel no menor en la modalidad y en la extensión de los procedimientos represivos de la dictadura. En contra de toda lógica irritaban a un tigre (que evidentemente no era de papel) al que no podían matar. Como consecuencia, incluso sectores de la oficialidad que podían entenderse con las raíces nacionalistas del discurso montonero (y que estaban lejos de identificarse con los capataces del poder económico que representaba Martínez de Hoz) asumieron las tareas de la "guerra sucia" como un deber y una venganza corporativa.

Llegados a este punto, la discusión sobre si las organizaciones terroristas, no sólo Montoneros, estaban infiltradas por agentes que servían a sus enemigos resulta ociosa. Sea por infiltración deliberada o por ceguera e irresponsabilidad, que resultaron criminales por sus consecuencias, las cúpulas guerrilleras hicieron exactamente lo que la dictadura necesitaba para implantarse y cumplir con su faena de exterminio e incluso contribuyeron a otorgarle un grado no desdeñable de adhesión inicial en la sociedad. En ese terreno es claro que la masacre dictatorial se vio facilitada por la combinación de dos hechos. Por una parte, las provocaciones del terrorismo insurgente que se sostenían en la idea estratégica descabellada de que en una escalada de terror la correlación de fuerzas se volcaría en su favor. Por otra, la alta exposición de los militantes que terminaron abandonados a su suerte. Y si hubo militantes que, desde el enfrentamiento abierto con Perón en 1974, abandonaron una organización que perdía aceleradamente la simpatía popular hubo otros que se subordinaron ciegamente, hasta la inmolación.

En cuanto al apoyo de masas, lo que sucedió en nuestro país no es diferente de lo que sucedió en otras situaciones similares: cuanto más brutal es el accionar del terrorismo insurgente mayor es el aislamiento respecto de sus posibles bases populares de apoyo. Eso que era muy claro respecto de las acciones terroristas de la Triple A arrastró igualmente al desprestigio de las organizaciones de la guerrilla urbana que terminaron recibiendo de la sociedad un repudio casi equivalente al de sus represores. A tal punto que esa figura de los "dos demonios" que, evidentemente, no alcanza a explicar el ciclo de la violencia y el terrorismo de Estado en la Argentina, antes que en el *Nunca más* y en los alegatos del Juicio, nació en el rechazo de la sociedad. Como es sabido, el eje de la oposición a la dictadura no estuvo en esa visión heroica de las milicias y los fusiles sino en la institución de un eje político que era un bloque ciego en la tradición antiliberal de la dirigencia guerrillera (y de la izquierda en general), a saber, los *derechos humanos*. Y más allá de las mixturas y ambigüedades que han caracterizado a ese movimiento en la Argentina, hay una contradicción insalvable entre el discurso y la práctica de los derechos, que suponen un límite y un control sobre los poderes del Estado, y el sentido común revolucionario que tiene a la dictadura (de la clase o del pueblo) como su instrumento necesario. De modo que en el nuevo escenario abierto con la caída de la dictadura, la tradición guerrillera no sólo no podía liderar esa oposición sino que más bien terminaba excluida y sometida al repudio del nuevo consenso democrático.

Se ha insistido, con abundantes pruebas, sobre el *militarismo* de las organizaciones guerrilleras;[42] pero no se ha interrogado suficientemente aquello que podían compartir, en el discurso y la visión de los conflictos, con oficiales y jefes de la dictadura. La *Operación Dorrego*, realizada en zonas de la provincia de Buenos Aitres en octubre de 1973, fue proyectada como una forma particular de alianza de la organización Montoneros y un sector de las Fuerzas Armadas; reunía a miles de militantes de la Juventud Peronista con unos 5.000 soldados del I Cuerpo de Ejército bajo el comando del entonces coronel Albano Harguindeguy. El término *reconstrucción nacional* que inspiraba esa tarea de acción social no estaba muy alejado del que luego adoptaría la dictadura para denominar su proyecto fundamental. Es claro que en esa coalición unos y otros acariciaban distintos sueños: mientras los jefes guerrilleros buscaban sobre todo incrementar su influencia y *reclutar* en la organización militar, las intenciones del Ejército eran más políticas y buscaban ganar espacios y mejorar su imagen. En todo caso, además de la apelación a una común raíz *nacionalista* es destacable que pudieran trabajar juntos y establecer las bases de una comunicación posible.[43]

Por otra parte, hay que tomar en serio uno de los episodios aparentemente más absurdos de la crónica de los campos de concentración, la intención de *recuperación* de militantes montoneros en la ESMA. En efecto, del lado de algunos jefes navales, se ponía en evidencia la visión de un contingente humano desviado respecto de tradiciones y de fines a los que finalmente podrían ser reencauzados. Por supuesto, en ese punto se establecía una marcada diferencia con los cuadros provenientes del ERP (que no fueron objeto de la represión de la Armada) y a los que al parecer nadie pensaba redimir. Desde luego, no juzgo moral o políticamente a las víctimas que evitaron la muerte por medio de la colaboración o la pseudocolaboración con los planes de Acosta y Massera. Tampoco digo que ese programa creado al servicio de las aspiraciones de Massera era representativo de una posición generalizada en las Fuerzas Armadas. Sólo quiero señalar que el episodio muestra que en esa relación siniestra, marcada por la extrema desigualdad, algo podía intercambiarse en términos de una comunicación política. En efecto, si pudo establecerse un marco posible de colaboración, aunque ella fuera en parte fingida, es porque podían encontrarse tópicos, formas de discursos, imágenes que remitían a un fondo común, comenzando por el hecho de que Massera se proponía encarnar un liderazgo político y militar que tenía al general Perón como modelo. De allí que pudiera apreciar, torpemente si se quiere, que los dirigentes montoneros y no otros, provenientes de otras corrientes ideológicas podían servir a sus propósitos.

En medio del infierno y la maquinaria de muerte, allí donde ninguna racionalidad pareciera evidente, no dejaba de tener cierta lógica esa propuesta que buscaba reclutar para ese proyecto descabellado a los dirigentes del movimiento de masas que con su intransigencia militante habían contribuido a reinstalar a Perón en el centro de la escena política argentina. Y si el imaginario nacionalista estaba en la base de esa insólita convergencia, no dejaba de alimentar, del lado de los verdugos, fantasmas de redención por el sufrimiento y la tortura. En esa dirección, Richard Gillespie afirma, en base a documentos internos de Montoneros, que algunos consejeros no sólo favorecieron una atenuación de las acciones represivas sino que sugirieron la búsqueda de algún triunfo nacionalista externo, en el Beagle o las Malvinas.[44] Por supuesto, no hay ninguna razón para atribuirles responsabilidad en el desencadenamiento de la aventura militar en el Atlántico Sur, un objetivo largamente acariciado por la Armada.

Finalmente, también el ejército montonero proponía su propia asociación de la cruz y la espada con la designación de capellanes que, al igual que en las Fuerzas Armadas, respondían al mando militar más que a la autoridad religiosa. Las analogías con el estamento militar no terminaban ahí y se ponía en evidencia en la decisión que creaba el *uniforme* que, obviamente, sólo podía ser usado en el exterior por dirigentes que, discretamente, lo llevaban envuelto en un paquete y lo lucían en las reuniones en las que, es de suponer, tanto el atuendo como diversos ceremoniales castrenses contribuían a una puesta en escena de teatro bélico. Todo esto podría ser simplemente grotesco si no fuera siniestro, ante todo por la sangre que contribuyeron a derramar, incluso las condenas a muerte y algunas ejecuciones de sus propios militantes, amparadas por una normativa que era más drástica que la de los reglamentos militares ya que consideraba desertores y susceptibles de ejecución sumaria a los militantes que abandonaban la organización sin ser autorizados, autorización que, obviamente, no se concedía nunca.[45]

Pero es claro que también en este terreno, el del sistema de creencias que sostenía una identidad estamental cerrada, las Fuerzas Armadas llevaban la delantera. Si, tal como lo expone Prudencio García, creían que no debían dar cuenta a nadie de sus actos, esta convicción de excepcionalidad iba aparejada con un sentido autorreferido del honor y la disciplina que, por otra parte, sólo podía ser interpretado por la propia corporación. La capacidad de ese conglomerado ideológico-identitario para cohesionarse en un espíritu de cuerpo y un compromiso colectivo, como pacto de acción, se demostraba en la capacidad para imponerse a quienes se incorporaban a él, como lo demuestra la investigación de Mignone respecto de la actitud unánime de vicarios y capellanes que se identificaban ciegamente con una *guerra* a la que bendecían sin reparos.

Finalmente, hay que decir algo sobre la implantación de ese escenario de guerra, que combinaba crímenes reales y visiones imaginarias, en la sociedad. Es claro que la dictadura llevó esa implantación hasta límites inusitados tanto como que las representaciones de la guerra no comenzaron con ella. Pero eso no significaba que cualquiera estuviera dispuesto a tomar las armas. Seguramente, ni los ejecutivos de la Ford o de Acindar que celebraban el exterminio de delegados gremiales ni los sectores, sobre todo juveniles, que se entusiasmaban con los asesinatos producidos por los Montoneros o el ERP hubieran sido capaces de matar a sangre fría. En ese terreno el escenario de guerra incluía una suerte de delegación tácita a la que en verdad la sociedad se había librado bastante antes de la irrupción de la dictadura, a partir de esa lógica que celebraba como un espectáculo las muertes que otros producían. Se ha insistido en el papel cumplido por el terrorismo guerillero en el sentido de la desmovilización y el abandono de una política para las masas. Pero querría destacar algo más, la configuración de una *proyección* de la violencia por parte de amplios sectores de una sociedad que no era capaz de reconocerse en ella. En esa posición expectadora de un enfrentamiento de aparatos armados se resume, a posteriori, el efecto más pernicioso de eso que se conoce como los "dos demonios": una sociedad básicamente inocente que recibía los golpes de una violencia que caía desde el cielo.

Para terminar, en este recorrido sobre diversos ingredientes de las representaciones de la guerra, me interesa destacar un punto de vista que no es contradictorio con la ilusión de la *autonomía* de la corporación militar, en la medida en que se admita que ese lugar de poder también se tramaba con formas de participación y consentimiento de la sociedad. De algún modo, la dictadura recibía algo de esa sociedad. Básicamente, en una enumeración necesariamente abierta: la reducción de la política a la guerra, la escalada y la búsqueda de los extremos, la disposición antiinstitucional y ajurídica, la desmesura en los fines y en los medios. Finalmente, las construcciones de la *guerra* hundían sus raíces en un terreno poblado por las potencias de lo imaginario, alimentado por la experiencia de un límite, en el que parecían haberse hecho pedazos todos los fundamentos de un orden y que instalaba la sensibilidad extendida de una crisis tan profunda que imponía una intervención drástica y necesariamente violenta. La maquinaria de muerte instalada en la Argentina por la decisión prácticamente unánime de las Fuerzas Armadas, que pretendía absurdamente permanecer clandestina, terminó dejando, como es sabido, evidencias bien tangibles. Fue desde la iniciativa de las *víctimas* que llegó a instalarse un cambio en la sociedad que condujo a incorporar lo que había estado ausente en las representaciones del conflicto y la guerra: el punto de vista de los derechos y las libertades. El *Nunca más* ofreció un relato fundamental de esa experiencia que destacaba el lugar de las víctimas y el Juicio a las Juntas instaló la escena de la ley como una reconstrucción que vino a desmantelar, más o menos duraderamente, el escenario de la guerra.

III. El Juicio a las Juntas y los "dos demonios"

Pocas imágenes han marcado tanto la conciencia de un cambio de época como la de los jefes militares desfilando en calidad de reos ante la Cámara Federal de la Capital. Lo que allí resultaba de la sucesión de los testimonios y el alegato de la fiscalía se situaba en exacta oposición al clima de exaltación que había dominado el fantasma omnipotente y refundacional en los orígenes del régimen militar. No había en verdad una victoria que celebrar y el continuado enfrentamento con el horror de los relatos testimoniales, aun la identificación de los culpables, formaba parte de un ritual doloroso antes que triunfal. Allí se instituía un *símbolo* que condensaba la significación de la nueva etapa. En el acervo de las escenas fundadoras o reforzadoras de mitos políticos en la Argentina contemporánea, a las que ya me he referido, no había ninguna siquiera parecida: la potencia de la ley en el momento, altamente ceremonial, de ser acatada por la jerarquía del hasta hacía poco poder absoluto. Creo que allí se consumaba el derrocamiento simbólico de la última dictadura. Admitamos, entonces, que en esa escena *bisagra*, inédita, se anudaba un núcleo de significaciones que no sólo rearmaba la memoria completa de la dictadura sino que incorporaba, propiamente implantaba, las bases de una nueva memoria de la democracia.

En ese sentido, cuando los jefes militares y sus seguidores proclamaban que la democracia argentina estaba en deuda con su accionar, habría que admitir en ello una cuota de verdad, pero por razones más bien contrarias a las que exhibían (la victoria en la supuesta guerra contra la subversión); es más bien por la degradación política y ética que impusieron a la República por lo que contribuyeron, por contraste y muy a su pesar, a forjar una de las escenas fundadoras de la democracia argentina, la que condensa el repudio a la ilegalidad y el crimen en la gestión del Estado. Y si en el nuevo *origen* la democracia se instituía como oposición y reparación de un régimen criminal, en esa nueva significación residía, puede decirse, a la vez su fuerza y su debilidad. Su fuerza ha quedado demostrada en el resurgir de los procesos judiciales contra los máximos responsables de ese régimen, cuando, después de los indultos, parecía apagado, incluso cancelado, ese camino. Es posible pensar que el peso simbólico de esa representación originaria está disponible (y salvo una catástrofe política seguirá estando) para reimpulsar un sentido común democrático que en la Argentina ha incorporado ese fundamento. Pero al mismo tiempo, como se vio, la focalización de las responsabilidades sobre las cúpulas y, en general, sobre la corporación militar devolvía a la sociedad una imagen de tranquilizadora inocencia. Si la etapa del terrorismo de Estado había enfrentado a la Nación a un abismo de violencia y alienación, el "mal" quedaba perfectamente recortado y localizado.

De modo que si se trata de examinar las vías de implantación de una significación global de la última dictadura en la sociedad, es conveniente comenzar esta historia por un final, relativo, que en 1985 funda un consenso básico en la transición a la democracia. El derrumbe producido por la derrota en la guerra contra las fuerzas inglesas se ampliaba y se reproducía en una derrota política y simbólica en el escenario de la Justicia. En ese terreno, en efecto, el discurso de la "guerra contra la subversión" que, como se vio, no había carecido de consenso, quedaba cancelado, desactivado por la temática de la violación de los derechos humanos. Más aún, la dictadura que había nacido con un despliegue de sueños grandiosos sobre la reorganización de la Nación y la refundación de la sociedad, quedaba marcada irreversiblemente como una empresa de exterminio alineada con las peores masacres del siglo XX. De cara a la sociedad, entonces, la ceremonia del Juicio y su puesta en escena venía a cancelar las escenas triunfalistas y exaltantes que habían alimentado la imaginación de la dictadura, de la Campaña del Desierto a la aventura de las Malvinas. Finalmente, la aceptación mayoritaria del laudo arbitral sobre el Beagle, en los comienzos del gobierno democrático, que iba en contra del imaginario patriótico que concebía el territorio como un suelo sagrado e irreductible a la negociación, se inscribía en el mismo horizonte. La reconstrucción democrática, sostenida en el estado de derecho, ante todo venía a desactivar las figuras de la guerra, en el terreno de la represión antiinsurgente tanto como en el de los conflictos externos.

Con el *Nunca más* y el Juicio la nueva experiencia social de la última dictadura destacaba algo que era excepcional en más de un sentido. Ante todo, como ya fue dicho, por la magnitud de sus crímenes; pero, sobre todo porque se revelaban por primera vez en la Argentina las evidencias de la organización desde el Estado de formas sistemáticas de detención, concentración, tortura y exterminio de ciertas categorías de ciudadanos. En ese sentido, si la memoria ha adquirido en nuestro país el sentido de una responsabilidad ética y política colectivas, no puede eludirse que esa condición quedó asociada con el impacto moral e intelectual del acontecimiento que ha marcado para la conciencia occidental la figura mayor de los crímenes contra la humanidad: el Holocausto. El Juicio a los dictadores argentinos quedaba situado, más allá de las circunstancias locales, en el surco de la rememoración y los debates sobre el genocidio nazi y la experiencia histórica de eso que Hanna Arendt llamó "masacres administradas". De modo que la memoria pública del terrorismo estatal quedaba en principio alineada con el trabajo de recuperación y de indagación de las masacres de Occidente, unida a una voluntad contemporánea de memoria que se ha constituido en un rasgo muy notable de la producción cultural, en la literatura, el cine y el discurso de las ciencias sociales. Desde que los crímenes salieron a la luz la dictadura quedó situada en la saga de los grandes crímenes que tienen a los Estados como responsables. Y esto ha contribuido, de un modo novedoso e inesperado, siniestro puede decirse, a colocarla en la senda de

Occidente, por la vía de un básico repudio moral contra la magnitud de un horror que evoca otros horrores. En un punto, Videla o Pinochet ya no son simplemente dictadores latinoamericanos sino que han adquirido un carácter más general en la serie que se construye a partir del Holocausto y en la condena no sólo jurídica sino también política y moral de los crímenes contra grupos, razas o comunidades.

Me interesa volver a las condiciones que hicieron posible, en el caso argentino, esa nueva significación de la dictadura como la implantación de un Estado criminal, que es algo cualitativamente distinto de las experiencias históricas de implantación de regímenes autoritarios. Es importante resaltarlo, el testimonio y la memoria de ese ciclo de violencia y terror dependió inicialmente de condiciones nuevas nacidas de la acción de los organismos de derechos humanos y, sobre todo, de la ceremonia pública del Juicio ante la sociedad.[46] A la vez se establecía allí una relación inherente entre democracia y justicia como un núcleo sustantivo del nuevo ciclo. Lo que me interesa destacar es que, a diferencia de otras transiciones, en particular la de 1973, esta vez el tránsito de la dictadura a la democracia estuvo dominado por la *escena de la ley*. Como consecuencia, puede pensarse que se produjo una relación estrecha, inherente y a la vez problemática, entre las representaciones de la fundación de la democracia, y esa puesta en escena de la potestad de la ley que alcanzaba a los poderosos.

Nunca más

Si se trata de indagar la memoria social como una práctica con marcos y soportes, se hace necesario volver sobre un libro que se constituyó en el primer núcleo organizador de una experiencia nueva, rectificada, de la dictadura. Ante todo, el *Nunca más* impuso una marca que ha quedado como un polo de referencia para otras operaciones de la memoria, de modo que es muy difícil evitar, sustraerse, de su impacto sobre las representaciones de ese pasado. Lo más importante es que se implantó a la vez como una revelación y un relato y como un acto original que afirmaba la autoridad civil y devolvía cierto protagonismo a la sociedad. En la medida en que ese *Informe* sobre el destino de los desaparecidos construía un corpus de prueba que ponía de relieve la magnitud de los crímenes y apuntaba a los responsables, es decir, a las Fuerzas Armadas, era claro que la narración encontraba un fundamento en la relación directa que establecía con la acción de la Justicia. Esa relación inherente y la promesa de una intervención de la ley proporciona a las narraciones de la memoria testimonial un anclaje que de alguna forma producía una transformación propiamente rectificatoria en el régimen de la memoria. A partir de esa distinción ya mencionada entre memoria literal y memoria ejemplar es posible pensar el efecto duradero producido por la caracterización de los crímenes y las promesas de justicia.[47]

Ahora bien, es claro que en las producciones de saber sobre el pasado hay distintos registros, unos más testimoniales y otros más conceptuales; y hay diversos cruces disciplinares, de la historia a las ciencias sociales, la filosofía y aun el psicoanálisis. No sólo los saberes universitarios sino también la producción estética (la literatura, las artes plásticas, el cine y el video) ha generado un volumen significativo de obras. Lo destacable, entonces, es que esa formación renovada de la memoria difícilmente ha podido separarse de lo que el *Nunca más* produjo como *intervención* sostenida en su carácter institucional y público. En ese camino posible de la justicia se asentaba y se asienta el trabajo de una memoria capaz de recuperar una experiencia histórica de aguda desestructuración de la sociedad y de establecer las bases para una necesaria reparación. Si bien no desaparecen las formas de la memoria política (facciosa incluso), ligada a identidades preformadas, no fue la memoria ideológica, ni las certezas de las luchas políticas presentes y futuras, lo que ha predominado en este nuevo comienzo. En verdad, a partir de la evidencia de ese fracaso nacional, en la vuelta sobre el pasado ha dominado la incertidumbre y la perplejidad; y para algunos, toda la historia argentina se ha abierto como un enigma. Es lo que puede leerse en una novela que se anticipa a su tiempo, *Respiración artificial*.[48] Sólo quiero puntualizar algunos rasgos de una obra que ha merecido otros análisis: la irrupción del terror empuja hacia una pregunta por los orígenes y se refiere a una historia larga, que casi coincide con la de la Nación. En todo caso, si esas búsquedas inseguras van en contra de visiones establecidas y rescatan ficcionalmente figuras marginales, al mismo tiempo vienen a proponer que la memoria histórica se refiere a vacíos y ausencias, a *lo que no fue*. Y un eje de esa construcción es algo que parece destacar el valor *hermenéutico* de la derrota; no sólo se trata de una historia de derrotas sino que una idea fuerte presente en el libro, y una posición intelectual, propone que la derrota ilumina, obliga a rehacer una historia y establece una relación inherente con la búsqueda de la verdad. En esa misma dirección, el *Nunca más* establecía un relato ejemplar de un fracaso profundo que golpeaba la conciencia pública. En verdad, construía una narración del horror que evocaba otros horrores y otros crímenes, y eso contribuyó a la posición lograda por el libro, traducido, comentado e imitado de un modo que lo colocaba más allá de los acontecimientos.

El *Informe* de la Comisión Nacional sobre la Desaparición de Personas revelaba en su título, *Nunca Más*, el carácter de un compromiso entre el informe de los hechos y la toma de posición moral hacia el futuro. Frente a la sociedad y desde un Estado que se proyectaba como un aparato recuperado, en verdad refundado en contra de la barbarie del terrorismo estatal, la cuestión de las desapariciones y los asesinatos quedaba instaurada como un tópico fundamental en el nuevo ciclo. Por otra parte, la intervención del libro sobre la memoria social no dejaba de actuar en un campo de luchas por el sentido de lo sucedido; no puede desconocerse que hubo actores, como las Fuerzas Armadas, que pugnaron por escribirla de otro modo. Lo importante es que, pese a la interrupción del curso abierto en la Justicia desde el Juicio a las Juntas, ese relato (mucho más que la investigación que lo sostenía) instauró una significación ampliamente consensual no sólo acerca de lo sucedido sino, sobre todo, de *lo que debía quedar atrás*. Al mismo tiempo, no puede desconocerse el marco social, político e institucional de esa operación sobre las representaciones del período dictatorial. La decisión tomada en el comienzo mismo del nuevo ciclo constitucional, la composición de la Comisión, la difusión en los medios y la movilización popular que acompañó la presentación del Informe, en fin, todo contribuía a otorgarle a esa investigación el carácter de un acto fundacional, una conmemoración ritual que era a la vez *memoria y proyecto* y que tuvo su continuidad en el Juicio a las Juntas.

Ahora bien, esa intervención fundadora, que fue ampliamente convalidada por la sociedad, hay que recordarlo, se hacía en nombre de los valores y el programa de la refundación democrática y, consiguientemente, aunque ese no fuera el objetivo central de la tarea de la Comisión, denunciaba, en general, la violencia política de las organizaciones guerrilleras. De modo que en esa intervención se reunían dos operaciones sobre el pasado. En primer lugar, a partir de un imperativo de *verdad*, se hacía público el destino de los desaparecidos y se revelaba en el accionar de la dictadura el funcionamiento sistemático de un aparato de exterminio. Simultáneamente, se impulsaba el rechazo a toda forma de violencia armada como metodología política aceptable en la resolución de conflictos en la sociedad. En ese sentido, ese descenso a los infiernos que buscaba el saber en el horror, y se preguntaba, sobre todo, *qué había pasado*, se legitimaba en una toma de posición y un juicio moral que colocaba, en el horizonte por lo menos, un ideal de *pacificación* de la lucha política. De modo que ese fundamento básicamente ético de legitimidad no se proponía como un ajuste de cuentas de los vencedores, sino como la invención de un nuevo comienzo que, más allá de la investigación de los crímenes de la represión estatal, exigía una revisión integral del pasado y de las condiciones que en la sociedad, en el Estado y en los círculos dirigentes habían hecho posible esa irrupción de la violencia ilegal.

En sus efectos sobre la conciencia social el resultado mayor radicó en que fue capaz de instaurar como valor (y matriz de construcción de la memoria) ese repudio básico a la metodología de la violencia; un componente central de ese resultado estuvo referido a la significación misma de la figura del *desaparecido*. La defensa de la memoria de los desaparecidos como víctimas del terrorismo y la impunidad estatal, del derecho a conocer la verdad sobre su destino y la demanda de justicia y castigo a los responsables, se separaba claramente de cualquier reivindicación de las posiciones políticas y la metodología desplegada por las organizaciones revolucionarias reprimidas por la dictadura. La categoría misma del *desaparecido* acentuaba el carácter puro de la víctima lesionada en su condición humana, afectada por una impunidad estatal que había transgredido todos los límites éticos, incluso los que la cultura humana ha establecido para regular los acciones de guerra, las penalidades y las ejecuciones, y el respeto debido a los restos mortales del enemigo. En la memoria pública y en las honras a la figura del *desaparecido*, se lo representaba como un vacío (plasmado eficazmente por el recorte de esas siluetas todas iguales), una transgresión moral básica, una afrenta universal a derechos fundamentales, en un horizonte de sentido que se enfrentaba y cancelaba la representación tradicional del *combatiente*, que sólo pudo reintroducirse junto con la representación imaginaria de la guerra que vendría a continuar los combates de entonces.

Ante todo, hay que contar con el impacto de la propia acción de la *Comisión Nacional sobre la Desaparición de Personas* en el curso de la reunión de las pruebas. En ese sentido, producía una verdadera movilización de la memoria que incluía no sólo la recepción y coordinación de testimonios en todo el país, sino los pedidos de información y las intervenciones de hecho que reclamaban a distintas áreas del Estado, a las Fuerzas Armadas, el Poder Judicial, las fuerzas policiales. En la medida en que esa acción se mostraba muy alejada de una función de recolección administrativa y se constituía en los distintos lugares para inspeccionar o recibir a afectados y familiares, en verdad instalaba un escenario de lucha por la memoria que era la continuación y la profundización de lo que los organismos de derechos humanos habían hecho hasta entonces. Lo hacía a través de una trabajosa indagación que ante todo debía pelear contra la complicidad y la desidia de organizaciones estatales degradadas por años de funcionamiento clandestino y de las Fuerzas Armadas y de seguridad que habían carecido, por muchos años, de controles civiles. La lucha por la información finalmente se resolvía en los encuentros directos, en todo el país, con testigos que, por el hecho de dirigirse a la Comisión, ya cumplían, de un modo práctico, con el paso que comenzaba a dejar atrás los años del silencio y la impunidad. Ése es el mejor ejemplo de lo que se dijo sobre la memoria como *práctica social* y ése fue el sentido profundamente político de la Comisión, en el sentido de una primera movilización que implicaba a quienes participaban en algo que iba más allá del objetivo de la prueba que reunía, ya que incluía esa tarea en una dirección fundamental: la reconstrucción de una comunidad de ciudadanos.[49]

Seguidamente, hay que destacar que el producto de la Comisión fue un *libro* que vendió decenas de miles de ejemplares; la presencia central de Ernesto Sabato acentuaba ese carácter. El Informe, una vez publicado, era a la vez una recopilación de pruebas para la intervención judicial y una narración que fijaba un *marco de verdad*. Ante todo, implantaba una significación global: esos crímenes formaban parte de un *plan sistemático* y comprometían al Estado. Lo más importante es que esa narración adoptaba el punto de vista de las víctimas; en un sentido básico, el eje, puede decirse, era el destino de los *desaparecidos*, es decir *qué* había pasado con ellos y *cómo* había pasado. En ese relato no había más que víctimas y, en todo caso, la sistematización de testimonios que permitía sacar a la luz el sistema criminal. Si los afectados tenían una extensa presencia en esa reconstrucción, que transcribía abundantemente testimonios y relatos en primera persona, sólo ingresaban como actores en esa historia a partir de la acción o el operativo que los había introducido brutalmente en ese espacio de las víctimas. En ese sentido hay que resaltar el papel cumplido por los sobrevivientes de los *campos* en su calidad de testigos y portadores de una primera evidencia del horror que sólo podía transmitirse en primera persona. La voz de las víctimas hizo posible una verdadera recreación en varios sentidos: por los relatos que volvían del infierno y por su contribución a una reconstrucción del debate público; pero sobre todo por la implantación de sentido que *nombraba* a los *desaparecidos* y los constituía en una presencia que ya no podía ser negada, no sólo por los epígonos de la dictadura sino por los partidos y por la sociedad. En esa dirección, puede decirse que se produce una verdadera transformación de las formas de la representación social del terrorismo de Estado que de allí en más va a girar en torno de los que no están.

Dado el carácter de la investigación, entonces, centrada en el funcionamiento de los centros clandestinos y en la suerte de los *desaparecidos*, era esperable que no incluyera referencias a la vida previa de los prisioneros. La clasificación de las víctimas tomaba en cuenta, en principio, solamente sus características socioprofesionales para mostrar, en todo caso, que la represión ilegal había castigado extensamente a distintos sectores de la sociedad: obreros, estudiantes, empleados, profesionales. Seguidamente, destacaba algunas categorías de afectados que servían para exhibir el extremo propiamente inhumano de los procedimientos de las fuerzas militares y se refería a los casos de niños y mujeres embarazadas, adolescentes, procedimientos contra familias enteras, inválidos y lisiados, religiosos y laicos católicos, conscriptos secuestrados mientras prestaban servicio, periodistas y gremialistas. Era evidente el propósito de mostrar la contradicción que esos casos suponían con algunos de los objetivos expuestos públicamente por las cúpulas castrenses y que se referían a la protección de la familia o la inspiración cristiana de sus acciones. Pero al excluir la filiación política y, en general, la militancia en organizaciones revolucionarias entre los factores destacables en el universo de las víctimas, esa presentación contribuía a *despolitizar* el cuadro de los alcanzados por la represión dictatorial. Es claro que, en la medida en que no hubo ninguna clase de juicio, todos eran inocentes y todos era igualmente víctimas y que, si se trataba de avanzar hacia la intervención necesaria de la Justicia, la selección de aquellos casos que más golpeaban la conciencia moral colectiva era del todo adecuada. Pero al mismo tiempo, era la imagen destacada de las víctimas plenas (niños, madres, viejos y lisiados) la que golpeaba en la opinión pública de un modo que respondía a otra significación de la inocencia, ya no jurídica sino política. En ese desborde del horror sobre personas comunes y corrientes se favorecía una identificación clara y directa por parte de una sociedad que en el mismo momento en que recibía el impacto dramático de los acontecimientos reducía la posibilidad de interrogarse sobre su propia participación en ellos. Finalmente, las víctimas quedaban acentuadas en su carácter de tales en la medida en que quedaban separadas de cualquier relación con una violencia insurgente que quedaba igualmente repudiada.[50]

Adriana Calvo, una sobreviviente que dio a luz en un centro clandestino, cuenta que en la época del Juicio todos querían escuchar el relato terrible de su parto pero nadie se interesaba en las "definiciones políticas" que la habían llevado a sufrir esa suerte. Más ampliamente, da cuenta de la situación imposible de los sobrevivientes que enfrentaban primero el silencio de una sociedad que, comenzando por los propios familiares y allegados, no quería saber sobre los campos; y después, cuando el periodismo y el *Nunca más* implantaba y extendía el conocimiento de los crímenes, construía una figura purificada de víctima.[51] En verdad, quien mejor encajaba en ese papel era el *desaparecido* (es decir asesinado), recordado y recuperado por su familia, sobre todo si entraba en la categoría de los inocentes de toda militancia. Es por eso que los sobrevivientes podían ser llamados a silencio si buscaban recuperar un papel combatiente en la memoria de ese pasado. En cambio, ¿quién no se apiadaría de la desgracia sobrevenida sobre una madre en el momento, de extrema vulnerabilidad, en el que debe dar a luz? Lo importante es que esa extensa apelación a la solidaridad de los sentimientos (que no excluí algún interés morboso) y la traducción en términos de dramas familiares contribuía a oscurecer una mirada más abierta a la historia. Es lo que sucedió con el relato dramático que daba forma a la película *La historia oficial* de Luis Puenzo, en la que, nuevamente, eran el drama privado y la sacralización de los sentimientos maternos lo que conducía a la protagonista a encontrarse con la acción de las Madres de Plaza de Mayo. Y el hecho de que una película menor ganara el único Oscar obtenido por un film argentino, solamente por el tema que trataba, muestra que esa reducción de la política y la historia al lenguaje de las emociones familiares encontraba un público más allá de las fronteras.

Ahora bien, los objetivos de la CONADEP eran bien claros: se trataba de investigar y describir un sistema, un plan organizado de acción que comprometía al Estado. Eso mismo proporciona a la voluntad de *verdad* en juego un perfil definidamente orientado a la acción de la Justicia. No estaba en los objetivos fijados a la Comisión preguntarse *cómo* fue posible, una cuestión que quedó abierta y que de algún modo emergía a través de las críticas que trataban de insertar en ese esquema general un contexto de explicación más propiamente histórico, en principio a través de visiones enfrentadas de las condiciones que habían llevado a ese extremo de violencia. Desde la derecha prodictatorial se cuestionaba que el Informe no se refiriera a los crímenes de la guerrilla. En verdad, en el "Prólogo", escrito por Ernesto Sabato, se condenaba explícitamente el terror y se proponía, de pasada, una visión de la violencia política de los '70 en términos de una escalada hacia el terrorismo en "ambos extremos". Ése era el sentido de la comparación con lo sucedido en Italia a partir de la acción terrorista de las "Brigadas rojas": allí el Estado había reprimido usando medios legítimos, sin torturas ni ejecuciones clandestinas. Por otra parte, desde una izquierda apegada a la visión y los tópicos de la lucha revolucionaria, se rechazaba esa equiparación de la guerrilla insurgente con la represión clandestina, lo que comenzó a conocerse como la "teoría de los dos demonios".

Los "dos demonios"

Vale la pena detenerse en este punto y hacer algunas distinciones. La representación de dos formas intolerables de terrorismo, de ultraizquierda y de ultraderecha, enfrentados en la escena social, no nace con la democracia en 1983: ya estaba presente en la visión de muchos en las vísperas del golpe militar de 1976. Más aún, el discurso de *orden* enunciado por las Fuerzas Armadas no dejaba de utilizar esa figuración del enfrentamiento de los extremos para justificar la necesidad de una intervención que devolviera al Estado, el monopolio de la violencia. Como es sabido, la dictadura no persiguió por igual a la guerrilla y a la Triple A y siempre consideró que el terrorismo de derecha era una forma de defensa contra la verdadera *subversión*; en todo caso, debía ser incorporado y subordinado a una acción organizada.

Una versión de los "dos demonios" nace en el terreno jurídico con la decisión del presidente Alfonsín de someter a proceso simultáneamente a las cúpulas de las Fuerzas Armadas y a los jefes sobrevivientes de Montoneros y el ERP. Era bastante claro que el sentido de esa persecución radicaba en la voluntad de instituir un corte con la violencia política y la acción clandestina, que tuviera efectos hacia el futuro, como un hito inicial de la construcción de un Estado de derecho. El dilema estaba planteado entre una nueva amnistía (que era lo que había intentado la cúpula dictatorial antes de abandonar el poder) o el camino de los procesos penales; y en este último caso las acciones de las organizaciones armadas después de mayo de 1973, contra un gobierno constitucional, no podían quedar afuera. Como era previsible, el recurso a la Justicia fue rechazada por quienes, en uno u otro polo de aquel enfrentamiento, estaban convencidos del carácter no sólo justificado sino incluso patriótico de una violencia terrorista que se habrían visto obligados a cumplir en una lucha guiada por objetivos superiores y no discernibles para la leyes corrientes. En este plano el sentido de los "dos demonios" se limitaba al acto fundamental que, en todo caso, venía a establecer, en general y para el futuro, que no había prácticas políticas que pudieran situarse por encima de la ley. En rigor el problema era político a la vez que jurídico y el presidente Alfonsín había diseñado una solución que cargaba la responsabilidad sobre las dirigencias con capacidad de decisión. Dado que la sanción ejemplificadora apuntaba al porvenir, evidentemente no se derivaba de ella una explicación histórica que repartiera las responsabilidades en partes iguales entre la guerrilla y las Juntas. Sin embargo, el alegato del fiscal Strassera en el Juicio iba más allá de la decisión del procesamiento simultáneo cuando se refería al "contexto histórico" de la represión ilegal y presentaba el cuadro de una acción terrorista insurgente que fue reprimida ilegalmente por el terror.[52]

Si se trataba de responder a la pregunta por lo sucedido y, sobre todo, por la suerte de los *desaparecidos* era claro que no había ninguna equiparación posible entre la guerrilla y las Fuerzas Armadas. Ante todo, porque éstas, que controlaban el aparato de Estado eligieron una vía clandestina e irregular de acción que incluso contradecía los propósitos de orden con los que habían buscado justificar su irrupción. La acción de la guerrilla, por definición, era irregular y clandestina, pero ni se hacía desde el Estado ni invocaba principios de legalidad y continuidad jurídica e institucional. En ese sentido, aunque no lo dijera explícitamente, la referencia de Sabato al caso italiano ponía el acento en las diferencias entre el modo en que uno y otro *Estado* habían enfrentado el desafío de la violencia terrorista. Ése era el sentido de la frase que reproducía del general Dalla Chiesa, "Italia puede permitirse perder a Aldo Moro. No en cambio, implantar la tortura". Es sabido que el Juicio se sustentó en el Código Penal argentino y, por lo tanto, evitó apoyarse en principios de derecho internacional; en términos jurídicos, los integrantes de las juntas no fueron juzgadas en ese momento por "crímenes contra la humanidad".[53] Sin embargo, el impacto simbólico y las repercusiones situaron muy rápidamente el objeto de ese proceso en una dimensión que excedía el plano nacional y a la persona de los imputados.

La pregunta por la suerte de las víctimas, entonces, inmediatamente se orientaba a las evidencias que hacían necesario ese *proceso a un Estado criminal*. Ésa era la diferencia con Italia: en la Argentina lo que salía a la luz y eventualmente iba ser juzgado era la mostración de una metodología represiva desplegada por las Fuerzas Armadas como poder del Estado. Se demostraba que había sido un plan sistemático a partir de la regularidad de los procedimientos de secuestro, el empleo generalizado de las torturas, la existencia de cientos de centros clandestinos de detención. El Informe proporcionaba una descripción documentada de los emplazamientos de los *campos*, su funcionamiento y el organigrama de las dependencias que mostraba un aparato extendido y complejo y dejaba ver la responsabilidad orgánica, institucional, de las Fuerzas Armadas. Desde luego, no había lugar para un esquema explicativo de ese período que pudiera recurrir a la forma simple de dos terrorismos enfrentados. Como ya se dijo en el capítulo precedente, ni la doctrina ni la metodología empleada eran una reacción contemporánea a los enfrentamientos con la guerrilla y habían sido preparados desde mucho antes.

Pero, aun admitiendo que las responsabilidades no son equivalentes, ¿qué lugar quedaba para el papel cumplido por un terrorismo guerrillero que sin duda contribuyó a crear condiciones favorables para esa empresa criminal y que incluso, durante buena parte de los años de la dictadura, ayudó a que tuviera un consenso extendido en la sociedad? Allí se abre una consideración distinta de esa figura de los "dos demonios" que debe ser considerada a la luz de lo que ha sido dicho sobre las representaciones de la guerra en la sociedad. Ningún ejercicio de memoria puede dejar de considerar el papel de los grupos radicalizados en el escenario de violencia indiscriminada y caos institucional que proporcionó la mejor excusa a la irrupción de la dictadura. Y no se trataba de un error circunstancial sino de una lógica política y militar que ha sido bien expuesta por un historiador marxista, Eric Hobwsbaum, que no es ciego a lo que las tradiciones de la izquierda han producido en un cuadro de la *barbarie* del siglo XX:

"La estrategia fundamental de estos grupos [del terrorismo insurgente] fue la polarización: ya sea por la demostración que el régimen enemigo ya no poseía el control, o –donde la situación era menos favorable– por la provocación de una represión general, esperaban conducir a las masas, hasta entonces pasivas, hacia el apoyo de los rebeldes. Ambas variantes fueron peligrosas. La segunda fue una invitación abierta a una escalada mutua del terror y el contra-terror. Apenas necesito agregar que en el contexto de una barbarie comparativa las fuerzas del Estado tenían toda la posibilidad de ganar –y así lo hicieron."[54]

En vísperas del golpe de 1976 y después del desastre en que terminó el ataque al cuartel de Monte Chingolo, Roberto Santucho insistía, frente a los restos de una organización ganada por la desesperanza, en la consigna de volcar todo el partido al combate y pronosticaba que el golpe vendría a desencadenar abiertamente la guerra civil y a desplegar, finalmente, el escenario que se había buscado desde el inicio de la actividad guerrillera, hacia 1967. Lo que se había anunciado en esos años (antes del Cordobazo) como una "situación prerrevolucionaria" ahora vendría a desembocar, a corto plazo, en el enfrentamiento de dos ejércitos. Emisarios de Santucho pretendieron que el Tribunal Russell reconociera la existencia de una situación de guerra en Tucumán y al ERP como fuerza beligerante. No hace falta decir que la propuesta fue desestimada; y hasta figuras alineadas con el polo revolucionario, como Julio Cortázar y James Petras, la consideraron disparatada.[55] Montoneros, por su parte, no sólo compartía la misma visión sobre las ventajas estratégicas de un enfrentamiento militar abierto sino que la mantuvo por mucho más tiempo, hasta la contraofensiva suicida de 1979.

No quiero avanzar más sobre una historia de los movimientos armados del peronismo y la izquierda guevarista. Pero si se trata de rastrear las condiciones de surgimiento de la idea de los "dos demonios" en la sociedad, hay que tomar en cuenta las condiciones que resultaban de esa arraigada fe militarista en la que coincidían guerrilleros y represores. En la medida en que las acciones y las declaraciones de la insurgencia armada se aislaban cada vez más de su propia base social y perdían toda posibilidad de ser recibidas por una sociedad harta del caos y la violencia, se favorecía la imagen de un conflicto que se dirimía entre aparatos armados, por encima y al margen de lo que estaba al alcance de la gente común. El terrorismo al que se libraron los Montoneros después del golpe (el asesinato en su cama del general Cardozo y los atentados explosivos contra dependencias policiales en Seguridad Federal de Buenos Aires y en La Plata) no hacía más que agregar combustible al miedo paralizante que imponía el terrorismo ejercido desde el Estado. A mayor audacia y activismo suicida, mayor desmovilización y aislamiento respecto de quienes podrían haber sido convocados para *resistir* las peores consecuencias del golpe pero no para tomar las armas contra él. Incluso la solidaridad popular que podía nacer frente a los atropellos que la dictadura perpetraba a la luz del día se veía interferida por acciones que, en busca de esa espectacularidad que era un sello ideal del terrorismo montonero, sólo producían un horror desencantado. Y si el secuestro de tantos ciudadanos desarmados o las irrupciones de patotas desaforadas en lugares públicos podían despertar alguna reacción de protesta entre vecinos o testigos ocasionales, la trama macabra que llevó a una adolescente montonera a ganarse la amistad de la hija del general Cardozo, jefe de la Policía Federal, para colocar y hacer estallar una bomba bajo la cama matrimonial, sólo ahondaba el aislamiento y aplastaba cualquier atisbo de resistencia.

La primera condición de los "dos demonios", mucho antes del *Nunca más* y el procesamiento de las cúpulas guerrilleras, residió en esa común exaltación de la violencia en las visiones del terrorismo subversivo y del terrorismo estatal, es decir, en la común reducción militarista de los conflictos sociales y políticos a una guerra sagrada de aniquilación que no conocía límites y se colocaba por encima de la ley. La idea de un enfrentamiento concebido como una *guerra de religión* (el término es, nuevamente, de Hobsbawm) y la creencia estrecha e irreductible en la eficacia final de la muerte, sostenían esa representación de dos aparatos armados arrastrados a una lucha sin retrocesos posibles ante una sociedad espectadora. Allí nacía la representación fabulosa de dos fuerzas colectivas, propiamente sobrehumanas, que podían ser demonios o guerreros celestiales, según la posición del espectador.

Al mismo tiempo, hay que recordar que desde fines de los '60 la violencia contra el sistema había alcanzado un apoyo considerable en sectores significativos de la sociedad que simpatizaban con las acciones insurgentes y delegaban en ellas muchas de sus aspiraciones de cambios drásticos y profundos. En ese sentido, el escenario de una guerra que se separaba de la sociedad, incluyendo las propias bases políticas de las organizaciones revolucionarias, se venía construyendo desde antes. Cuando un secuestro extorsivo conseguía ventajas para los obreros de una fábrica, no sólo se alimentaba el odio de clase de quienes después iban a saludar los métodos del general Camps; a menudo también se intervenía brutalmente en una lucha obrera o barrial de un modo que arruinaba el trabajo propiamente político y sindical. El resultado conjugaba una suerte de compromiso entre la voluntad elitista de quienes se presentaban como guerreros heroicos y esa conformidad por delegación que permitía a muchos sentirse a la vez partícipes de la causa revolucionaria y ajenos a sus terribles costos.

Luego vinieron el enfrentamiento al general Perón, la ofensiva del terrorismo contrainsurgente, las imágenes del caos y del justificado temor ante un presente que clausuraba drásticamente las expectativas de la revolución. En esa nueva situación, el activismo de los cada vez más reducidos grupos guerrilleros comenzó a girar en el vacío. Con la brutal represión de la dictadura se produjo un trágico malentendido: cuanto más se profundizaba el aislamiento respecto de sus propias bases y el muro frente al sentir de la sociedad más se incrementaba el salto hacia adelante que presuponía, contra todas las evidencias, un escenario inminente de guerra popular. De modo que una primera condición de la figura de los "demonios" dependió de lo que producía la propia acción terrorista insurgente, en el sentido de una creciente representación de *ajenidad* y separación que devolvía a la sociedad a un lugar que era a la vez de inocencia y de pasividad (cuando no de conformidad) frente al curso represor, en particular si se suponía que estaba dirigido sólo contra militantes guerrilleros. El común de la gente no sólo podía pensar y decir, frente a los secuestros, "por algo será"; también tendía a diferenciar a quienes "estaban en algo". En el límite, el rechazo a los crímenes de la dictadura parecía referirse, sobre todo, a los cometidos contra personas inocentes, lo cual quería decir no comprometidos con las acciones armadas y, cada vez más, por extensión, con cualquier tipo de militancia.

¿Hasta qué punto esa condena recaía también sobre el conjunto variado de lo que las ansias de cambio habían colocado bajo las banderas de la *liberación* en sindicatos, barrios, facultades, organizaciones y movimientos de todo tipo? No es una pregunta que pueda responderse fácilmente. En todo caso, el estudio de Guillermo O'Donnell al que se hizo referencia en el primer capítulo mostraba, en el momento más duro de la ofensiva dictatorial, testimonios explícitos y concurrentes que se referían a todo el ciclo anterior con las imágenes del caos y la anarquía. Sin embargo esos mismos testimonios no ocultaban, de modo más implícito, cierta disconformidad con una situación que los condenaba a la pasividad. Lo que no puede desconocerse es que mucho de lo que esa experiencia histórica había construido en términos de una lucha colectiva democrática y creativa alimentó el discurso y algunas iniciativas críticas frente a la dictadura que comenzaron a tomar cuerpo cuando cesó la represión terrorista. En ese sentido, el resurgir de los partidos populares y la explosión de discursos, debates y descubrimientos que movilizaron a muchos hacia la recuperación democrática difícilmente hubieran sido posibles sin la memoria, corregida en todo caso, de esa experiencia social anterior.

En ese marco, las representaciones de los "dos demonios" (que nadie puede tomar como un principio de explicación histórica), en verdad daban cuenta de varios ajustes en la recuperación de ese pasado. Ya he insistido suficientemente en que, por una parte, devolvía hacía atrás un certificado de inocencia a la sociedad frente al desastre y la degradación a la que la República se había visto sometida. Pero las ilusiones restrospectivas no son simplemente errores u oportunismo sino que deben ser consideradas como parte de un nuevo sentido de la experiencia presente y de las expectativas hacia el futuro. Desde ese punto de vista, no puede dejar de verse en ella un núcleo, imaginario si se quiere, de la fundación renovada de una experiencia (y una memoria) de la democracia. Y en las condiciones particulares de la transición argentina, el repudio al demonio del terrorismo insurgente venía a ser la condición de una recuperación rectificada de la experiencia de amplia participación y protagonismo popular que en verdad se había iniciado en la década del '60. En ese sentido, hay una fórmula casi establecida que recupera el sentido de las luchas contestarias de los '70 de un modo que suprime toda referencia al uso y, sobre todo, a la generalizada justificación de la violencia revolucionaria. Esa recuperación dice, más o menos, que fue una empresa de jóvenes idealistas (el término *utopía* ha quedado incorporado al léxico de la memoria política justamente para desplazar el acento de la acción a las ideas) que pugnaban por construir un mundo más justo. No digo que esa memoria sea falsa; no pretendo rechazar sin más la dimensión emancipatoria colectiva de muchas de las prácticas y proyectos de esos años. Sólo quiero señalar que esa visión retrospectiva expurgada y pacificada, por el vacío que instaura respecto de una memoria posible de la violencia política de izquierda, incluye, a su modo, algo de esa representación más amplia del "demonio", aplicada al terrorismo insurgente.

La escena de la ley

En la *transición* argentina a la democracia el problema de los derechos humanos intervino decisivamente como un ingrediente político fundamental en la voluntad de instituir un corte con el pasado. En verdad, nunca antes la cuestión de los *dere-*

chos individuales y la garantía de la ley había jugado un papel semejante en la escena política. La encrucijada de 1983, entonces, enfrentaba los desafíos de una suerte de *autoinstitución*, un nuevo contrato fundado sobre una voluntad que casi no podía recurrir a ninguna tradición anterior. Ahora bien, ¿cómo concebir un *corte histórico*, el cierre de un ciclo y el comienzo de otro? Y sobre todo, ¿dónde colocar sus signos fundamentales? Vimos que hubo un escenario previo: la derrota de Malvinas que arrastró a Galtieri y a la cúpula militar, instaló una escena de cambio de época dominada por la significación de la *caída* de la dictadura. Los violentos, derrotados en combate por las armas inglesas, exhibían su debilidad y su incompetencia ante una sociedad dispuesta a olvidar su propia adhesión a la aventura patriótica. Pero de las condiciones de esa derrota ante un enemigo externo y el consiguiente desmoronamiento del régimen surgía un primer problema en torno de la naturaleza misma de ese derrumbe que aparecía, en principio, como un fracaso *militar*, es decir, sometido a la misma lógica de la guerra que había dominado la cosmovisión de la dictadura. Para que la transición que así comenzaba pudiera despegarse de ese escenario fue preciso un desplazamiento a una impugnación política de la dictadura, que tuvo su base en la causa de los derechos humanos.

El Juicio a las Juntas adquiere, en ese marco, una significación política mayor, ante todo como una segunda derrota de la dictadura que dejaba atrás definitivamente la guerra y construía con autonomía esa otra escena: la ley, imponiendo y reconstituyendo la trama social a partir de un nuevo origen. Pero como se verá no faltaban ambigüedades y conflictos de memorias en esa apuesta que pretendía inaugurar una nueva constelación política y cultural. En este punto es importante advertir que ese imperio de la ley no dependía simplemente de la vigencia de los códigos y la forma idealmente vacía de la racionalidad jurídica; debía sostenerse en una dimensión simbólica e imaginaria que le daba carnadura y sentido. Si algo puede decirse con alguna certeza es que ese imperio de ley no es *autofundante* y que la implantación histórica de la ley, lejos de ser la explicación última, debe ser explicada a partir de condiciones, representaciones que le otorgan un sustento material en un momento histórico y en una formación cultural.

Otras coyunturas políticas pueden haber encontrado otros núcleos y otras escenas, pero en el caso argentino, ese anclaje en una materialidad sostenida en una trama y una memoria históricas tuvo una significación decididamente moral en torno de la tragedia de los *desaparecidos*. De allí, puede decirse, que esa significación de la ley como defensa frente al retorno posible del horror, la dimensión *reparatoria* de una afrenta profunda a los fundamentos mismos de una sociedad, resultó más duradera que la representación política de la transición que quedó lesionada después de los episodios de Semana Santa. ¿Hace falta decirlo?, Semana Santa se comunicaba con las escenas de la serie bélica y lo hacía de la peor manera. No sólo volvía a colocar en primer plano las imágenes del antagonismo y el imaginario de las armas; sino que la resolución que parecía un triunfo de la democracia había terminado instalando la representación de una claudicación y, en ese sentido, reactivado los componentes del *síndrome Malvinas*. De modo que, puede decirse, a la luz de sus consecuencias, los cimientos morales del Juicio han sobrevivido mucho más que sus efectos políticos, devastados por el ciclo de la transformación conservadora de la sociedad. Finalmente, si se trata de examinar cómo la escena del Juicio se implanta de un modo que socava, *corroe* la serie de la guerra, si sus consecuencias, como se dijo, llegan hasta el presente de modo palpable, hay que colocar su eficacia en la capacidad (en un momento peculiar del ánimo social) de instalarse como el remedio frente al horror. Eso parece haber dejado un cimiento más allá de las dificultades de la sociedad para mantener abierta una interrogación sobre su propia implicación en esa experiencia histórica. Queda así como una escena reactivable y a la vez amenazada por los nuevos humores de la sociedad: entre el renacimiento de los fantasmas de la radicalización y el antagonismo y la marea de la *indiferencia* y la insignificancia.

El Juicio instituyó un cambio de escenario que desde luego tuvo como una condición fundamental la acción pública de los organismos de derechos humanos, las Madres de Plaza de Mayo en particular. Esa acción, que partía de un reclamo fundado en la sangre, cumplió un papel político fundamental en el enfrentamiento al régimen y, hacia el futuro, en la instauración del problema de los *desaparecidos* como una cuestión básica e ineludible de la reconstrucción democrática. Ante todo porque hacía visible y de algún modo organizaba la posición de las víctimas; y desde allí demandaba la protección de la ley. En la visión del imaginario radicalizado (a derecha o izquierda) la ley aparecía como imposición o como un obstáculo externo a ciertos fines que se colocaban por encima de ella. En la restauración del Estado de derecho, sobre el fondo de la reparación del desgarramiento agudo de la Nación y la sociedad, se trataba de restablecerla como un principio de liberación que venía a instaurar el derrocamiento de la fuerza y, por lo tanto, la defensa de los débiles frente al despotismo de los poderosos. Dado que no hay memoria que no se construya desde algún lugar social, político o moral, es claro que una primera condición de una rememoración integrada a la demanda de justicia era que ese trabajo sobre el pasado adoptara la posición de las víctimas. Ése fue el primer mérito de las Madres de Plaza de Mayo: descorrer un velo (que no era del todo externo a la propia sociedad y a su conciencia posible) sobre una realidad que por la enormidad de sus crímenes resultaba casi inimaginable. En esa línea, el Informe de la CONADEP y los testimonios venían a situar esas imágenes sobrecogedoras, casi irreales, en un marco histórico preciso: eso que parecía una pesadilla había sucedido en medio de la vida de todos.

Lo que me interesa destacar es que ese lugar casi exclusivo que ocuparon las Madres, además de su coraje y su voluntad ética, tuvo como condición la vacancia inexcusable de una clase política que, de acuerdo con una larga tradición histórica, estaba mucho más dispuesta a la conciliación. Además, se mostraba incapaz de advertir la profundidad del daño que el terrorismo de Estado y la ilegalización de las instituciones habían infligido a la Nación. Como se vió, esa posición no era distinta de la adoptada por las dirigencias y representaba la de una sociedad que, hasta el final, había preferido ignorar la dimensión del horror que se perpetraba casi ante sus ojos. Si se examinan las condiciones previas y la decisión del enjuiciamiento, hay que decir que la clase política no tuvo casi ningún papel en el relieve y la canalización posible de la cuestión de los derechos humanos en términos de una política permanente de construcción institucional hacia la democracia. Tampoco hubo condiciones para convertir el enjuiciamiento a las jerarquías militares en una cuestión de Estado, situada por encima de la disputa partidaria. En todo caso, Alfonsín tiene el mérito de haber encarado el problema como un punto fundamental en la agenda política de la transición. Pero vale la pena repasar la débil presencia institucional de la UCR en la decisión de enjuiciar a las Juntas que, hay que decirlo, iba en contra de las tradiciones de un partido mejor representado por la figura de Balbín y su heredero en la posdictadura, De la Rúa.

La propia candidatura de Alfonsín tuvo como condición la muerte de Balbín, contrario a cualquier revisión de la acción dictatorial. Por otra parte, el líder de Renovación y Cambio construyó su liderazgo con un discurso que lo situaba directamente en sintonía con las aspiraciones de cambio de una porción mayoritaria de la sociedad que canalizaba en él, el rechazo a la dictadura. Pero hay que recordar también que el otro candidato, del partido más numeroso, el Justicialista, que directamente había ignorado el tema de los derechos humanos y rechazado la posibilidad de una revisión judicial de los actuado por la dictadura, no perdió por una diferencia tan grande; por otra parte, el justicialismo ganó la mayoría de las provincias. De modo que, dado el comportamiento de los sectores dirigentes (no sólo políticos sino de las corporaciones y los sectores del poder) que se aprestaban a retomar una posición central en la gestión de los asuntos públicos, lo llamativo no es que la política del presidente Alfonsín no haya cumplido con las expectativas de esa porción de la sociedad volcada a un enconado humor opositor, sino que haya llegado hasta dónde llegó.

Es importante recordar las condiciones en las que Alfonsín rompió con el consenso negociador (ante todo en su propio partido), cómo construyó su decisión y los lineamientos que buscó impulsar en el tratamiento judicial de la represión clandestina. La decisión de enjuiciar a las Juntas (anticipada en la campaña electoral y convalidada por la decisión de derogar la ley de autoamnistía) se inscribía en una línea de continuidad y profundización de la acción por los derechos humanos. Alfonsín, miembro de la Asamblea Permanente por los Derechos Humanos (APDH) aparecía como la figura ideal para encabezar un cambio de régimen que situara la reparación ética y jurídica de los crímenes cometidos desde el Estado en el centro de la nueva etapa política. Pero los límites de la dirigencia histórica de la UCR iban a ponerse de relieve desde el comienzo. De hecho, Alfonsín no sólo se separaba de la tradición radical sino que planificaba su plan de acción judicial por fuera del partido. En la preparación del proyecto jugaron un papel decisivo un grupo de intelectuales, ajenos al partido, a quienes se conocía como "los filósofos", de los cuales el más conocido era Carlos Nino. De ese núcleo surgió la propuesta de derivar el enjuiciamiento en la Justicia civil. Y es la intervención de Borrás, un hombre del partido, la que fuerza la decisión de dejar inicialmente el problema en el Consejo Supremo de las Fuerzas Armadas.[56] Como es sabido, la estrategia de autodepuración de las Fuerzas Armadas terminó en fracaso, aunque, al mismo tiempo, tuvo otras consecuencias: no sólo mantuvo durante meses la presencia pública del tema de un Juicio que no terminaba de empezar, sino que puso a la institución militar en el centro de una discusión que la exponía ante la sociedad. Se ponía en escena un problema mayúsculo de la nueva etapa democrática: el papel de las Fuerzas Armadas y las condiciones de la subordinación al poder político. Finalmente la instancia de apelación otorgada a la Cámara Nacional Criminal de la Capital (y no al presidente como Comandante en jefe) abrió la instancia del Juicio.

A la distancia, los efectos del Juicio parecen corresponderse con una intervención directa y drástica, como un *corte* nítido e instantáneo con el pasado. Pero vale la pena repasar el acontecimiento para advertir que no fue tan fácil. Se hace necesario volver, brevemente, a colocar al Juicio en la crónica de los días y las sesiones para recordar las dificultades y obstáculos que enfrentaba. Lo que se descubre en verdad es que en torno del proceso judicial se desplegaban dos series de sucesos en paralelo. Una era la crónica de la acción de la Justicia, seguida y amplificada en los medios: la prueba, el peso de los testimonios, la armazón de la acusación de la fiscalía, que enfrentaba la dificultad de probar la responsabilidad mediata de las cúpulas. La otra serie contemporánea estaba constituida por la secuencia de las presiones y rumores, el fantasma de la agitación en los cuarteles, los pronunciamientos públicos adversos de políticos, como Frondizi y, entre otros, del vicario castrense monseñor Medina. Hubo amagos de crisis en las Fuerzas Armadas, acciones de intimidación pública (bombas y amenazas de bombas) en los días previos a las elecciones de noviembre de 1985; hubo presiones previas y pronunciamientos y presiones directas ante el Presidente, diversas muestras de solidaridad de militares en actividad y un documento del Ejército que directamente se alzaba contra la voluntad presidencial refrendada por el Parlamento y la sociedad. Finalmente, también hubo una concentración en Plaza de Mayo en defensa de la democracia, que como es sabido terminó, insólitamente, con el anuncio de la "economía de guerra".[57]

En fin, no quiero repasar de cerca la secuencia de los acontecimientos día a día, sólo recordar lo que la propia realización del Juicio enfrentaba y hasta qué punto el que pudiera desarrollarse significaba, más aún ponía en acto, una lucha contra un pasado siniestro que dejaba ver a cada paso que aún podía arrojar algo más que una sombra amenazante sobre la sociedad y las instituciones. Es importante recordarlo frente al riesgo de perder de vista lo que allí se estaba cumpliendo: nada estaba garantizado, no sólo la conclusión y las condenas sino la misma realización del Juicio. Y más importante aún es recordar que si ese proceso pudo cumplirse es porque recibía el respaldo consensuado de la sociedad. Ya veremos los límites y las zonas ciegas de una sociedad que buscaba eludir mirarse en ese espejo, incluso las motivaciones mezcladas con que se volcaba a un humor antidictatorial. Pero no hay forma de desconocer ni rebajar la significación de ese pronunciamiento que aportó un fundamento nuevo al ciclo de la democracia. Por otra parte, el propio desenvolvimiento del Juicio, en los testimonios, revelaba algo de los extensos lazos que la dictadura había establecido con las dirigencias argentinas. Es el caso de los dirigentes gremiales Triaca y Baldassini, por ejemplo, que no recordaban ningún sindicalista *desaparecido* y se ocupaban de destacar lo bien que habían sido tratados en su breve paso por la cárcel de la dictadura. Pero los testimonios sacaban a la luz ejemplos aún peores de la degradación moral del elenco de beneficiarios y mandaderos del régimen, entre ellos a un juez federal que interrogaba secuestrados en Campo de Mayo, con participación del titular de la Bolsa de Valores y de peritos de la Bolsa y del Banco Central.[58]

Memorias de la democracia

El Juicio a las Juntas, entonces, constituyó la marca de un cambio histórico y el símbolo mayor de la transición a la democracia. La dictadura que había empezado anunciando un proyecto desmesurado de reorganización y reconstrucción del Estado y la sociedad, terminaba derrotada y la fuerza de las armas subordinada a la autoridad civil. Si se piensa en el papel de la sociedad, no puede decirse que haya sido un Nuremberg, llevado adelante sin mayor participación pública. El Juicio recogía, y en gran medida construía un consenso. En verdad, no sólo la sociedad quería el juicio y el castigo sino que volcada a un humor decididamente antidictatorial, puede decirse que estaba impulsada por una aspiración maximalista respecto de los alcances de ese castigo que, desde luego, excedía el esquema

de juicio y castigo limitado y autodepuración militar impulsado por el doctor Alfonsín.

¿Qué agregaba el Juicio a lo que el *Nunca más* había dado a
conocer? Vale la pena destacar la importancia del marco institucional que ofrecía a un trabajo de la memoria social, es decir, un
soporte material y práctico que no sólo recuperaba sino propiamente *rectificaba* la significación de ese pasado. Ese marco en verdad hacía visible acontecimientos y escenas, permitía una comunicación distinta con la significación de esa etapa que venía así
a cerrarse y sobre todo, hacía posible ciertas preguntas sobre ese
pasado. Pero es claro que, como marco, establecía a la vez ciertos límites y contribuía a establecer cierto orden de lo que podía ser registrado y procesado de ese pasado. Volveré sobre el
punto, pero, en principio, dejaba algunas zonas grises en relación con la participación de la propia sociedad.

El Juicio sancionaba una verdad que otorgaba un pleno valor de prueba a un conjunto de testimonios. No puede decirse
que revelara algo desconocido, particularmente después de la
publicación del *Nunca más*. Sin embargo había algo enteramente novedoso, ante todo en la dimensión de la *ceremonia pública*,
que los medios amplificaban y mantenían en el centro de la escena durante meses. Había algo del orden de la representación
teatral que ponía en escena una confrontación, en el terreno de
las ideas y de las alternativas del proceso judicial, un choque
frontal entre dos formaciones discursivas y dos relatos sobre el
pasado inmediato. Los defensores, en el mismo momento en
que denunciaban todo el procedimiento y lo llamaban juicio político (y en verdad lo era en un sentido muy fundamental), des-
plazaban sus intervenciones a una justificación política de la supuesta guerra antisubversiva. Con ello no hacían sino reproducir
el discurso que los acusados, como cabezas del poder usurpador
impuesto en 1976, habían propuesto como justificación de su
acción. En esa dirección, una de sus tácticas más repetidas in-
tentaba demostrar que los testigos habían pertenecido a organizaciones insurgentes, como si con ello el procedimiento de la
represión criminal clandestina quedara justificado. La repeti-

ción en acto de ese escenario de la llamada "guerra sucia" era tal que algunos de los testigos, sobrevivientes de los campos de concentración, declaraban que las preguntas de los abogados defensores de los jefes militares enjuiciados eran casi las mismas que las que les dirigían en las sesiones de tortura.

En esa dimensión teatral, los efectos simbólicos del Juicio iban más allá de la administración de justicia y se tocaban con un acontecimiento fundacional, que a la distancia adquiere la dimensión de un mito. Es claro que una condena por decreto o un juicio sumario no hubieran tenido ese efecto en términos de una memoria social formada por relatos que una sociedad produce y admite sobre ciertos momentos de su historia y sobre acontecimientos que afectan profundamente la vida de sus miembros.[59] Es en ese terreno donde se producía un *lazo social* que buscaba constituir un pasado común y un *nosotros*; en un sentido nuevo, los acontecimientos de la represión criminal ya no se referían a algo que le pasaba a otros. Pero para que se instalara esa corriente de identificación con las víctimas fue importante algo que ya se destacó en el relato del *Nunca más* y que el Juicio no podía sino reforzar: la presentación de las víctimas insistía en su *inocencia*. En la medida en que la figura de la víctima insistía en los chicos de "la noche de los lápices" o en los reclamos de las Madres y las Abuelas de Plaza de Mayo, esa identificación no sólo, como ya se vió, podía implícitamente separarse de los militantes revolucionarios, sino que tendía a fundar la cercanía y la solidaridad con los afectados en razones que eran más emocionales que políticas.

Por su sola existencia, el Juicio venía a enfrentar la doctrina de la *guerra sucia* y sus métodos, que había proporcionado el fundamento mayor a una acción concebida y ejecutada con el convencimiento de que se situaba por encima de la ley. "No pueden imaginar que vayan a rendir cuentas ante nadie" es la fórmula sintética propuesta por Prudencio García para dar cuenta del proceso de deformación corporativa que fue una condición necesaria de la organización del poder clandestino.[60] Según una idea de guerra no convencional, intelectuales, periodistas, abo-

gados, delegados sindicales, estudiantes o sacerdotes eran iguala-
lados en su carácter de enemigos combatientes. Ahora bien, esa
misma idea de una guerra extendida e interminable se ponía de
manifiesto en las posiciones de los defensores en el Juicio: eran,
antes que profesionales de la ley, voceros de las razones que habrían situado esa guerra especial más allá de los límites y las normas jurídicas. De hecho, actuaban en la escena del Juicio como
si se tratara de la continuación de la misma guerra y a partir de
ello podían tratar a los testigos y, por extensión, a fiscales, jue-
ces y, finalmente, al propio presidente Alfonsín, como exponentes del mismo ejército enemigo.

Frente a ese ejercicio repetitivo que se instalaba en una continuidad directa del período anterior, el Juicio promovía una *deliberación pública*, abría un espacio novedoso de participación en
una discusión colectiva que no sólo servía a la exposición de los
agravios de las víctimas más allá de los estrados, sino que promovía una solidaridad pública que, de algún modo, las rescataba y
las reintegraba a una comunidad ideal tutelada por la ley.[61] A la
vez, al cancelar la escena y el discurso de la guerra, el Juicio público buscaba diluir esa representación aguda del conflicto que
había golpeado a una sociedad que, como se vio, estuvo bastante más cerca de admitir, en el pasado inmediato, que los problemas de la Nación requerían remedios violentos y drásticos. Esa
escenificación de la potestad de la ley venía a mostrar una primera evidencia de una nueva República, un nuevo pacto del Estado y la sociedad que quedaba plasmado en la fórmula "Nunca
más". Es claro, en ese sentido, que la puesta en escena de esa
confrontación entre fiscales y defensores ponía en relación posiciones que no eran equivalentes, ante todo frente al reconocimiento de la novedad radical que el Juicio instituía, no sólo frente al juzgamiento de lo acontecido en esa supuesta guerra, sino
el compromiso institucional de que nunca más la violencia y el
asesinato podrían ser admitidos en la acción política.

Al mismo tiempo, es importante advertir una dimensión
del Juicio que excedía el espectáculo público. Me refiero a lo
que era directamente presentado y realizado como una recons-

trucción de las instituciones y del Estado. Si la ceremonia del Juicio podía estimular una suerte de catarsis social directa (horror y repudio, formas inmediatas de identificación con las víctimas), la refundación institucional venía a asegurar otros efectos, en principio permanentes, en particular la conquista del Estado de derecho. Y ante todo operaba como un elemento *disuasivo* hacia el futuro. Aun cuando el castigo no se haya cumplido en una medida más acorde con las expectativas de la sociedad (y hay que tener en cuenta que probablemente esas expectativas eran imposibles de cumplir) después del Juicio quedó claro que, a diferencia de todos los golpes militares anteriores, después de éste cualquier nuevo intento enfrentaba un costo y un riesgo.[62] Quiero destacar esas consecuencias que se jugaban más allá de los acontecimientos, de las presiones externas y los contenidos conmovedores de lo que allí se testimoniaba; más allá, en fin, de esa reproducción escenificada de las víctimas interrogadas por abogados defensores que eran apenas un subrogado de los victimarios. Se trata de lo que se construía (y reconstruía) en términos de marcos institucionales, formas, procedimientos, un aparato normativo y de procedimientos que constituía el núcleo inicial de ciertas rutinas propias del Estado de derecho. Mucho de lo que se produjo después, en el sentido de una recuperación de los principios de una acción autónoma por parte del Poder Judicial, en la Argentina y en otros tribunales, no puede dejar de anotarse en el saldo de lo que el Juicio produjo.

El alegato final de la Fiscalía dejaba establecidos ciertos puntos que daban cuenta de las bases del *consenso* que el Juicio recogía y a la vez construía en la sociedad. Vale la pena destacar la presentación del *contexto histórico* en el que se hacía referencia a la acción subversiva armada y se establecía la legitimidad de la represión: ni se admitía que la guerrilla pudiera estar justificada entre 1973 y 1976 ni se la presentaba como una lucha idealista y justiciera sino que se la trataba como un terrorismo que el Estado debía reprimir legítimamente, es decir en el marco de la ley. Allí la visión histórica se deslizaba, igual que el "Prólogo" del *Nunca más*, hacia los "dos demonios", es decir, a la presentación de la acción criminal de la dictadura como una respuesta terrorista desde el Estado a ese otro terrorismo. No voy a insistir sobre lo que ya se dijo: esa operación de extirpación drástica de la disidencia política y social abarcaba mucho más que el terrorismo insurgente y, por otra parte, había requerido de condiciones y antecedentes que se remontaban bastante más atrás del auge de la acción guerrillera. Al mismo tiempo, el alegato claramente incluía una crítica de principios contra la violencia política como metodología y hablaba de una "pérdida de la conciencia jurídica" para referirse a la violencia de los '70. O sea que sostenía el presupuesto de que la ley precede a la política y establece el marco y la justificación de la acción política y enfrentaba la idea de que la ley podía ser dictada por los vencedores. En ese punto el Juicio, más allá de los crímenes precisos que sostenían la acusación, apuntaba al sistema, a saber, la degradación del Estado, marginado de toda norma jurídica, incluso de las invocadas para proclamar sus propósitos de orden. Desde el punto de vista de su impacto institucional y político, lo que estaba siendo juzgado, entonces, iba más allá de los crímenes en la medida en que se refería a la destrucción de un orden jurídico, es decir, al proceso de *criminalización del Estado*. Finalmente, las condiciones para la conquista de la paz se sintetizaban en dos principios y dos valores que habían sido impuestos por la lucha del movimiento de los derechos humanos: la verdad y la justicia.[63]

Admitamos que en la escena del Juicio se representaba y se implantaba un recomienzo histórico que hacía posible una distinta narración del pasado, alejada tanto de la épica de la insurrección como de la restauración del orden y la contrarrevolución. Hay que admitir que allí radicaba, por otra parte, un problema central de la nueva etapa. Dado que no hay presente sin memoria, es decir, que cierta reintegración y relato del pasado cumple una función de legitimación del presente, el nuevo sentido común democrático se enfrentaba con el problema mayor de crear las bases de una memoria común (que no borrara ciertas diferencias) capaz de recuperar, y en alguna medida inventar, un pasado comunicable con ese nuevo presente. La figura del presidente Illia, reivindicada a su muerte hasta por sus más enconados detractores, aportaba algo a un sentido común que presentaba, ante todo, un emblema de la democracia como honestidad y virtudes cívicas. Así puede entenderse la movilización ciudadana que acompañó las ceremonias fúnebres que se convertieron un poco inesperadamente en un acto público de repudio al régimen. Pero es claro que ese descubrimiento *post mortem* (tan característicamente argentino) de virtudes escasamente reconocidas en el tiempo político que le tocó vivir, no podía alcanzar el valor de un antecedente fuerte.

Tampoco había mucho que extraer, en la serie de los gobiernos constitucionales, del desván de una memoria política fijada a las figuras presidenciales: ni la figura de Frondizi (volcado en el final de su vida a lo peor de la tradición de los dictadores y enconado opositor del Juicio) ni, mucho menos, la de Isabel Perón, tenían algún capital simbólico que ofrecer a esa construcción. Si Alfonsín eligió instalarse en el lugar de la Constitución y recitaba el "Preámbulo" de 1853 como un programa adecuado a esos tiempos nuevos, más allá de que la convertía en símbolo opuesto al poder militar que la había avasallado tantas veces, no puede dejar de verse que ese salto al lugar de un fundamento casi formal, históricamente vacío en su evocación, delataba la ausencia de referencias (y de prácticas) concretas en la memoria política republicana. Es un hecho que en ese vacío trataban de volcarse experiencias externas, en particular de la transición española a la democracia y del continente discursivo de la socialdemocracia. Todo ello, evidentemente, tenía poco que ver con la memoria propia del centenario partido de Alem y, en todo caso, requería de otro personal intelectual que Alfonsín buscó procurarse, aunque no estaba en condiciones de renovar en un sentido análogo al personal político.

Un corte histórico produce efectos hacia el futuro tanto como hacia el pasado. Hacia el pasado, porque no hay recomienzo que no opere alguna recuperación de una memoria anterior, así sea para corregirla o cancelarla. Hacia el futuro porque encarna la promesa de un tiempo nuevo. Pero, ¿qué memoria disponible podía conectarse con la escena de los jerarcas del régimen sometidos a la potestad de la ley? En un sentido estricto, no había memoria anterior. Todas las *transiciones* anteriores se resolvieron en un plano de negociación política que excluía la intervención de la Justicia, salvo para sancionar una amnistía, es decir, para buscar la institución de un olvido, algo que en el nuevo ánimo de la sociedad esto aparecía como imposible. En cuanto a la memoria del último cambio de régimen, el de 1973, era claramente otra cosa: la ilusión de un derrocamiento tumultuoso en el que la ley quedaba relegada y reemplazada por una movilización popular que soñaba, en Devoto, con la toma de la Bastilla. Pero esa misma escena, la liberación de los combatientes por la movilización popular, que se ajustaba tan bien a la imaginación de la radicalización revolucionaria, exaltaba, por razones exactamente contrarias, los fantasmas más temidos del bloque cívico-militar unificado en la causa del orden y, sobre todo, de la paranoia anticomunista. Y esa escena, la derrota de las armas por la política, como ya se dijo, estuvo en la base de la determinación criminal y desmesurada que decidió, antes del golpe de 1976, que en el esquema represivo no quedaran prisioneros que pudieran ser, alguna vez, nuevamente liberados.

El entero proceso de la transición estuvo enfrentado a los desafíos de un recomienzo que debía implantar, junto con los lineamientos de una acción hacia el futuro, las bases de una recuperación del pasado que lo fijara de un modo adecuado al nuevo origen. Y en la nueva transición, en 1983, las memorias, conflictivas, de la tumultuosa transición anterior no estaban ausentes. Ante todo, del lado de la visión de los dictadores y sus epígonos que insistían una y otra vez en asimilar el Juicio a la continuidad de la derrota y la humillación de 1973 y alucinaban en cada juez y en cada testigo a un combatiente renacido de las cenizas. Pero la misma escena, podría decirse, con distinta significación, renacía del lado de un sentido común radicalizado que se entusiasmaba con las consignas que pedían un paredón.

Ahora bien, la voluntad de dejar ese pasado atrás, que no podía emplear el recurso tradicional de la amnistía como voluntad de olvido, trataba de romper con el círculo de representaciones de la política bajo las figuras de la insurrección y la guerra. En ese punto indudablemente encontraba y construía un consenso respecto de una sociedad harta de la violencia y, sobre todo, de la impunidad estatal. No pretendo avanzar en un análisis político del proyecto (y las decisiones tomadas sobre la marcha) del presidente Alfonsín, en una esfera en la que la cuestión de los derechos humanos se cruzaba inevitablemete con la política para las Fuerzas Armadas. Una ojeada retrospectiva recupera escenas y situaciones a partir de sus efectos más que a partir de la reconstrucción acotada del tiempo en que ocurrieron. En esa perspectiva parece claro que el nuevo rumbo se sostenía en el programa, la utopía si se quiere, de una restauración legalista, una confianza, incluso excesiva, en que el reordenamiento institucional tendría efectos duraderos. Es sabido que no dejó de cosechar fracasos en diversos frentes, incluido el propiamente militar. Sin embargo, vuelvo sobre lo ya dicho, en lo que se refiere al capítulo de los crímenes de Estado bajo el poder militar produjo consecuencias en la sociedad y en las instituciones.

Hacia el presente, el Juicio queda situado como un cruce de memorias en el que se relacionan y se entrecruzan el pasado y el presente, y las memorias diversas de la dictadura no pueden separarse de la construcción de una experiencia de la democracia; es decir de una recuperación de los sentidos de ese pasado que ha quedado estrechamente ligado a las promesas y los resultados de la renovación política y ética inaugurada en diciembre de 1983. ¿Qué decir de la serie de resoluciones políticas que buscaron limitar primero y luego, directamente clausurar el ciclo abierto por el *Nunca más* y el Juicio? No hay dudas de que la "Obediencia debida" y el "Punto final" (que sin embargo mantenían el castigo sobre las cúpulas) y, sobre todo, los indultos de 1990 chocaban con las promesas de la reparación ética y jurídica que estuvieron en el nuevo origen de la democracia y parecían reinstalar la impunidad de los poderosos. En el caso del Juicio a las Juntas, es sabido que el indulto no borró las penas ni la criminalidad de los actos. Al mismo tiempo, a la distancia, si se tiene en cuenta lo que se cumplió (proceso público, volumen de las pruebas, centenares de testimonios, sentencia y condena, siete años en prisión) no se puede hablar de impunidad. Y con el tiempo transcurrido la importancia y la huella de los efectos políticos y éticos del Juicio (reanudados en el país por las causas de sustracción de menores y por los "juicios de verdad") parecen prevalecer frente a las fuerzas que buscan conducirlo al olvido y la insignificancia.

Ahora bien, admitidos esos efectos del Juicio, al mismo tiempo ¿no estableció ciertos límites a una intelección propiamente histórica de una etapa crítica y decisiva que evidentemente no se abrió con la dictadura de 1976? En efecto, en un sentido diferente del instalado por el juzgamiento de los crímenes de Estado, la dictadura argentina aparece menos como un desorden aberrante y único que como el resultado de una larga crisis, política, económica y social, que sólo se hace visible en una perspectiva más amplia, y que, según se quiera, se retrotrae a diversos escenarios de una guerra civil larvada, desde el golpe de 1930 a la irrupción de los coroneles en 1943, el bombardeo a la Plaza de Mayo o el golpe del general Onganía. Todos, sin excepción, fueron cívico-militares, apoyados, según las circunstancias por una u otra de las expresiones políticas mayoritarias. El examen de la dictadura desde una exploración más ajustadamente histórica y en un ciclo más extenso, que incluya la dimensión social y política de las crisis argentinas en el siglo XX, es algo que queda hasta ahora como una tarea pendiente y obviamente excede los límites de este trabajo.[64]

Ahora bien, si se trata de un examen del Juicio y sus consecuencias, no hay razón para pretender de la construcción de ese marco institucional más de lo que efectivamente podía ofrecer. Ciertamente, establecía ciertos límites a la posibilidad de una indagación de lo sucedido en la medida en que hacía recaer todas las responsabilidades sobre el actor militar, sin interrogarse sobre las condiciones que en todo caso habían contribuido decididamente a favorecer y hasta admitir el golpe contra las instituciones y la masacre descargada sobre la sociedad. Pero a la vez, en sus efectos hacia la deliberación pública, aun cuando la memoria social permaneciera en gran medida opaca respecto de las responsabilidades de la propia sociedad, el proceso judicial no dejaba de plantear problemas, interrogantes posibles. En todo caso, si no se desplegaron con mayor intensidad y claridad, hay que cargarlo en la cuenta de otras limitaciones. Ante todo, la relativa ausencia de una acción intelectual y política más autónoma respecto de la lucha reivindicativa inmediata que ha dominado a los organismos de derechos humanos y la modalidad de un periodismo volcado sobre lo más inmediato y efectista. Con todo, no se puede desconocer lo que se produjo en esa dirección, a partir de objetivos diversos, en una perspectiva de investigación y trabajo conceptual de más largo alcance.

Dejo, entonces, una exploración que queda suspendida, puede decirse, en las condiciones, las dificultades y las aporías de esa escena refundadora, con efectos diversos, inestables, en la sociedad y en núcleos de la clase política. Al mismo tiempo, parece claro que ningún partido ni el movimiento de los derechos humanos han alcanzado a conformarse como sostenes y herederos de esa refundación jurídica y política. En cuanto a la sociedad, algo de esa escena originaria de la democracia, como principio de libertad e igualdad, se reactiva con el apoyo que reciben los nuevos procesos judiciales en el país y en el exterior. Pero, por otra parte, en la medida en que el eje de la experiencia social se sitúa en la interminable catástrofe económica, en la medida en que se afirman otras formas de desigualdad y de negación de la justicia, se resiente el impulso democratizador de la vida política y social que estuvo en la base de lo que el Juicio producía y prometía.

IV. Los campos de concentración argentinos

La revelación pública de los centros clandestinos de detención, tortura y asesinato, que se extendió rápidamente después de la derrota militar en las Malvinas, marcó de modo irreversible el fin de la dictadura. La empresa de reconstrucción y regeneración nacional inaugurada en 1976 terminaba representada, en palabras del alegato final del fiscal Strassera, en sus íconos mayores: la picana y la capucha. Como vimos, la doctrina de la guerra contrainsurgente, devenida en *antisubversiva* en la versión aplicada por los militares argentinos, excedía ampliamente el modelo francés o norteamericano por la significación amplia de lo que era caracterizado como el enemigo *subversivo* y por la generalización de una metodología terrorista que infectaba el conjunto del Estado. En ese punto, la desmesura propiamente argentina del sistema represivo, basado en una extensa red de campos clandestinos de detención, tortura y muerte (340 registró la CONADEP), se mostraba incomparablemente más perversa y sofisticada que la que se desplegó en cualquier otro lugar de América latina.

Una masacre administrada

Evidentemente, ni la doctrina de la "seguridad nacional" ni la inspiración tomada de la experiencia francesa o las enseñanzas recogidas en los centros militares de los Estados Unidos (que estuvieron presentes en todas las dictaduras latinoamericanas) pueden explicar la modalidad particularmente desmedida y brutal de la dictadura argentina, en particular el procedimiento autóctono de la desaparición de los restos en gran escala. Cuando Prudencio García se pregunta cómo las Fuerzas Armadas argentinas (en su opinión las más europeas y cultas de América latina), fueron capaces de implementar esa extensa masacre, parece claro que está caracterizando, en principio, al terrorismo de Estado como una empresa de barbarie incompatible con cierto desarrollo civilizatorio. Sin embargo, no es posible dejar de ver en esa maquinaria de tortura y muerte, en las evidencias de una planificación eficaz y extendida, incluso en la sofisticación de los procedimientos, el papel cumplido por una organización que buscaba innovar en una *tecnología* del exterminio que, después del genocidio nazi, parecía haber llegado a su tope. En efecto, si se la compara con las ejecuciones masivas, a la luz del día, que caracterizaron las prácticas de exterminio allí donde hubo más muertos, en Centroamérica por ejemplo, no puede negarse que la maquinaria creada por los militares incluía un plus de refinamiento frente a las formas más bárbaras de represión. De modo que, si es cierto que la Argentina es el país más culto de América latina (o lo era hace veinticinco años), y si se piensa en las experiencias de las masacres del siglo XX, ¿no es congruente que sea justamente el más culto el que fue capaz de implementar la maquinaria más organizada?

Pero no puede decirse que la *barbarización* haya borrado en general un código de conducta en los oficiales de las Fuerzas Armadas involucrados en acciones aberrantes. De hecho no afectaba otras relaciones y el fracasado intento de ocupación y los combates de las Malvinas no se llevaron adelante con una modalidad siquiera parecida a la de la guerra de exterminio. Como veremos, la pregunta por ese *derrumbe civilizatorio* debería orientarse en otras direcciones, que en parte han sido exploradas en páginas anteriores. Por una parte, en una perspectiva de más larga duración, hay que contar con las características de un Estado débil, degradado e incapaz de instalar un monopolio y una orientación normativa en el uso de la violencia. Por otra, y fundamentalmente, en las condiciones que llevaban a construir ideológica y mentalmente a ese *enemigo* subversivo como un objeto excluido de la comunidad humana y condenado de antemano. En efecto, no todos los detenidos fueron asesinados pero la norma es que *todos podían serlo* y en ese sentido los testimonios son bastante coincidentes: todo prisionero era tratado como un ser sin derechos y condenado al exterminio y sólo eventualmente podía decidirse, como excepción, liberarlo, como resultado de decisiones que no debían ni justificarse ni eran susceptibles de ningún tipo de reclamo.

Al mismo tiempo, hay que decir que la brutalidad no excluía cierta disciplina, burocrática incluso; y esa mezcla característica evoca de inmediato los extensos debates acerca de los crímenes del nazismo. En principio, precavidos frente a las explicaciones simplistas, hay que admitir que las causas de crímenes colectivos del tipo de la masacre producida en la Argentina son muchas y variadas. En el caso del genocidio perpetrado por el Estado nazi, la publicación de la obra de Goldhagen acerca de la responsabilidad de los "alemanes corrientes" ha estimulado un debate sobre las causas que, en general, ha dado lugar a dos grandes opciones.[65] En términos muy generales: o la criminalidad de las acciones reside fundamentalmente en el sistema terrorista o reside en las características y las motivaciones de los perpetradores.

La primera línea interpretativa tiende a poner el acento en la maquinaria, en la burocracia y el asesinato industrial, es decir en las modalidades de un aparato que se impondría sobre la masa de los perpetradores. Dadas esas circunstancias, los agentes y funcionarios dedicados al cumplimiento de los crímenes masivos pueden ser hombres y mujeres corrientes. Hannah Arendt en su estudio sobre Adolf Eichmann acuñó la expresión *banalidad de mal* para destacar precisamente la figura del administrador burocrático que opera motivado por objetivos banales: la promoción en la propia carrera y la obediencia a un orden jerárquico que es admitido e incorporado como incuestionable.[66] Dado que esa fórmula se ha convertido en un lugar común aplicado a toda clase de crímenes masivos, caben algunas aclaraciones sobre los análisis de Arendt. En primer lugar, se trataba de un informe y un análisis del juicio desarrollado en Jerusalén; en ese marco, la fórmula era aplicada a Eichmann ante todo para cuestionar la imagen proporcionada por el fiscal, que lo presentaba como un monstruo sádico envenenado de odio a los judíos.

Lo más inquietante de la *lección* del caso Eichmann, en la visión de Hannah Arendt, es que se trataba de un hombre muy normal en sus hábitos y en sus motivaciones. Pero Arendt rechazaba explícitamente que la fórmula sobre la banalidad del mal pudiera ser tomada como un explicación o como una teoría del Holocausto. Por otra parte, es claro que no deriva en una conclusión exculpatoria: la maquinaria burocrática había formado parte de las *circunstancias* de los crímenes pero no resentía la responsabilidad de los perpetradores. Y si Arendt prefería el término *masacre administrada* al de genocidio, no era para atenuar la gravedad de las acciones sino, ante todo, para enfrentar el prejuicio de que ejecuciones de esa naturaleza sólo se llevaban adelante contra otras naciones.[67] Hitler, hay que recordarlo, comenzó sus asesinatos masivos actuando contra alemanes genéticamente indeseables para el futuro de la raza aria. Finalmente, en su consideración de los testimonios, que incluyen algunos casos de alemanes, incluso soldados, que ayudaron a víctimas judías, Hannah Arendt extrae otra lección: bajo condiciones de terror la mayoría de las personas consiente y colabora, pero *algunos no lo hacen*; acontecimientos de ese tipo pueden suceder en muchos lugares pero *no en cualquier lugar*.[68] De modo que si bien la interpretación que pone el acento en ia maquinaria estatal y paraestatal del terror desplaza la responsabilidad fundamental y decisiva *hacia arriba*, hacia quienes tuvieron el poder de decisión para implantarla, de ninguna manera anula la responsabilidad moral y criminal de los involucrados directamente en la ejecución de la masacre.

La otra línea interpretativa pone el acento en rasgos propios de los perpetradores: prejuicios, desviación moral, deformación ideológica, fanatismo. La tesis de Goldhagen, por ejemplo, construye la figura monstruosa del alemán común y corriente, dominado por un antisemitismo visceral y dispuesto a oficiar de "verdugo voluntario" del régimen terrorista. No me propongo entrar en los detalles de una polémica que, en general, ha sido muy poco favorable a esa explicación simplificadora de las complejidades del Holocausto; en todo caso el libro citado de Federico Finchelstein ofrece un excelente estado de la cuestión. Pero vale la pena señalar que ese relato, cuestionado por los especialistas, tuvo un enorme éxito entre un público más amplio; probablemente porque hacía fácilmente inteligible y relativamente asimilable una experiencia histórica que había rozado lo irrepresentable del horror absoluto. Lo hacía no sólo a través de sus tesis simplificadoras, sino que, lo más importante, en la medida en que proyectaba sobre *esos* alemanes, los de las generaciones pasadas, toda la responsabilidad por la catástrofe, a la vez arrojaba sobre la sociedad alemana contemporánea un manto de inocencia. De algún modo, a la luz de los efectos sobre su público, el libro venía a la vez a cerrar definitivamente el debate sobre ese pasado y a garantizar a las nuevas generaciones que no había allí ningún legado del que hacerse cargo, salvo las minoritarias y repudiables expresiones de las bandas neonazis. Por otra parte, el éxito de esa narración de crímenes y pecados colectivos, que comenzó en los Estados Unidos y se extendió a un público que no era sólo el alemán, mostraba la relativa facilidad con que puede aflorar la indignación moral allí donde las faltas y las miserias morales pueden ser adjudicadas a otros.

Una representación de ese tipo, según un esquema tripartito que comprende a perpetradores perversos, víctimas inocentes e indefensas y una sociedad aun más inocente y expectadora de males ajenos, no está alejada, como se vió, de la memoria habitual de la masacre argentina. Ahora bien, si se trata de recuperar algo del debate Goldhagen que sirva a la discusión de nuestra catástrofe no basta con la advertencia sobre los riesgos de una simplificación de las causas que puede resultar a la vez atractiva para la inteligencia del lugar común y moralmente tranquilizadora. De algún modo hay que reconocer que en ese debate salían a la luz problemas que no pueden estar ausentes de un estudio sobre experiencias de asesinatos masivos y que se refieren a la posición y la formación de los perpetradores. Es claro que atender a ello no implica diluir o subordinar el papel decisivo cumplido por el aparato estatal como organización y como agente colectivo. En ese punto, así como se dijo que la dictadura puso a prueba a la sociedad, a su dirigencia y sus instituciones, hay que decir que también reveló algo del carácter deformado de una maquinaria que parecía preparada para servir con facilidad a la empresa de exterminio. La pregunta por el papel de ese Estado y por las condiciones de esa formación desviada (respecto del modelo de un aparato normativo que es a la vez *moralizador* de la sociedad) requiere necesariamente considerar procesos de más largo alcance y como tal permanece como una cuestión abierta para los historiadores.

La maquinaria del terror

Ahora bien, si se trata de analizar, aunque sea mínimamente, el papel de la maquinaria y la burocracia estatal, sobre todo militar, en el caso argentino, hay que comenzar por constatar una diferencia fundamental respecto del caso ejemplar del Estado nazi. En el caso del genocidio perpetrado por el Estado alemán, los autores que han puesto el acento en la dimensión tecnológica y administrativa en verdad se han referido a dos problemas diferentes. Por una parte, se trataba de reconocer el papel de las soluciones propiamente técnicas, racionales de acuerdo con los fines perseguidos, que permitieron el asesinato en escala industrial. Por ejemplo, en los progroms en gran escala de la *Kristallnacht*, la "noche de los cristales rotos", perdieron la vida un centenar de judíos; en esa escala, asesinar a seis millones (que fueron aproximadamente el número de víctimas judías) hubiera requerido 200 años. Es claro que el cambio de escala era también un cambio en la racionalidad: el odio de las turbas enardecidas, que nunca podría durar tanto, debió ser reemplazado por la eficacia impersonal de un aparato técnico y una burocracia disciplinada.[69]

Pero el análisis de Zygmunt Bauman destaca algo que va más allá de las soluciones técnicas, en la medida en que propone que la racionalidad burocrática intervino en el propio encadenamiento de las decisiones que llevaron a la creación de las fábricas de muerte. Establecido el objetivo general de una Alemania libre de judíos, habría sido la racionalidad propia de los expertos y la burocracia la que fue implementando los procedimientos adecuados a tal fin; y cuando el número de judíos y sus condiciones hicieron imposible seguir aplicando la política de la emigración forzada y las deportaciones, de esa misma racionalidad y de la disciplinada burocracia que la servía nació el proyecto de la Solución Final y el aparato técnico necesario para llevarla a cabo.[70]

Cualquiera sea el juicio sobre las tesis de Zygmunt Bauman aplicadas al caso alemán, no caben dudas de que las decisiones que condujeron a la masacre argentina nacieron de un proceso diferente. Es claro, por una parte, que las Fuerzas Armadas argentinas como organización del Estado, mantuvieron durante décadas una voluntad de autonomía respecto del poder político y operaron, con una amplia complicidad civil, como un poder separado. Además, durante la dictadura controlaban el sistema de seguridad y resortes básicos del aparato estatal y operaban con los medios propios de una organización burocrática, relativamente disciplinada y capaz de una planificación extendida en el tiempo y en el territorio. Basta pensar en el cambio sustancial que significó el pasaje de las acciones terroristas de la Triple A a la implantación del terrorismo de Estado, en cuanto a la planificación y la racionalidad operativa pero también a la amplitud y proyección futura de los objetivos de intervención sobre la Nación. El hecho de que en muchos casos fueran los mismos hombres los que integraban los nuevos grupos de tareas parece demostrar que las razones últimas de ese cambio no deben buscarse en el nivel de las modalidades personales o el entrenamiento individual sino en el de la organización en la que se incluían. Obviamente, no tiene sentido avanzar en una comparación con la maquinaria nazi en cuanto a los respectivos niveles de racionalidad y burocratización; ante todo porque el total de los muertos por la dictadura argentina es lo que la industria de los campos en Auschwitz era capaz de producir en dos días.

Si es cierto que el sistema de los campos de concentración argentinos incorporó muchos de los rasgos propios de una maquinaria impersonal, hay que recordar que la decisión sobre la metodología de exterminio fue tomada en los niveles superiores de la conducción de las Fuerzas Armadas. Es sabido que antes del golpe militar hubo una reunión de generales, almirantes y brigadieres que aprobaron la metodología de detenciones clandestinas, tortura sistemática y ejecuciones masivas; sólo tres generales plantearon alguna disidencia.[71] Y aunque nadie haya dado cuenta de los argumentos, no es difícil reconstruirlos a partir de diversos pronunciamientos: la doctrina de la guerra contrainsurgente, las tesis sobre la tercera guerra mundial y las razones de la seguridad puestas por encima de toda otra consideración legal o moral.

No voy a insistir sobre los factores, ya expuestos en capítulos anteriores, que formaron parte de una preparación de más largo alcance. Lo importante es destacar que hubo en la decisión de la masacre algo distinto de un proceso burocrático y técnico y que intervino como un factor determinante la decisión de una revancha corporativa. La maquinaria y la organización estaban dispuestas desde mucho antes, pero la decisión no nació simplemente del despliegue de una lógica técnica sino de la intervención de una voluntad y una visión políticas alimentadas por las representaciones de la *guerra* y por el pasaje al acto de una venganza social. Es preciso reconocer, por otra parte, que en la práctica extendida de la tortura y el asesinato había algo que excedía toda razón, institucional o corporativa. El orden no contradecía la desmesura, la omnipotencia incluso, con que la cúpula militar se situaba, en las proyecciones de su acción, propiamente más allá del bien y del mal. La misma desmesura se ponía en evidencia en la aventura megalómana de las Malvinas: en el plano ideológico y doctrinario no había grandes diferencias entre los oficiales superiores de las fuerzas armadas latinoamericanas; y sin embargo cuesta imaginar a un general chileno o uruguayo iniciando una guerra contra Inglaterra. Los militares argentinos, en cambio, parecían creer que también en el terreno internacional todo les estaba permitido.

De modo que en el fundamento del plan de exterminio hubo algo que no puede ser explicado a través de la lógica de la acción burocrática, algo que debe ser concebido como una originaria radicalización de las tesis sobre el conflicto político y militar contra la *subversión*. En ese sentido, no hay mucho lugar para la figura de la *banalidad* en la interpretación de esa decisión que se prolongaba en una acción acumulativa a cargo de ejecutores y perpetradores que en todo caso podían estar motivados por razones banales. En principio hay que admitir que hubo un sistema de creencias que fue eficaz en la construcción ideológica de un enemigo irrecuperable, un ser humano sin derecho a la vida y contra el cual todo estaba permitido. Esa figura debía ser previamente formada en la mentalidad de los represores y, en ese sentido, no hay maquinaria que pueda prescindir de la adhesión y de la moral (en el sentido en que se dice "moral de combate") capaces de asegurar el cumplimiento de una empresa de muerte que no era fácil de soportar. Hay muchos testimonios sobre las condiciones y rasgos de los perpetradores directos: el humor cambiante, el pasaje de la brutalidad y el sadismo a la búsqueda de relaciones amistosas y aun de protección, la disposición omnipotente expuesta en la salvación de alguna víctima.

Pero no es la psicología (o la psicopatología) de los torturadores lo que me interesa sino, en todo caso, introducir los principios de alguna conceptualización en un temática difícil y resbaladiza. En principio, hay una dimensión ineludible, acentuada por Prudencio García, que se refiere a la conformación ideológica y doctrinaria de la organización militar e incluía una combinación de componentes diversos, entre ellas el convencimiento propiamente *técnico* de que esa *guerra* debía librarse de ese modo. Aceptadas e inculcadas las premisas racionales acerca de las características particulares de la guerra contrainsurgente (que son las que la mayor parte de los oficiales han repetido desde entonces) se imponía la rutina, tecnológica si se quiere, de un trabajo que reforzaba la normalidad de los procedimientos. Y en ese sentido, no puede descuidarse el papel que el propio sistema cumplía como *aparato de obediencia*, ante todo para los propios perpetradores y colaboradores, pero también para una sociedad que se subordinaba a los imperativos del orden. Ése es el marco que permite situar el papel y los límites de la burocracia en la vida de los *campos*, en una dimensión que excede la motivación ideológica. Ante todo por las ventajas de ser parte de esa maquinaria: no sólo las más evidentes (el botín) sino los beneficios de un amplio poder sobre los prisioneros y la búsqueda de reconocimiento en una carrera militar o policial que siempre dependió, sobre todo, de la obediencia jerárquica.

Pero aun reconociendo esos rasgos en el funcionamiento de los campos, es preciso advertir que no es desde esa escena micro desde donde se puede adquirir una visión de conjunto del sistema. Finalmente, la mecánica general de esa organización, que involucraba resortes del Estado, difícilmente puede ser interpretada desde una lógica puramente burocrática si al mismo tiempo no se advierte que ese orden de jerarquías imponía su efecto degradante desde arriba hacia abajo. Norbert Elias ha destacado que el *asesinato de masas*, que no es tan excepcional como se querría creer en las sociedades técnicamente más desarrolladas, requiere siempre del papel activo y decisivo de una minoría de jefes, un elenco de mando dominado por creencias bien arraigadas, que no son susceptibles de ser deducidas de un cálculo racional de intereses o beneficios. Ese papel que en Alemania fue cumplido por las SS requirió en la Argentina de un grupo de oficiales, cuyo número es difícil determinar, hasta ahora, por la negativa de las Fuerzas Armadas a permitir cualquier investigación. Hay que señalar, entonces, que el mesianismo y el encierro de secta fue una condición de la barbarie e impulsó una visión redencional del exterminio. Pero, finalmente, sin elites autocráticas y sin cierta organización centralizada no hay derrumbe moral ni generalización de comportamientos criminales en el aparato de seguridad.

¿Genocidio?

En principio, el sistema de detenciones ilegales y el plan premeditado y extendido de exterminio de una extensa categoría de ciudadanos ha llevado a que los *campos* argentinos hayan quedado asociados al genocidio nazi. Pero es preciso ser cuidadosos con las analogías: una cosa es advertir esa significación propiamente ejemplar que se tiende a aplicar a la masacre argentina y otra muy distinta superponer sin más los conceptos y los argumentos. La noción de *genocidio* nació en el ámbito del derecho internacional, después de la Segunda Guerra Mundial, dentro de un conjunto de nuevas categorías delictivas aplicables a los Estados, que comprendían los "crímenes contra la paz" y los "crímenes contra la humanidad", de modo que, hay que decirlo, se ha constituido en un legado propio del siglo XX, asociado estrechamente a los efectos de la guerras y de sus crímenes sobre la conciencia colectiva.[72] En un primer momento, por lo menos, se correspondía con una transformación sustantiva del derecho en su aplicación a las normas que deben regir las relaciones entre Estados en tiempos de guerra y en tiempos de paz. De allí se seguían principios aplicables a las poblaciones en guerra que iban fundando las bases de un derecho humanitario en tiempos de guerra.

Finalmente, fue la magnitud de los actos de barbarie perpetrados por el régimen nazi lo que impulsó la definición de una categoría de acciones que escapaban a las características de los crímenes de guerra; así nació la definición de los *crímenes contra la humanidad*. Implicaban centralmente algo más que abusos o violaciones del derecho positivo, porque lo que se ponía de relieve era, por una parte, la noción de una criminalidad de Estado y, segundo, suponían la existencia de premeditación o plan concertado. El concepto de *genocidio* ha nacido como una variante particularmente atroz de los crímenes contra la humanidad que, en principio, son una invención del siglo XX. Y ante todo supone no sólo el propósito de exterminio sino el empleo de medios administrativos y técnicos que sólo son posibles en sociedades modernas. Éste ha sido el fundamento de una extensa reflexión sobre la relación entre Holocausto y *modernidad* o, si se quiere, entre la novedosa relación que se plasma en esos acontecimientos entre las nuevas formas de *barbarie* y la modernidad técnica y la racionalidad administrativa de los medios.

El término *genocidio*, entonces, fue creado para referirse a cierta categoría de crímenes masivos; y desde el comienzo se estableció un conflicto de interpretaciones entre una acepción extensa, que implicaba simplemente el propósito de supresión física de grupos humanos, y una acepción restringida que se refería exclusivamente a crímenes colectivos contra una Nación o un grupo étnico. El problema de fondo excedía el plano jurídico ya que tenía que ver, básicamente, con la inclusión bajo esa categoría de las matanzas por razones políticas. Finalmente, la Asamblea General de las Naciones Unidas, en 1948 aprobó una "Convención para la prevención y represión del crimen de genocidio" en la que se seguía el criterio restrictivo: se trata de delitos "cometidos con la intención de destruir, totalmente o en parte, un grupo nacional, étnico, racial o religioso". Y era claro que, si prevaleció la idea de dejar afuera del crimen de genocidio las masacres políticas fue porque varios de los Estados miembros, entre los más importantes en el foro mundial, podían ser fácilmente acusados por ese delito. Sin embargo, más allá de las razones históricas que allí determinaron esa significación, existen otras que hacen aconsejable mantener una acepción restrictiva.

Christian Delacampagne ofrece varias características que serían propias del *genocidio* y que establecerían su carácter diferencial respecto de otras formas de crímenes masivos, igualmente incluidos en la categoría de crímenes contra la humanidad y por lo tanto imprescriptibles. En primer lugar debe existir la voluntad de *destrucción física* de un grupo o una parte considerable de él. Segundo, esa voluntad de exterminio debe ejercerse sobre individuos por su sola pertenencia a un grupo que posee un principio de unidad étnica, cultural o religiosa, o que es percibido de ese modo. Puede no ser un grupo realmente constituido (de hecho no existía un agrupamiento real de todos los judíos europeos que fueron víctimas del genocidio nazi) sino construido como tal por sus verdugos. Tercero, esa voluntad de destrucción colectiva debe ser *premeditada*, es decir responder a un plan específico. Finalmente, esa ejecución planificada debe emplear *recursos burocráticos y tecnología*. La definición de Delacampagne excluye explícitamente las masacres por motivos políticos de la categoría de *genocidio*. Y lo hace a partir, básicamente, de dos consideraciones. Por una parte, si se trata de una nueva categoría jurídica creada a partir de crímenes masivos propios del siglo XX (como los sufridos por los judíos europeos, el pueblo armenio o la etnia tutsi en Ruanda), no aparece aconsejable una acepción que termine igualándola con otras formas, igualmente criminales, de asesinatos colectivos perpetrados desde mucho antes. Es decir, si el término genocidio no hace referencia a una categoría especial de crímenes masivos y puede ser aplicado a casi todos ellos no se ve la innovación que su uso traería. Por otra parte, y esto es lo más importante, con esa nueva categoría se busca establecer una distinción central en la posición de las víctimas: mientras que en las masacres las víctimas son elegidas por lo que *hacen* o piensan (o por lo que se cree que piensan y lo que se teme que puedan hacer) la lógica del exterminio genocida es que la víctima es elegida sólo por lo que *es* sin ninguna posibilidad de elegir o actuar para evitar su destino: no hay profesión de fe, compromiso con el enemigo o incluso colaboración con sus verdugos que pueda ahorrarles la muerte.

Ahora bien, es un hecho que el término *genocidio* ha adquirido una acepción mucho más extendida en el discurso contemporáneo. Por ejemplo, historiadoras feministas han calificado de ese modo los procesos de brujería o, más en general, las formas milenarias de la dominación masculina.[73] Desde una posición ideológica bien diferente, militantes antiabortistas, en los Estados Unidos, usan comúnmente la expresión *genocidio* para referirse a las consecuencias de las interrupciones voluntarias de embarazos. Recientemente, dirigentes de organizaciones negras han llamado de ese modo a las intervenciones urbanas que están cambiando la fisonomía del Harlem neoyorquino. En fin, los ejemplos pueden multiplicarse, pero lo que muestran es la incomparable potencialidad del Holocausto en la producción de *metáforas* del mal radical. A lo que se añade la fuerza con que ciertas figuras de la victimización de grupos y comunidades (a veces en competencia entre sí) sirven a una función de *identidad*. La memoria colectiva aparecería en los tiempos que corren desplazada de los héroes y las batallas victoriosas al recuerdo de las víctimas y los crímenes de los perpetradores.[74]

También en la Argentina la noción y las representaciones del *genocidio* han desbordado ampliamente la acepción jurídica. No sólo ha quedado establecido como el término que designa los asesinatos masivos del terrorismo de Estado sino que, en una acepción mucho más amplia, se usa a menudo para calificar las políticas económicas en curso y sus efectos de pobreza, marginación y violencia estructural.[75] Comencemos por lo más obvio: llamar genocida a las consecuencias de una política económica no sólo implica un desconocimiento del concepto, sino que, lo que es más grave, conlleva una injustificable *trivialización* de las experiencias históricas de los crímenes masivos del siglo XX, incluyendo la masacre perpetrada por la dictadura argentina. No voy a insistir sobre lo que ha sido expuesto reiteradamente en este estudio, en contra de las explicaciones simplistas. La dictadura impuso un régimen de terror a partir de un Estado capturado y puesto al servicio de un plan criminal; y más allá de las condiciones políticas, sociales y culturales que permiten pensar cómo eso fue posible a partir de escenarios previos, no caben dudas de que el terrorismo de Estado significó una ruptura sin antecedentes en la historia argentina. Al mismo tiempo, así como se produjo allí un corte profundo, que no puede ser explicado por slogans que remiten todo a la voluntad de imponer un modelo económico, tampoco puede desconocerse que en 1983 se abrió un nuevo ciclo que encontró su símbolo en el Juicio a las Juntas y en el camino de la justicia.

No se entiende el terrorismo de Estado y sus consecuencias a partir de las explicaciones llanas que se remiten a procesos económicos o sociales y que niegan toda autonomía a la *construcción propiamente política* del programa dictatorial, que partía, en todo caso, de una visión desquiciada de los conflictos en la sociedad argentina y en el mundo. Ante todo porque el riesgo de la trivialización que reduce la masacre y la criminalización del Estado a una explicación simple y a una visión que sólo ve la continuidad de los procesos económicos se convierte en un obstáculo grave para advertir lo que ha cambiado en la sociedad y en el Estado y para asumir las responsabilidades del presente. Por ejemplo, cuando se dice y se repite que la masacre argentina fue necesaria para implementar un modelo económico que requería liquidar, exactamente de esa manera, cualquier oposición, no se ofrece, en verdad, ninguna evidencia de ello. Modelos económicos similares, que corresponden a cambios de largo alcance en la economía mundial, han sido implantados en otros países de América latina y el mundo sin un costo equivalente en vidas y en la degradación política y moral del Estado. El argumento presupone en verdad la idea de una excepcionalidad argentina y parece admitir que la intensidad y la violencia de la oposición civil a la intervención restauradora era de tal magnitud que sólo una masacre pudo permitir la estabilización del régimen militar. Se construye la imagen de un bloque amenazado y a la defensiva frente a un poder popular en auge y se propone un collage que proyecta las imágenes del Cordobazo sobre las escenas de las crisis inmediatamente anteriores a 1976. Pero es claro que no hay nada que corrobore esas tesis, salvo la fantasía de que la Argentina se hallaba al borde de la revolución social. Como vimos esa era la opinión de la cúpula dictatorial y era también la idea-fuerza que llevó a las organizaciones del terrorismo guerrillero a contribuir a la masacre con su propia lectura de una *guerra* desatada contra un gobierno constitucional.

Ahora bien, si en efecto es fácil rechazar sin más trámite la aplicación del concepto de *genocidio* para abarcar por igual los crímenes de la dictadura y los efectos actuales del empobrecimiento y la desigualdad social, no puede decirse lo mismo del uso del término para denominar el plan de exterminio llevado a cabo por la maquinaria dictatorial. En principio, si procuramos aplicar al caso argentino las características señaladas por Delacampagne, resulta claro que en nuestro país las víctimas no formaban un grupo ni cultural ni políticamente homogéneo, aunque del lado de los verdugos podían quedar unificados bajo la figura desmedida y tosca de la *subversión*. En principio, las víctimas fueron, mayormente, las buscadas, y lo fueron por lo que hacían o por lo que se creía que habían hecho o podían hacer; por lo que pensaban o se creía que pensaban. Si bien hubo miles de asesinatos también hubo muchos (nadie lo ha cuantificado que yo sepa) que no fueron exterminados, incluyendo los que pudieron salvarse de alguna manera, mediante una colaboración real o fingida. No parece, en ese punto, que puedan ser equiparadas a las víctimas del genocidio nazi.

Al mismo tiempo, hay que admitir que la existencia del plan premeditado y, sobre todo, la racionalidad técnica de los medios instrumentales empleados son rasgos característicos de las formas novedosas de los genocidios del siglo XX. Así lo entiende Luis Alberto Romero, quien acuña la expresión "genocidio argentino" para hacer referencia al carácter excepcional que alcanzó el sistema de terror implantado desde el Estado.[76] Finalmente, las oscilaciones en el uso de esa categoría dependen de que se ponga el acento en la administración planificada y la organización tecnológica o bien en el carácter político de una masacre que no se descargaba homogéneamente sobre un grupo nacional o cultural.

Aunque el derecho penal internacional no es un terreno decisivo para el análisis que propongo, vale la pena recordar que el juez Gabriel Cavallo en su reciente fallo expresa que el uso de esa categoría no es determinante para la calificación de los crímenes de la dictadura. Expone los contornos imprecisos de las nociones de "crímenes contra la humanidad" y "genocidio" y afirma que "está claro desde la Segunda Guerra Mundial que el asesinato, el secuestro, la tortura, los tratos crueles e inhumanos, perpetrados a gran escala y de acuerdo a un plan sistemático o preconcebido y llevado a cabo por funcionarios estatales y/o con aquiescencia estatal son 'crímenes contra la humanidad', esto es, 'crímenes de derecho internacional'". Más adelante afirma: "La efectiva verificación de estar frente a hechos que constituyen 'crímenes contra la humanidad' (y por lo tanto, 'crímenes contra el derecho de gentes') resta valor práctico, en el presente caso, a la discusión que podría plantearse respecto del alcance del concepto de 'genocidio' en punto a si abarca hechos que, como el presente caso, aparecen cometidos por motivos 'políticos'". En efecto, Gabriel Cavallo se refiere a un desacuerdo doctrinario: algunos juristas consideran los crímenes masivos perpetrados por motivos políticos, lisa y llanamente como "crímenes contra la humanidad"; otros interpretan que los "grupos políticos" están comprendidos en la expresión "grupo nacional", contemplada en la Convención, y aplican consiguientemente la calificación de *genocidio*. Ésta es la interpretación aplicada por los tribunales españoles. El dictamen del juez Cavallo, por su parte, es muy claro y considera que la aplicación del concepto "no es determinante en el caso, desde el momento en que está claro que las conductas en examen son 'crímenes contra la humanidad' y, por lo tanto, 'crímenes contra el derecho de gentes'".[77]

Por mi parte, dado que las víctimas fueron elegidas básicamente por razones políticas, me parece preferible, a la luz de lo expuesto, hablar de *masacre* o exterminio planificados, que son los términos empleados reiteradamente en este libro. Con ello trato de destacar la significación *política* de la tragedia de los *desaparecidos* y evitar que con la figura del *genocidio* la suerte de las víctimas quede asimilada a la de un grupo identitario situado al margen de la lucha política. Como se vió, desde el *Nunca más* y el relato de los medios se tendió a destacar cierta tipología de víctimas inocentes en las que se relegaba su condición de militantes en organizaciones políticas o sociales. En los últimos años, esa visión ha cedido y han surgido diversas producciones, relatos y testimonios, que han venido a rescatar a las víctimas de ese papel puramente pasivo. A partir de ese rescate político de los *desaparecidos* que reconoce luchas y conflictos (incluyendo las figuras de la *guerra* a las que me referí en un capítulo anterior) parece claro que los crímenes de los que fueron víctimas no son equiparables a los sufridos pasivamente por las víctimas de un *genocidio*, aunque no por ello fueron menos repudiables, atroces e innecesarios. En todo caso, querría precaverme de que esa visión reafirme esa visión *proyectiva* del terrorismo de Estado, a la que ya me he referido, como un mal ajeno y externo a la sociedad y a sus conflictos. En esa visión, el programa dictatorial de represión y exterminio habría caído como un accidente externo sobre una sociedad básicamente ajena a la escalada de violencia e ilegalidad que arrasaba instituciones y tradiciones políticas.

Entre el terror y la normalidad social

Las experiencia de los campos de concentración en la Argentina, en particular la rutina de asesinatos y la desaparición de los cuerpos, fue un acontecimiento único; aunque esto no significa negar que tuvo condiciones previas, actores de mediano y de largo plazo. En la medida en que ese sistema fue la característica mayor del terrorismo de Estado en la Argentina, no es posible dejar de situarlo en el centro del estudio y la memoria de la dictadura. El *Nunca más*, como vimos, ofreció un relato primero y fundamental sobre los centros clandestinos que reveló el sistema, la amplitud y la regularidad de una metodología. En ese sentido, una forma fundamental, instituyente, puede decirse, de las representaciones de los campos, en el Informe de la CONADEP y el Juicio a las Juntas, elaboró y constituyó propiamente los testimonios, que provenían de experiencias personales intransferibles, en *prueba*; no sólo los puso en relación entre sí sino con otros testimonios que no nacían de la experiencia de los sobrevivientes sino de un conocimiento obtenido a través de fuentes externas, aportadas, entre otros, por el general Lanusse, el almirante Sanguinetti de Francia y la ex secretaria de Estado norteamericana Patrice Derian. La inclusión en el procedimiento jurídico reescribía los testimonios, los ponía en relación, los hacía clasificables y comparables. Allí radicaba la distancia que el ritual jurídico establecía respecto del impacto siniestro del "show del horror" que los medios habían arrojado sobre la sociedad.

El proceso penal recuperaba a las víctimas, no sólo a los sobrevivientes, en su condición de sujetos de derecho y como parte de una sociedad agraviada en sus fundamentos, en el mismo momento en que sometía a sus verdugos a la potestad de la ley. De modo que si bien se conocía desde antes la existencia de campos de detención clandestinos, la difusión del informe de la CONADEP, en las condiciones conocidas de movilización que acompañaron su presentación al Poder Ejecutivo, fue el acontecimiento que marcó el descubrimiento social de los centros de tortura y exterminio. Es claro que en su impacto sobre la conciencia pública, los testimonios sobre los campos ofrecían mucho más que el sustento para el proceso criminal. Ponían en escena historias reconocibles, lugares, acontecimientos, fijaban en imágenes el dolor y la humillación, los abismos del terror y la degradación, pero también las formas mínimas de resistencia, de la lucha por la dignidad y la solidaridad. En la trabajosa elaboración colectiva de esa experiencia límite la implantación de una memoria, que en principio se fundaba en el sobrecogimiento y el repudio global, requería de una recuperación particular que, como primer resultado venía a admitir, a *rescatar* simbólicamente a las víctimas que, en cierto sentido, habían sufrido no sólo el criminal despotismo de los poderosos sino el abandono y la indiferencia de la propia sociedad. En ese espacio, en el límite de lo humanamente pensable, se sintetizaba la máxima violencia y transgresión moral, ajena a cualquier representación de un combate: el afrontamiento de la víctima en completa soledad, despojada de todo lazo humano, con una maquinaria de sometimiento y destrucción subjetiva. No voy a volver sobre lo ya expuesto en capítulos anteriores, pero quiero destacar que más allá de las condiciones que favorecieron el mayoritario repudio a la dictadura en las vísperas del cambio hacia la democracia, en el sobrecogimiento de la sociedad frente a ese límite extremo de degradación y en la identificación con las víctimas se instalaba, puede decirse, el marco para un *nosotros* posible, en términos de una común voluntad de dejar atrás ese pasado y el intento trabajoso de una reparación colectiva.

Al mismo tiempo, si se consideran los efectos en la sociedad, de ese saber, acerca de los aspectos más atroces de la ocupación militar del Estado, parecía evidente que esa revelación se instalaba junto con una suerte de ajenidad, como si esa empresa de exterminio se hubiera producido en otro tiempo y lugar. Y cuanto más las imágenes y los testimonios desplegaron las condiciones y el funcionamiento de los campos, cuanto más contribuyeron a reintegrar las voces de las víctimas, más común ha sido una suerte de respuesta casi refleja, defensiva, tendiente a devolver a la sociedad una imagen de inocencia. El mismo manto de inocencia se proyectaba sobre las víctimas que quedaban destacadas en la primera representación de la tragedia: niños, mujeres embarazadas, ancianos, es decir aquéllas que por su propia condición parecían completamente ajenos a lo que, por otro lado, podía ser representado como una *guerra* entre terrorismos enfrentados. El éxito de público de la película *La noche de los lápices* daba cuenta de ese proceso. La extrema maldad de los victimarios (que en la obra de Olivera se correspondía con un bien montado clima de crueldad y sadismo) realzaba la tranquilizadora convicción de la audiencia, que cuanto más se reafirmaba en su odio a los torturadores menos podía disponerse a abrir algún interrogante sobre las condiciones que hicieron posible la extendida implantación de una maquinaria de tortura y exterminio que coexistió y convivió sin mayores dificultades con un funcionamiento más o menos habitual de las instituciones de la sociedad.

Ahora bien, si se trata de examinar la verdadera naturaleza de la maquinaria instalada en el país parece necesario despejar esas imágenes cargadas de perversa maldad, que no dejan de conectarse con fantasías primarias despegadas de un contexto histórico definido. Se trataría, entonces, de enfrentar la disposición más o menos espontánea, que los medios en parte reforzaron y expandieron, a ver en el campo un lugar infernal, propiamente *otro* respecto de las coordenadas de la vida social corriente. Sólo así se hace posible explorar, más allá de la superficie, lo que ese espacio de horror era capaz de revelar de las formas de organización del poder y de las representaciones de la violencia y el orden necesariamente presentes en las relaciones de la dictadura con la sociedad. Pilar Calveiro ha buscado trastocar ese sentido común que sanciona la radical ajenidad del *campo* cuando afirma: "no hay campos de concentración en todas las sociedades".[78]

Lo primero es cernir las modalidades y los límites del *terror*. Si por un lado, la irrupción del terror sobre los afectados directos y sus allegados operaba como un trauma colectivo, quiero insistir en que con ello no se alcanzan a abarcar las relaciones más complejas, los apoyos y conformidades que fueron una condición y también un efecto de la dictadura. En ese sentido, el tópico del *miedo* en la sociedad no puede entenderse como la simple amenaza externa. Hay un punto en el que el miedo se reúne con la conformidad social, incluso con una sumisión tranquilizadora a un orden autoritario. Y en este punto, brevemente, vale la pena recordar las tesis de Erich Fromm sobre los totalitarismos europeos. Hace sesenta años advertía sobre la ilusión de considerar que Hitler y la dirigencia del régimen "gobernaban únicamente por la fuerza desnuda y que el conjunto de la población oficiaba de víctima involuntaria de la traición y el terror". Para Fromm el problema tocaba centralmente la cuestión de la *libertad*, concebida en su dimensión cultural, incluso subjetiva, en la medida en que constataba que "millones de personas, en Alemania, estaban tan ansiosas de entregar su libertad como sus padres lo estuvieron de combatir por ella". No me propongo seguirlo por sus análisis más generales, históricos y psicosociales, de la "estructura de carácter del hombre moderno". Desde luego, hoy sabemos que más que en el carácter es en la relación social donde hay que buscar los fundamentos de esos efectos del miedo y las formas del consentimiento a regímenes autoritarios. Sólo quiero rescatar la vigencia de la cuestión que era entonces tanto más acuciante cuanto que enfrentaba como desafío esa experiencia del totalitarismo que parecía contradecir todas las ilusiones del proyecto moderno. ¿Cómo entender la atracción, la fascinación incluso, que un orden autoritario jerárquico puede ejercer sobre grandes porciones de la sociedad? Las tesis de la "libertad negativa" ponían de relieve el costo de inseguridad e impotencia que pesa como una amenaza en el ejercicio de las libertades modernas; y allí, en las defensas contra la incertidumbre y la fragilidad, hacía residir la base de la extendida conformidad a formas autocráticas de gobierno que a su modo prometían una nueva seguridad.[79]

En ese punto, entonces, el *miedo* era menos la expresión de un afecto negativo y paralizante que el anhelo de encontrar una posición de sumisión protegida frente a las amenazas de un desorden que era, a la vez, real e imaginario. Desde luego, no hubo en la Argentina un Führer, aunque algunos comunicadores se esforzaron en la empresa imposible de elevar al mediocre general Videla a un lugar de liderazgo disponible para una adhesión más extendida en la sociedad. En fin, no hubo, claramente, un orden sostenido por un fuerte apoyo de masas. Sin embargo, si algo puede extraerse de las experiencias históricas de regímenes autoritarios es que pueden promover la identificación a un orden básicamente impuesto aun en ausencia de la relación de fusión con un líder visible y corporalizado.[80]

Hemos visto que la dictadura se presentaba y era ampliamente admitida como un remedio, drástico pero necesario, frente a esa intolerable incertidumbre eficazmente simbolizada en el caos y la subversión. En ese marco, la fenomenología del miedo no se separa de la demanda de orden frente a un horizonte de fragmentación y descomposición. De modo que el uso del miedo como mecanismo de disciplina social no debe confundirse con la imposición del terror y la amenaza externa a los miembros de la sociedad. Hay que tomar en serio la tesis de la *infantilización* de la sociedad. Y es claro que una sociedad infantilizada es lo contrario de una sociedad de ciudadanos; pero hay que advertir, en todo caso, lo que esa pequeña ficción permite pensar: la posición infantil no la convierte en obediente y simplemente aplicada a satisfacer a sus amos; más bien permite destacar el perfil de una sociedad despojada de la responsabilidad y la decisión por su propio destino, subordinada a un orden que a la vez que restringe sus libertades puede proporcionarle cierto marco de seguridad. De modo que la *despolitización* no debe entenderse como el efecto directo de una maquinaria de terror; existeron también formas de consentimiento no directamente represivas que operaban sobre otros resortes en el terreno de las representaciones y las creencias del orden y la seguridad.

Nuevamente, un rasgo característico de las dirigencias argentinas, que comprende mucho más que los sectores civiles comprometidos en la ejecución del golpe, ha sido lo que brevemente puede llamarse el beneficio corporativo, revelador de una adhesión que antes que a la doctrina o la justificación ideológica servía a intereses de grupo. Y es claro que la lógica corporativa y aun la disposición a la instrumentación facciosa de las relaciones con el Estado estaba presente en las organizaciones y factores de poder desde mucho antes. Ese rasgo prebendario, que ha sido destacado en las deformaciones del funcionamiento económico en sus relaciones con el Estado, terminó alcanzando en la dictadura una expresión muy extendida. De modo que no puede decirse que sólo el miedo haya estado detrás del silencio de la sociedad: no sólo hubo silencios interesados y aun cómplices sino que hubo un discurso bastante extendido de apoyo a las tesis de la *guerra antisubversiva*.

No toda la vida social bajo la dictadura puede ser equiparada al sistema de opresión y aniquilación subjetiva implementado en los centros clandestinos. El régimen no dejaba de mostrar (y exhibir ante los visitantes) una imagen de normalidad en la vida cotidiana: la gente seguía trabajando y estudiando, se casaba y tenía hijos, había diarios y programas periodísticos en la radio y la televisión, se mantenían los hábitos comunes en materia de diversión o recreación, incluso era posible, y común durante los años de la *tablita* cambiaria, salir de vacaciones fuera del país. Es cierto que casi todos, especialmente en las grandes ciudades, conocían el caso de un familiar, conocido o vecino que había sufrido detención o que simplemente había desaparecido; casi todos conocían casos de cesanteados o exilados y, en fin, habían presenciado o tomado conocimiento de los procedimientos de las patotas que secuestraban, generalmente en horas de la noche. Pero en verdad la imagen de una sociedad mayoritaria y permanentemente aterrorizada frente a una violencia extendida en la vida cotidiana es, básicamente, una construcción retrospectiva, que vino a alimentar el viraje hacia un ánimo opositor cuando la dictadura estaba ya derrotada; y sobre todo promovió la tranquilizadora creencia de que no había nada que hacer frente a un poder que habría convertido completamente la escena cotidiana en un gigantesco campo de concentración.

En verdad, en la zona visible, diurna podría decirse, de la vida social e institucional bajo el régimen, hubo quienes demostraron que había muchas formas posibles de resistencia y crítica. Es lo que demostraron no sólo los organismos de defensa de los derechos humanos (algunos de ellos nacidos en la lucha contra la opresión dictatorial) sino algunas figuras y entidades en el terreno de la cultura y los medios. En el primer caso, vale la pena recordar que Boris Spivacov mantuvo abierto el Centro Editor de América latina y continuó con un plan razonable de publicaciones, pese a sufrir presiones, decomiso y destrucción de libros. Desde luego que corrió riesgos y que podía haber sufrido las consecuencias, pero justamente porque estuvo dispuesto a correrlos demostró que era posible una resistencia digna que tuvo también otros ejemplos en algunas editoriales argentinas pero que lamentablemente fue excepcional entre las organizaciones de la cultura.

En el caso del periodismo escrito, sobre todo los grandes diarios, no hubo ninguna disposición similar. Podría haberse intentado al menos reproducir la información que daba a conocer Robert Fox en el *Buenos Aires Herald*. Podría haberse hecho sobre la base de un acuerdo concertado, de modo que las acciones de represalia no pudieran dirigirse sólo a un diario. La dictadura habría podido cerrar o intervenir uno o dos diarios pero no todos. Es claro que hubieran corrido riesgos y que su relación con los poderosos, militares y civiles, habría estado más cargada de amenazas y tensiones, pero también habrían mostrado que estaban (o intentaban estar) no en una posición de lucha ideológica o alzamiento contra el poder de facto, sino simplemente a la altura de una ética periodística básica que impone el deber de informar. Pero, en verdad, ¿por qué iban a hacer algo al respecto si en general estuvieron explícitamente de acuerdo con la intervención dictatorial? Es cierto que seguramente habrían preferido una represión más prolija pero, en todo caso, las grandes empresas periodísticas no se privaron de hacer sus negocios con el régimen. Hay pocos emprendimientos más representativos de la inmoralidad y la falta de escrúpulos características de las relaciones de la dirigencia argentina con la dictadura que el trámite por el cual los diarios *La Nación*, *Clarín* y *La Razón* en explícita connivencia con el régimen dictorial terminaron apropiándose de Papel Prensa, una empresa de los Graiver que les fue transferida mientras sus titulares se hallaban en prisión.[81]

Como es sabido, el ex general Ramón Camps fue responsable de la prisión y tortura de Jacobo Timmerman, entonces director de *La Opinión*. Y cuando Camps publicó, en 1982, su libelo sobre el caso Timmerman (en el que no se privaba de incluir extensas transcripciones de interrogatorios realizados bajo tortura) no sólo pudo dedicarlo "A los órganos de prensa, medios de información que supieron informar, que fueron veraces y consecuentes" sin que nadie lo desmintiera, sino que se complacía en destacar que "ningún miembro de la colectividad judía, en lo que a la policía provincial respecta, hizo algún tipo de llamado o solicitud" y contrastar la pasiva conformidad de la dirigencia de las organizaciones judías locales con "la ola de publicaciones, alegatos y panfletos que su detención motivó en el exterior".[82] Finalmente, como es sabido, cuando Timmerman fue liberado por las presiones externas, sobre todo norteamericanas, esas organizaciones locales se alinearon con la dictadura frente a las denuncias que el ex director de *La Opinión* comenzó a realizar en el exterior. No fue distinta la prudencia demostrada por sus colegas periodistas; a punto tal que Robert Cox, del *Buenos Aires Herald* (quien no tenía ninguna simpatía ni por Timmerman ni por su diario) fue el único que escribió algo públicamente en su favor al tiempo que destacaba "el asqueante espectáculo que ofrece gente que otrora lo halagó y ahora se vuelve en su contra".[83] En fin, el propio Timmerman, antes de ser capturado por la maquinaria del terror, había brindado más de una muestra de su disposición colaboradora con la dictadura aunque es cierto que también publicaba información sobre desapariciones de personas y en particular se ocupó extensamente del caso de Edgardo Sajón.

La conformidad no implicaba necesariamente adhesión personal a los métodos terroristas ni a sus consecuencias. En ese sentido, quiero volver sobre la Iglesia argentina desde el ángulo de la normalidad de las relaciones institucionales que la dictadura mantenía con las dirigencias nacionales. Ya me he referido al papel fundamental cumplido por los eclesiásticos orgánicos de las Fuerzas Armadas a través de la exaltación sacralizadora que convertía una masacre rutinaria en un combate por la fe. Ahora quiero retomar un caso ejemplar de esa extendida conformidad que incluía desde la resignación pasiva a la búsqueda más activa de beneficios y prebendas. Emilio Mignone refiere un episodio ilustrativo que involucra al obispo de Azul, Manuel Marengo. Ante familiares que le pedían que interviniera para poner fin a las torturas que sufrían prisioneros políticos en la cárcel de Sierra Chica, en su diócesis, el prelado respondió que conocía la situación y que había hecho diversas gestiones ante las autoridades del penal, el ministro del Interior y hasta con el presidente Videla. Concluía diciendo que había agotado todas las instancias y no podía hacer nada. Mignone, que lo conocía, le hizo llegar una indicación que mostraba que tenía a su alcance una instancia muy eficaz: desde el púlpito podía denunciar los hechos en la misa dominical, ante oficiales del Ejército y sus familias. La respuesta inmediata fue: "Pero eso significaría romper".[84] Era claro que el obispo no tenía ninguna simpatía ideológica por la dictadura e incluso podía sufrir por su incapacidad de atender a los pedidos de ayuda y de solidaridad. Sin embargo, terminaba prevaleciendo una extensa solidaridad institucional corporativa, que encuentra su figura ejemplar en la continuada adhesión y el intercambio de servicios y favores que permitieron no sólo mantener privilegios sino conseguir nuevas prebendas, incluyendo sueldos del Estado para obispos y seminaristas y una nueva sede para la arquidiócesis de Buenos Aires.[85]

De modo que si se vuelve sobre los medios por los cuales la dictadura alcanzó a establecer y mantener su dominación se hace necesario reconocer que no incluía sólo el terror y que tuvo necesidad no sólo de la complicidad de muchos que adherían doctrinariamente a los objetivos de la revancha social contra la izquierda, sino de la claudicación de muchos más que podían haber resistido y se acomodaron a la situación. Finalmente, no sólo los dirigentes mostraron esa extendida conformidad que contribuyó a la apariencia de normalidad de la vida social bajo la dictadura. Los argentinos corrientes, quienes obviamente tenían muchas menos posibilidades de mostrar su resistencia, actuaron en ese marco construido por las dirigencias, de un modo análogo. La etapa de la "plata dulce", como la llamaron las propias capas medias de la sociedad (que siempre han sido capaces de reírse de sus miserias morales) exhibía un comportamiento social, bastante extendido, orientado a la búsqueda del propio beneficio, en un presente lleno de incertidumbre.

En ese sentido, la dictadura nunca alcanzó a instalar un horizonte de construcción de un orden de más largo alcance y en verdad el que imponía se sostenía en diversas formas disociadas de un acatamiento que apenas disimulaba la disposición al beneficio individual y sectorial. Cuando *La historia oficial*, una película tan representativa de la buena conciencia arrojada sobre ese pasado intolerable, muestra a una familia de fantasía, en la que un viejo español anarquista reprocha duramente a su hijo por haberse enriquecido con la dictadura, es posible pensar que opera allí una suerte de *denegación*. En efecto, el reproche más habitual de las familias corrientes no era seguramente ése y en todo caso se dirigía, frecuentemente, a quienes resistían o buscaban enfrentar al régimen. Pero, desde luego, se hacía en el marco de esa cultura del miedo, de circunstancias y situaciones que habían sido creadas, apoyadas y sostenidas por las diversas cúpulas de mando en un momento en que el ideal de las jerarquías y la subordinación estaban fuertemente arraigados en la sociedad.

Puede pensarse que el papel cumplido por los familiares en la denuncia de la represión criminal y en el enfrentamiento público a la dictadura desmiente esta última afirmación: nadie puede dudar que allí los lazos de sangre y la acción de la gente corriente terminaron cumpliendo un papel determinante en la caída del régimen. Sin embargo en la mayoría de los casos las Madres han admitido que fue la afrenta personal, el dolor privado por la pérdida sufrida lo que las llevó a iniciar una acción colectiva que, en sus comienzos al menos, explícitamente quería distanciarse de toda relación con la política. De modo que incluso en el grupo que puede ser considerado como la mayor oposición nacida en la sociedad, sólo la acción brutal de la dictadura que sacudía la trama de los vínculos primarios, fue capaz de desencadenar una acción que horadaba ese extendido humor conformista.

Los campos

Existe un volumen considerable de literatura y algunas representaciones cinematográficas sobre los centros de detención, tortura y exterminio en la Argentina. La ESMA, la Escuelita, el Vesubio o el Olimpo son algunos de los nombres familiares de esa geografía del horror. También aquí parece abrirse para el propósito de nuestro estudio la disyuntiva entre una mirada concentrada sobre los perpetradores y la trama degradada de las relaciones personales en los centros, o la del campo como parte de una maquinaria más o menos rutinaria llevada adelante por subordinados individualmente insignificantes. En principio, parece comprensible que la *perspectiva de las víctimas* destaque, inicialmente al menos, el carácter horroroso de esa experiencia límite y la condición aberrante de sus ejecutores. En cambio, puede decirse que es desde el lugar y el punto de vista de los *perpetradores* que las tareas habituales en los campos, descargadas sobre destinatarios previamente despersonalizados, pueden adquirir el carácter de una rutina sin importancia. Sin embargo, diversos testimonios se ocupan de trastocar esa separación de experiencias: para muchos sobrevivientes que pasaron meses en los centros, la vida cotidiana asumía sin duda las formas de una rutina; al mismo tiempo, no faltan los retratos de los perpetradores particularmente oficiales, que cumplían su tarea con el celo propio de los custodios y guerreros de una causa sagrada. De modo que, aun a riesgo de repetirme, debo insistir en que si se trata de *estudiar* el funcionamiento de los centros de detención, tortura y exterminio, no se puede contar con la oposición simple entre la función del aparato y las intenciones de los hombres.

En principio, en este estudio de escenas y representaciones, no es posible eludir el tópico ya establecido del campo de concentración como un problema universal del siglo XX.[86] Dentro de los límites de este libro es imposible dar cuenta del impresionante volumen de obras testimoniales, ensayísticas e interpretativas dedicadas a esa experiencia. En todo caso, enfrentado a la exigencia de un examen que no se reduzca al testimonio o la denuncia, retomo autores y enfoques que sirven, ante todo, para evitar el riesgo del encierro en una representación demasiado apegada a lo que ha sido contado (y apenas pensado) sobre las escenas locales. No hay ninguna originalidad, sin duda, en el recurso a la obra de Primo Levi, que ha explorado como nadie eso que llamó la "zona gris" de los contactos humanos, el espacio que separa y reúne a la vez a víctimas y victimarios en la vida cotidiana del *campo*. Ante todo, porque fue capaz de convertir esa materia inasimilable en el objeto de una obra única sobre el poder y los hombres. Si la vida del *Lager* aparecía como "indescifrable" para quienes sufrían inmediatamente sus consecuencias, la primera responsabilidad de alguien que buscaba dar cuenta de ese espacio era introducir criterios que permitieran *pensarlo*. Es claro que en su visión se trataba, sobre todo, de destacar los efectos degradantes de un sistema inmediato de opresión ilimitada, que carecía de controles desde abajo y reproducía en todos los niveles, en verdad habría que decir que realizaba de un modo ejemplar, el ideal de un poder totalitario.[87] En esa visión moral, lo que se acentúa es el potencial de degradación y envilecimiento que el sistema produce en sus agentes tanto como en sus víctimas.

Las tesis de Zygmunt Bauman, por su parte, destacan el peso casi exclusivo del aparato y la disciplina, el papel de una burocracia ciega a las consecuencias de su acción, como un engranaje obediente en la maquinaria del terror. Para resaltar la figura del ejecutor obediente recurre a los experimentos clásicos de Stanley Milgram: el contexto de *autoridad*, impuesto desde la racionalidad administrativa, operaría en el sentido de anular en el perpetrador cualquier relación con la dimensión moral de su acto; en consecuencia la responsablidad queda sustituida por el cumplimiento de la obligación puramente técnica.[88] En fin, lo menos que se puede decir es que el carácter rutinario de las tareas previamente organizadas y divididas no se contradice con la amplia adhesión y voluntad de colaboración de los ejecutores activos y el amplio despliegue de una violencia sin medida. En el centro del activismo del terror que se desplegaba en los secuestros y las torturas reinaba el poder de la *patota* antes que el de una burocracia técnica.

Muchos de los rasgos conocidos de la acción de los grupos: la violencia y brutalidad con que realizaban los secuestros, la disposición al saqueo y muchas formas de obtener beneficios económicos o sexuales; así como las modalidades de la tortura muestran un cuadro que no alcanza a explicarse con la idea simple del *aparato disciplinado*. Desde luego, la organización general cancela la responsabilidad personal en el sistema de obediencia a una autoridad presente o, muchas veces, virtual; es claro el peso de una maquinaria que eximía de las grandes decisiones. Pero en ese cuadro no había límites para los arranques brutales de los perpetradores en la medida en que, en el terreno de las relaciones en el *campo*, reinaba la impunidad y la seguridad de que casi ningún extremo de violencia física contra los detenidos sería sancionado. En ese sentido, también en la posición de los perpetradores operaba esa *infantilización* que ha sido señalada para el conjunto de la sociedad. En todo caso, del lado de los verdugos y los guardias, en esa figura de niño hay lugar para la subordinación y la obediencia tanto como para la *perversión* y la brutalidad. En el centro del funcionamiento de ese espacio estaba la acción protagónica de la patota que arrastraba a los demás: "La vida en el 'campo' era reativamente tranquila, en cuanto a golpes y torturas, hasta que venía la patota. […] nos vigilaban los policías de uniforme de la comisaría […] Ellos mismos se aterrorizaban cuando caía la patota y de puro terror pegaban más".[89]

¿Locura desbordada y contagiosa? ¿Patologías del liderazgo? Todo ello sin duda intervenía. Pero quiero insistir en el peso corruptor de una organización y de las circunstancias que autorizaban, si puede decirse así, la liberación de resguardos e inhibiciones corrientes en el trato personal, en la medida en que se descargaban sobre seres previamente degradados y deshumanizados. Al mismo tiempo queda resaltado el papel de un núcleo activo, la patota, que ponía en acción una dinámica acumulativa e incentivaba a una radicalización de la violencia. En otros centros, como Campo de Mayo y la ESMA, después de un período inicial de torturas destinadas a obtener información inmediata seguía un tipo de interrogatorio político, que incluso podía proponerse alguna *recuperación* del prisionero.[90] En todos los casos la modalidad represiva dependía, en lo fundamental, de la posición de los que efectivamente mandaban, una jerarquía que no siempre se adecuaba al organigrama de la institución.

Como regla puede afirmarse que las matanzas organizadas en gran escala siempre requieren jefes y liderazgos visibles. En esas condiciones, las inhibiciones morales contra formas atroces de violencia tienden a diluirse en la medida en que se cumplan tres condiciones: que la violencia sea *autorizada* por órdenes reconocidas; que las prácticas violentas se conviertan en *rutinarias* y respondan a indicaciones y roles precisos; que las víctimas sean previamente *deshumanizadas* por definiciones ideológicas y prácticas de adoctrinamiento.[91] Se sabía que difícilmente habría sanciones para los perpetradores: dada una situación de impunidad garantizada, casi cualquier grupo con poder para hacer el mal y seguro de no afrontar ni resistencia ni sanciones saca lo peor de sí mismo. Pero a ese potencial de sadismo se agregaban rasgos propios de las organizaciones militares o militarizadas, la cultura de violencia de los hombres de acción, el código degradado de los guerreros que competían por el coraje de ser duros y los llevaba a mostrar su mayor desprecio por las víctimas que no resistían lo suficiente. Desde luego, ese código de machos no absorbía bien la presencia de mujeres entre las víctimas: si se mostraban firmes podían recibir las agresiones más brutales y si se conducían con docilidad podían desencadenar diversas manifestaciones patológicas del erotismo, desde la protección salvadora a la servidumbre sexual o la fascinación amorosa.

Hay que reconocer, entonces, que hubo más de una figura de perpetrador, pero la más característica no parece coincidir con la del autómata burocratizado que actúa a distancia y sin mayor conocimiento de las consecuencias de sus acciones. Probablemente, esa imagen, nacida básicamente de la figura ejemplar de Eichmann, tampoco es la más característica dentro de la panoplia de captores, guardianes, verdugos y kapos que fueron los ejecutores materiales del Holocausto. En todo caso, el *campo* argentino revelaba, del lado de los perpetradores, algo que no estaba ausente en la sociedad: una combinación de obediencia y revancha, de adhesión ideológica y oportunismo de facción, incluyendo la disposición a obtener los máximos beneficios en condiciones de impunidad. En esa dirección, lo que debe ser acentuado es la corrupción degradante generada por esa forma de poder sin límites que escapaba a cualquier control o reclamo posible por parte de las víctimas. Al mismo tiempo, no se puede dejar de ver que efectivamente había un sistema y no una acumulación simple de grupos y facciones desbocados. De modo que es la complejidad propia de ese sistema la que no puede ser reducida ni a un simple aparato burocrático apto para cualquier tarea ni a la figura de una barbarie desatada por los impulsos desviados (ideológica o psíquicamente) de una horda sin ley. Brevemente, la ausencia o el relajamiento de las normas propias de una comunidad civilizada, a partir de un proceso que va de arriba hacia abajo, constituye un factor determinante en el surgimiento de formas extremas de violencia. Y si muchas veces el despliegue desmedido de brutalidad era a la vez una técnica calculada, un modo de intimidación que buscaba paralizar toda resistencia, no puede desconocerse que servía para liberar los peores rasgos de los verdugos, particularmente a partir de esa *decisión final*, que convertía a todos en "condenados a muerte con la sentencia suspendida temporalmente": esa era la condición que los marcaba para recibir vejaciones y humillaciones sin límites.[92]

Ahora bien, está claro que en una organización atravesada por divisiones internas y diferencias de afiliación (según la pertenencia a las distintas fuerzas, pero además por diferencias ideológicas, generacionales o rencillas derivadas de intereses de facción) la implantación de un aparato de tortura y exterminio, por sus propios efectos desquiciantes, tenía efectos degradantes y disgregantes sobre sus sostenedores. Admitida la necesidad de emplear procedimientos que no reconocían límites (y que transgredían principios y tabúes morales básicos) el resultado difícilmente podía ser estrictamente controlable. Si hubo una rutina sostenida en la disciplina y la obediencia, más allá de las apelaciones a la unidad estamental, la violencia y la disposición a actuar drásticamente también intervenía en las modalidades del enfrentamiento entre las fuerzas, los grupos, las facciones. Finalmente, en ese escenario que potenciaba lo peor de lo que estaba presente en el Estado y la sociedad (facciosidad, revanchismo) los sistemas de normas resultaban inconsistentes. Y cuando la cadena de mandos se resentía en la ilegalidad de las operaciones, a menudo sólo persistía una parodia normativa que fácilmente podía entrar en conflicto con los fines de la organización.

A partir de esa combinación de disciplina y facciosidad, de obediencia y oportunismo, vale la pena volver más ampliamente sobre las formas de la adhesión en la sociedad. En efecto, en alguna medida el cuadro de los perpetradores, sus cabecillas, asistentes y guardianes revelaba algo de los modos en que en la escena social, fuera del campo, se desplegaban las formas diversas de la colaboración: nunca se sabrá, por ejemplo, qué proporción de detenidos lo fueron por denuncias o indicios acercados por los vecinos, pero seguramente fueron muchos. Sin contar con la colaboración de las dirigencias que, como ya se dijo, fue una condición necesaria del régimen. Como sea, en el infierno del campo tanto como en el espacio de las instituciones de la vida social, en formas y medidas obviamente diferentes, la dictadura en verdad, como dice O'Donnell, "soltaba los lobos" entre los argentinos.

Víctimas y victimarios

Si nos desplazamos del lado de quienes pudieron retornar del infierno, Primo Levi transmite un sentimiento y un temor generalizado de los sobrevivientes: que no haya retorno posible desde ese espacio y *que nadie esté dispuesto a creer lo que tienen que contar*. Pilar Calveiro dice algo parecido: "Hay la sensación muy clara de que se está en una dimensión que es otra, en un mundo aparte"; separado del mundo del afuera, el campo de concentración, dice, es una "irrealidad real donde rigen otras lógicas".[93] La voluntad de conocimiento y transmisión de una experiencia encuentra allí como límite esa representación espontánea de un mundo ajeno e incomunicable. En ese sentido, el relato en primera persona comienza por presentarse como un testimonio que pertenece a otro mundo, como una experiencia imposible que vuelve de la muerte. Desde allí es importante reparar en que la presión por el silencio y el ocultamiento, propia de la condición clandestina del campo, se continuaba mayormente en la reacción inicial de la sociedad ante los sobrevivientes que *querían hablar*. Diversos testimonios de los *aparecidos* sobrevivientes recalcan ese obstáculo frente a familiares y allegados que en verdad *no querían saber*. Como se vió, fue necesaria la proyección pública y política de la cuestión de los derechos humanos como un componente fundamental de la caída de la dictadura, para que esos testimonios pudieran ser recibidos y las escenas de los campos clandestinos pasaran a representar la significación más extendida, el patrimonio común, de las representaciones del terrorismo de Estado. Ahora bien, si se trata de enfrentar esa representación inicial de dos mundos escindidos, que sólo la ley y la reconstrucción de un lazo social puede reparar, una condición necesaria radica en la capacidad de trabajar los registros inmediatos de la experiencia con ciertas herramientas conceptuales capaces de reintroducir algún ejercicio de intelección.

Hay un par de cosas básicas que pueden aprenderse de la obra de aquellos escritores que convirtieron la experiencia del *campo* en objeto de elaboración y testimonio, y en parte de la mejor escritura intelectual y moral del siglo XX. Por una parte, la voluntad de memoria enfrenta obstáculos que residen en la materia misma del testimonio: un orden de acontecimientos destinados al olvido, a la incredulidad y el rechazo en tanto proyecta un efecto intranquilizador sobre las seguridades del mundo habitual. Pero, en segundo lugar, el imperativo de contar se enfrenta inmediatamente con la conciencia de los obstáculos: la traducción y la comunicación de esa experiencia extrema y anormal requiere de un cuidado especial sobre la forma, el tiempo y las voces. La memoria testimonial, viene a decir Primo Levi, es a la vez la "fuente esencial para la reconstrucción" y una herramienta insegura; de allí los interminables rodeos y búsquedas para eludir las trampas de la visión parcial, de la ausencia de perspectiva, del esquematismo maniqueo. A tal punto que un autor que ha construido toda su obra a partir de la materia del recuerdo, en la presentación del que puede ser considerado su libro mayor incluye una sorprendente afirmación, los recuerdos, se disculpa, son "una fuente sospechosa". Hay una básica desconfianza que nace de la confrontación con la *complejidad* de ese espacio. Y si bien escribe en primera persona, si bien, necesariamente, debe partir de la memoria personal, busca fuentes no personales, coteja otros testimonios y busca superar las limitaciones de una reconstrucción encerrada sobre la propia experiencia.[94]

En la tradición de la narrativa surgida de la experiencia de las víctimas no hay lugar para reconstrucciones épicas ni para la exaltación de conductas heroicas. La rutina de un poder sin límites, sostenido en el tiempo, ejercido con el deliberado propósito de humillar, degradar y destruir a sus víctimas promueve sobre todo la parálisis, la aceptación pasiva y embrutecida de la propia situación. Desde luego también provoca desestructuraciones subjetivas y modos de lucha egoísta por la supervivencia que incluyen diversos grados de colaboración. Ésa parece ser la primera lección de los campos: una maquinaria de poder total, ejercida contra el cuerpo y el espíritu de las víctimas, corrompe y envilece todo lo que toca, a sus ejecutores tanto como a sus prisioneros. Pero hay una primera diferencia con el sistema nazi que debe ser considerada. En el *Lager* el contacto de las víctimas con los jefes y responsables era mínimo (Primo Levi describe un solo encuentro con un SS en su primer relato sobre Auschwitz), de modo que la efectiva implementación de la maquinaria de terror estaba a cargo de una organización compleja de jerar-

quías y pequeños despotismos a cargo de los propios prisioneros, particularmente los delincuentes comunes.[95] En ese inhumano experimento social, la invisibilidad de los verdaderos amos
terminaba destacando el universo particularmente enrededado
de las relaciones entre las víctimas; y sacaba a la luz, en general,
lo peor de ellas. La "zona gris", entonces, incluía diversos modos de interacción desplazados claramente a una presencia activa, extendida, del comportamiento de las víctimas,

En el *campo* argentino, como vimos, la presencia tangible de
los verdugos y ejecutores era mucho más fuerte que la interacción
entre las víctimas y el cuadro incluía muy centralmente el protagonismo brutal de la *patota*. En ese espacio hay que insistir en una
división que es la condición de los grises, un núcleo que lo orga-
niza y lo sostiene como una clave estructural: hay victimarios y hay
víctimas; algo que es particularmente destacable cuando el funcionamiento habitual se organizaba en torno de la tortura sistemática de los prisioneros. De modo que, aunque hayan existido
casos o situaciones excepcionalmente enredadas, algunas particularmente perversas o desquiciadas, la presentación de las víctimas
difícilmente puede confundirse con los de sus verdugos.

Reintroducir una apreciación sobre el sistema de poder y
sus consecuencias, y sobre la líneas de comunicación del centro
de detención y tortura con la sociedad, aparece como una intro-
ducción necesaria al intento de examinar la *vida privada* en los
campos de concentración.[96] En principio, es el reconocimiento
de esa densidad y esa complejidad del campo y de las fuentes de
su reconstrucción la que está ausente del relato ofrecido por Andrés Di Tella. En verdad, cada una de las anécdotas, contadas como si fueran transparentes, podrían ser tomadas como la demostración de que no puede haber vida privada en el *campo*. Se trata
de situaciones límites, verdaderas encerronas sin solución posible y en las que casi ninguna respuesta puede ser reivindicada
como una elección individual o grupal en la medida en que depende de la opresión totalizadora de la maquinaria. En todo caso, parece preferible abordar el dispositivo clandestino de un

modo que suspenda la distinción misma de lo público y lo privado; y ciertas características de las "instituciones totales", llevadas a una realización desmesurada y sin controles por parte de los sujetos capturados, puede proporcionar un marco inicial de referencia. De lo contrario, ausente la visión general del sistema impuesto, queda la reunión despareja de pequeñas historias bizarras, extrañas a cualquier experiencia corriente, que parecen encontrar su expresión culminante en el relato de locura y pasiones contrariadas, en el que la presencia perturbada del almirante Chamorro queda igualada a la su víctima.

La intención de estudiar y analizar el *campo* está presente en la obra de Pilar Calveiro, una sobreviviente que elige distanciarse de la espontaneidad de un relato personal y escribe en tercera persona.[97] Por supuesto, lo determinante no es el paso a la tercera persona sino la desconfianza, la reticencia incluso frente a una posición de enunciación que arriesga reproducir, discursivamente, el encierro en el espacio y en el tiempo corto de la experiencia, un tabicamiento que el campo imponía brutalmente. Primo Levi decía que el *Lager* no es un buen observatorio para quien se propone alcanzar una posición que permita un juicio sobre el sistema. En ese sentido, la cuestión de las fuentes, la inclusión de otros elementos de juicio, la posición de enunciación, son otros tantos problemas que deben ser enfrentados, en tanto exista la voluntad de superar ese efecto paralizante, siniestramente fascinante, de las escenas del campo de concentración. Tanto más cuanto, tal como sucede con las pequeñas historias de locura y amor en el infierno que elige contar Di Tella, se tocan con fantasmas primarios capaces de sostener un interés bastante extendido por lo morboso y lo perverso. Distanciada de cualquier forma de fascinación por el horror, la obra de Calveiro encuentra en esa materia imposible la ocasión para un estudio sobre el régimen, a partir de una pregunta clave: ¿qué revela el campo respecto de ese *orden* mayor que imperaba en la sociedad?

En principio, se trata de romper con la disociación espontánea y admitir que es posible interrogar ese reducto y situarlo a la vez en el espacio más amplio y complejo de las relaciones con la sociedad y con la organización del poder. Si ésta es verdaderamente la *lección moral* del universo concentracionario, la básica condición para recibirla reside en la capacidad y la disposición para pensar, no lo que separa y opone sino lo que comunica el *campo* y la sociedad. Sólo así la narrativa allí surgida puede convertirse en ocasión de develamiento para quienes, sin haberlo sufrido en carne propia, pueden reconocer allí, de un modo desmesurado y deformado, otras "zonas grises" que fueron su condición necesaria. Finalmente, al situar ese poder clandestino, ilegal, en relación con las tradiciones de las dictaduras argentinas se constata que no es ni simple continuación ni un dispositivo totalmente novedoso.

No pretendo reproducir las tesis y los conceptos del libro de Pilar Calveiro. En todo caso, se trata de un trabajo que si bien incluye extensamente la materia de los testimonios es capaz de construir un marco de estudio que explicita sus criterios y convierte esa experiencia límite en objeto de análisis. Y un punto de mira productivo es el que trata al campo desde el ángulo de una acción institucional sostenida, finalmente, por la rutina de una organización. En ese sentido, si la tortura ocupaba un lugar central, el análisis trata de develar su lógica en más de una dirección. Por una parte, servía a la función de extraer información, nuevos nombres necesarios para mantener la máquina en funcionamiento. En este punto, Calveiro se anima a plantear la cuestión de la *eficacia*: dados ciertos objetivos, que ciertamente iban mucho mas allá de las organizaciones guerrilleras, la tortura adquiría una siniestra racionalidad en orden a aquel fin. Por otra, la tortura cumplía una función para el propio orden del campo como institución, un *ritual de iniciación* brutal que establecía la drástica separación, la ruptura fundamental con la realidad del mundo anterior.

Al mismo tiempo, el análisis que Calveiro produce acerca de esa maquinaria de poder y de muerte, que se pretendía total, es capaz de señalar sus fisuras y sus puntos de fuga. Lo hace poniendo de relieve formas de resistencia al poder que parten de una voluntad de lucha contra el olvido de ese mundo propio que la dinámica del campo justamente se proponía arrasar. Pero no es la figura individual del héroe la que proporciona el molde de ese combate tan desigual. Si el mecanismo del *campo* tiende a arrasar la subjetividad, si extrema de un modo desmesurado y radical uno de los efectos del régimen dictatorial, señalado por Lechner, "la erosión de identidades colectivas" que, como vimos encuentra a la vez su condición y su prolongación en la sociedad, la primera resistencia ha nacido de la posibilidad de preservar una socialidad internalizada que mantiene el propio nombre, la historia y la identidad y a partir de ello puede hallar las vías para alguna forma de asociación que permite reconstruir un nosotros.[98] La lógica del exterminio nace cuando se alcanza a romper la identificación básica con cierta categoría de personas y se instala un comportamieno rebajado al nivel de la sobrevivencia (individual, aislada, amenazada por la locura); frente a ello cualquier forma de resistencia depende de crear las condiciones para establecer algún marco de asociación y decisión colectivas. En esto también el campo amplificaba y develaba procesos y alternativas posibles en el espacio mayor de la sociedad.

Finalmente, es claro que no hay ninguna idealización posible de lo que se anidaba en ese espacio; pero en estas historias, al lado de las escenas de la degradación y la alienación, el embrutecimiento conformista y la vileza, que eran el resultado directo del sistema criminal, hubo un lugar para la solidaridad, el rescate y la reparación de un vínculo humano y diversas formas de combate moral que tenían en vista otro universo de relaciones y derechos. Y aquí también hay que destacar que la primera fisura en la maquinaria del terror se produjo cuando algunos elegían saber, contar y, sobre todo, *hacer saber*. Éste es el punto en el que una forma de resistencia nacía en el *campo*, en la posición de quienes se preparaban anticipadamente como testigos y portavoces de los aplastados y los silenciados. En verdad lanzaban su decisión de ciudadanos virtuales a un futuro incierto, ante todo porque nadie podía asegurarse que viviría para contarlo. En todo caso, la convicción que anunciaba un futuro diferente encontraba, anticipadamente, las resistencias que se desplegaban en el nuevo espacio político de los derechos humanos. Como se vió, el encuentro decisivo tuvo lugar cuando testigos, familiares y movimiento de los derechos humanos anudaron una relación de largo alcance con la escena restaurada de la ley.

En principio, los que retornaban del infierno encontraban una sociedad que prefería no enterarse; de acuerdo con un testimonio ya citado, eran heraldos indeseados y "portadores de terribles certezas", o bien, para algunos que empezaban a vislumbrar la terrible extensión de la matanza, se convertían en víctimas "sospechosas" justamente por haber eludido la condena final que recayó sobre las otras, las víctimas *integrales*, que no sobrevivieron.[99] Ahora bien, si miramos más de cerca la posición y el comportamiento de los *sobrevivientes* hay que advertir que no hubo una modalidad única en la evocación de la vida del campo. Tomando en cuenta justamente el compromiso con la memoria, Primo Levi distinguía, básicamente, dos categorías de sobrevivientes: unos eligen mayormente olvidar (y a veces lo consiguen); otros "no quieren olvidar, y sobre todo no quieren que el mundo olvide"; éstos son los que han vivido esa experiencia pertrechados con una convicción política, religiosa o moral que hace posible darle una significación que excede el accidente y la desgracia personal.[100] Es claro que en el caso argentino la intervención pública producida por el Informe de la CONADEP y el Juicio constituyó a unos y otros en testigos, en el marco de un proceso de reunión de pruebas que se proponía determinar *hechos* antes que debatir juicios morales o evaluaciones políticas. Como sea, el marco de la investigación y el proceso judicial instituyó un lugar necesario para los sobrevivientes y les otorgó una voz legítima en el dispositivo de la acusación. Sin ellos no hubiera sido posible reconstruir la trama de nombres, fechas, lugares que ofrecía, a la vez que la base de prueba para revelar el sistema, los fragmentos de una historia de las víctimas.

Ya hemos considerado el papel y el contexto de esos testimonios. Ahora querría considerar más de cerca la posición de aquellos que, más allá de exigencias procesales, obraron impulsados por un deber de otra naturaleza, portadores de un testimonio que aspiraba y aspira a hacer saber y lucha por recuperar los sentidos de esa experiencia. Desde luego, en los relatos en primera persona se advierten las diferencias individuales, disposiciones más abiertas o más cerradas, impulsos a decir o a callar, que pueden ser referidos a historias personales previas. Pero la cuestión que quiero destacar no apunta al psicoanálisis de sobrevivientes y testigos, algo sobre lo cual, por otra parte, nada se ha hecho en la Argentina. Es la significación ética y política del testimonio (que no se agota en el proceso jurídico) la que queda resaltada cuando se trata de enfrentar, en el espacio tenebroso del centro de tortura y exterminio, la evidencia de una fractura esencial que vuelve como un interrogante sobre las representaciones de la comunidad. Ésa es la actualidad del testimonio, su valor como intervención en el presente más que como fijación de los acontecimientos pasados: ante todo, la expresión de una voluntad de sentido y de saber que nace como respuesta y oposición a la enormidad de un agravio, que no se limita al sufrimiento personal de la víctima sobreviviente. Y que se continúa con el imperativo que enfrenta el riesgo de la trivialización, allí donde justamente la fuerza del testimonio vuelve a evocar una catástrofe nacional y alimenta la vigencia de los debates públicos de la memoria. En ese punto, en el encuentro entre testimonio y saber se rompe con las formas espontáneas que tienden a reducir los sentidos de lo sucedido, sea bajo el registro habitual del drama individual o familiar, sea por la repetición congelada de algunos clichés ideológicos.

Llegados hasta aquí, no puede eludirse un tema que es esencial en la evocación de centros que no eran sólo de detención y tortura sino, centralmente, de exterminio: la presencia permanente de la muerte y de los muertos, es decir, de los que no pueden ya dar testimonio. La *vida entre la muerte* es la fórmula empleada en el análisis de Pilar Calveiro que introduce el tópico, particularmente difícil, de ese núcleo fundamental, un horizonte siempre presente y a la vez resistido y eludido en la experiencia cotidiana. La distinción entre "los salvados y los hundidos", definía, para Primo Levi, las categorías esenciales de la experiencia del *campo*:

"Otras parejas de contrarios (los buenos y los malos, los sabios y los tontos, los cobardes y los valientes, los desgraciados y los afortunados) son bastante menos definidas, parecen menos congénitas, y sobre todo admiten gradaciones intermedias más numerosas y complejas".[101]

En su obra llevó al límite la indagación de esa posición imposible del testigo-sobreviviente: no sólo enfrentado al sustento incierto de todo recuerdo, sino a la posición trágica del que debe dar testimonio, también, por los que no volvieron para contarlo. Ésa es la imposible situación de los *salvados*, que no fueron ni mejores ni peores, sino, simplemente, *elegidos* por algún designio impredecible o por el azar que les ofreció un destino privilegiado. Finalmente, si hay una enseñanza nacida de la "zona gris" es que en la experiencia del *campo* no hay lugar para un juicio moral sobre la responsabilidad de las víctimas: no son ellas, las que sufrieron la degradación y aun el envilecimiento las que deben ser juzgadas, sino los victimarios y, en todo caso, el sistema y sus responsables.

Hay un límite, una aporía incluso, del testimonio nacido en los campos de exterminio, que ha sido expuesta en una obra bella y compleja por Giorgio Agamben. Si el proyecto de convertirse en testigo era una de las razones para sobrevivir, al mismo tiempo, incluía una *laguna* esencial, el testimonio de algo que no podía ser testimoniado ya que nadie ha sido capaz de contar integralmente el destino último de las víctimas. En ese sentido, el testimonio incluye necesariamente un vacío esencial en su núcleo de verdad, en un sentido preciso vale "por lo que falta en él".[102] Y lo que falta, para siempre, es el relato de los *hundidos*, los que "tocaron fondo". La paradoja de Levi, en el análisis de Agamben, apunta, entonces, a esa imposibilidad que es a la vez la condición de todo testimonio: hacer presente, por delegación, algo de ese *testigo integral*, el que ha perdido todo y ha vivido su suerte hasta el final. Éste es el dato insoslayable en cualquier proyecto de reconstruir la vida de los *campos*, hay un límite, un más acá de la palabra, del que no hay testimonio posible: nadie vuelve para contar su muerte. Una evocación de esa experiencia enfrenta necesariamente ese núcleo trágico, que llama al silencio antes que a las anécdotas, la evidencia del vacío irreparable de tantas vidas sacrificadas en una masacre rutinaria.

V. Variaciones de la memoria social: la transmisión de una experiencia

Volver sobre las complejidades de la memoria exige admitir que se trata de una materia que no es inmune al paso del tiempo. Y si se trata de una formación que retorna sobre el pasado desde el presente, hay que ver que en la Argentina, desde 1983, el horizonte abierto en el presente no ha dejado de desplazarse. Es claro que el ciclo que se abría con la caída de la dictadura se ha mostrado mucho más inestable que lo que prometía una democracia que anunciaba para muchos un camino continuo hacia un futuro de paz, justicia y libertades públicas. No hay condiciones para ejercicios de anticipación; nadie puede saber cómo será contada esta historia dentro de cincuenta años, entre otras cosas porque muchas de las apuestas arrojadas sobre el escenario de la transición siguen abiertas. Pero, en todo caso, conviene precaverse contra una recuperación de ese pasado demasiado apegada a las coyunturas cambiantes, sobre todo las que crecientemente ha reunido la causa de los derechos humanos a la denuncia política de la marginación social y la miseria. Como sea, no es fácil eludir la impresión de que en la Argentina ese espacio ha quedado sometido a variaciones de tiempo corto.

¿Cuánto dura una determinada formación de la memoria colectiva? Algunas sin duda permanecen por mucho tiempo; los serbios, por ejemplo, han actuado contra la población musulmana dominados por la memoria de la batalla de Kosovo que sucedió en el siglo XIV. Sólo una cosa puede decirse: su duración depende de la persistencia de las condiciones que en esa memoria quedan simbolizadas; y los rituales o los monumentos no necesariamente operan contra una dinámica más o menos espontánea de borramiento de lo inactual. En definitiva, la idea misma de *memoria colectiva*, en la visión de Maurice Halbwachs, ponía el acento en el trabajo de las preocupaciones actuales, incluso las *opciones* que en el presente determinan qué y cómo recordar. En un sentido, puede decirse que esa memoria es ahistórica si se admite que el conocimiento histórico apunta a la complejidad de perspectivas, incluso a la interminable construcción de significados del pasado. La memoria colectiva, en cambio, simplifica y tiende a ver los acontecimientos desde una perspectiva única que rechaza la ambigüedad y hasta reduce los acontecimientos a arquetipos fijados. Mientras que la conciencia histórica admite la *historicidad* de los acontecimientos, su carácter pasado, la memoria tiene a situarlos fuera del tiempo, en un presente continuado, en relación a una verdad esencial que no pasa.[103] Y en la medida en que se reconozca la relación de la memoria social con la dimensión de la *identidad*, hay que admitir que sus elecciones dependen sobre todo de rasgos y valores que serían centrales para la autorrepresentación de un grupo o una comunidad.

En general, la memoria adopta formas narrativas y no se refiere a los acontecimientos por fuera de las ideas y ficciones que se prolongan en la dirección del mito; aun los testimonios tienden a insertarse en relatos construidos y fijados; en esa formación, las representaciones del pasado quedan necesariamente estilizadas y simplificadas. Al mismo tiempo, la justificación de sus contenidos depende, antes que de la evidencia de los hechos, de que las significaciones del pasado ingresen al espacio de la deliberación y el debate públicos. Los juicios implícitos o explícitos, en la trama proyectada sobre el presente, destacan ciertos signos, ficciones o escenas. De modo que las evidencias de la memoria no son ajenas a los poderes y las responsabilidades de la argumentación. Y en ese terreno, en la dimensión pública de la memoria, se dirime su valor ejemplar, que hace posible la interminable tarea de extraer las *lecciones* del pasado. La misma consigna que llama a no repetir el pasado alude a esa dimensión ejemplar y reclama una elaboración que haga a ese pasado comparable y juzgable en relación a los acontecimientos del presente en los que podría retornar.

Desde luego, ese espacio de la memoria social es un campo de luchas en el que actores reconocidos (o que pugnan por serlo) buscan producir e imponer ciertas visiones en una formación que incluye más ampliamente una representación del presente. No hace falta decir que en la Argentina, desde el comienzo, esa dimensión simbólica del conflicto por el pasado se ha constituido en un terreno fundamental de las luchas políticas. Esto ha sido así a partir de la presencia pública de los organismos de derechos humanos, en particular las Madres de Plaza de Mayo. En ese sentido, la continuidad de un conflicto que ha tenido como objetivo la justicia ha sido la vía más cierta de activación y permanencia de la memoria social. En verdad, es un espacio en el que la justicia se encuentra con la política, y la dinámica de la memoria se alimenta de la contradicción, incluso de la división. Es decir, la memoria necesariamente se constituye en arena de una lucha en la que entran en conflicto narraciones que compiten por los sentidos del pasado, pero que siempre dicen mucho más sobre las posiciones y las apuestas en el presente.

En el nuevo paisaje político e institucional, la investigación sancionada desde el Estado recuperado, que produjo el *Nunca más* y condujo al Juicio, no sólo estableció una significación general del terrorismo de Estado, sino que puso en escena el fortalecimiento de la autoridad civil. De ese modo, enfrentaba lo que para muchos constituía el obstáculo mayor para el futuro de la democracia: el fantasma de la consolidación de la corporación militar como un polo de poder enfrentado a los ideales republicanos. Lo que quiero destacar es que el tratamiento jurídico y la significación moral de la investigación y el proceso penal establecían al mismo tiempo la fuerza de una intervención con efectos duraderos sobre la organización militar y su incorporación al Estado, que era no sólo política e institucional sino simbólica. ¿Es posible señalar en la escena de los señores de la guerra sometidos a la autoridad de los magistrados, el nacimiento (o el renacimiento) de un *mito democrático* en la Argentina? Es posible pero no seguro y en todo caso, a la luz de un presente lleno de incertidumbres, la potencialidad de esa escena fundadora ha quedado sujeta, en cuanto a su cumplimiento, a un curso incierto.

Hasta aquí el estudio ha destacado un primer ciclo de formación de la memoria, de las Malvinas al *Nunca más*, el Juicio y sus repercusiones. Como es sabido, hubo otras coyunturas que incluyen las leyes de Obediencia Debida y Punto Final y el indulto a los ex comandantes, pero también las causas por la sustracción de menores, los "Juicios de Verdad" y los procesos en España y otros países. Por otra parte, el movimiento de los derechos humanos ha sido un actor social decisivo en el trabajo de mantener abierta la demanda de justicia y reparación y en la promoción de las cuestiones de la memoria en el espacio público. Ahora bien, esa rápida enumeración de coyunturas de la memoria social impone una evidencia: lo más destacado de ese trabajo, en cuanto a los marcos de representación y de intervención sobre el pasado, ha estado estrechamente ligado al terreno jurídico. Ése es el territorio en el que quedaba definida la intervención posible sobre la etapa del terrorismo de Estado y el lugar central del agravio a las víctimas, representadas por una figura mayor del crimen moral y social, el *desaparecido*. Y allí quedaban igualmente fijados ciertos actores permanentes de la memoria, en particular los organismos de derechos humanos y las agrupaciones de familiares y de ex detenidos. Al lado de ese movimiento mayormente orientado a la denuncia y la demanda de castigo, se han producido en los últimos años un conjunto de obras dirigidas a intervenir de otro modo sobre ese pasado; y en ese corpus hay que que destacar los intentos de establecer líneas de *transmisión* a las nuevas generaciones. No pretendo realizar una evaluación extendida de la producción de testimonios y narraciones, de ensayos e incipientes análisis históricos; por otra parte, varias de esas obras han sido ya mencionadas en capítulos anteriores.

En todo caso, es fácil constatar que no es mucho lo que ha ofrecido el saber universitario al entendimiento de esa etapa. En el caso de la disciplina histórica, basta señalar que la obra más importante, en cuanto al alcance de la indagación, la base empírica y los marcos de interpretración, ha sido producida por un autor español, el ya citado Prudencio García. Iniciativas muy bien fundadas de investigación en materia de memoria y crímenes colectivos, nacidas en la universidad, se han ocupado más del Holocausto que de la masacre argentina.[104] Más en general, ni las ciencias sociales, ni el análisis cultural, la indagación filosófica o el psicoanálisis han dado a conocer estudios significativos en esa dirección. Hay preguntas que apenas han comenzado a pronunciarse: ¿por qué sucedió?, ¿cómo pudo suceder?, ¿cómo podría haberse evitado? Las preguntas no son nuevas y han sido formuladas otras veces a lo largo del siglo XX. Las respuestas por supuesto admiten ciertos conceptos y proposiciones más generales y hacen posible análisis comparativos; pero, necesariamente deben orientarse a dar cuenta de condiciones y procesos históricos particulares. En este punto hay que admitir que el trabajo de conocimiento y de elaboración conceptual del terrorismo de Estado ha quedado limitado, en el mejor de los casos, a coyunturas cortas de intervención. De modo que si puede decirse que esa catástrofe nacional suscita diversos interrogantes, en perspectivas de más largo alcance, sobre el Estado, las Fuerzas Armadas, las dirigencias nacionales, la cultura política, en fin, sobre la sociedad y sus instituciones, sólo queda esperar que en el futuro surjan líneas de investigación que hoy parecen ausentes.

Evocaciones autocomplacientes y exculpatorias, negaciones de la tragedia tras la épica de las viejas banderas y formas de autorrepresentación sometidas a los juegos de la identidad de grupo, o bien relatos dominados por la identificación con las víctimas: diversas narrativas han situado así la *elección* (que puede no ser deliberada) del enfoque, las circunstancias y el corpus. Brevemente, en lo que sigue voy a referirme a construcciones que combinan la recreación de esa experiencia con los propósitos de la transmisión y la intervención sobre la memoria pública. Si debo indicar un hilo conductor en el corpus elegido, necesariamente tentativo, una indicación general (que no podría ser establecido como un rasgo común) querría referirme a diversos relatos, ensayos o testimonios que en general, deliberadamente o no, se sitúan como relecturas, ampliaciones y quizá rectificaciones, de ese relato original del terrorismo de Estado que fue el *Nunca más*.

Memorias del *Nunca más*

El objetivo de retornar sobre el *Nunca más* con propósitos de transmisión es explícito en un libro que se propone "la construcción de una memoria sobre la historia reciente que tenga como interlocutores a las nuevas generaciones".[105] Publicado por la editorial de la Universidad de Buenos Aires, que es la misma que dio a conocer aquella obra, el texto comentado se ofrece como un herramienta pedagógica y como un marco de lectura para la enseñanza en el nivel medio. Dado que se trata de un proyecto nacido en la universidad y a cargo de docentes de la misma, tiene el mérito de plantear un debate posible acerca de los criterios y las formas de una extensión de los resultados de la investigación y el conocimiento propios del campo académico a las cuestiones pendientes en la sociedad. En efecto, al incluirse las preguntas por lo sucedido en el proyecto mayor de una acción educativa, no sólo se pone el acento en la dimensión pública de la historia sino que, lo más importante, se reafirma el valor moral de una verdad que es necesariamente el correlato de una búsqueda, incluso de una lucha contra la indiferencia o la insignificancia como formas del olvido social. Y al adoptar, como recurso expositivo, el punto de vista de los jóvenes, incluso al proponer como ficción las preguntas que éstos podrían dirigir a quienes fuimos, por acción u omisión, actores de la coyuntura histórica tratada ("¿Por qué fue posible el horror?,

¿dónde estaban ustedes los adultos?, ¿se podría haber hecho otra cosa?") se acentúan dos componentes centrales del trabajo de la memoria: la acción buscada sobre el presente y, dado que no hay memoria sin sujetos, la proyección de los destinatarios de esa acción, los jóvenes, a un lugar preponderante en ese trabajo.

La obra, entonces, está dirigida a estudiantes, a quienes adjudica un lugar privilegiado en el juicio histórico sobre la generación de sus mayores. Propone como un núcleo esencial de su construcción narrativa, y como un marco de lectura del *Nunca más* que, así como fueron los jóvenes los actores centrales de la renovación y la movilización política y cultural de los '70, debería ser la juventud de hoy la llamada a recuperar los valores idealistas de esa acción colectiva, aunque, al mismo tiempo, ese rescate identificatorio busca ser renovado mediante la promoción del valor central, universalista, de la tolerancia. Finalmente, es claro que en esta presentación, la tolerancia queda enfrentada a la violencia, en una oposición filosófica y moral (que se remonta a Sócrates y a Voltaire) antes que política; de un modo que parece anunciar, en sus proyecciones hacia un futuro diferente, el papel igualmente destacado de la juventud argentina: una segunda oportunidad, podría pensarse, capaz de rescatar y aprender de la experiencia pasada. En efecto, de los cuatro capítulos del libro, dos son dedicados, respectivamente, a los "jóvenes" y a "la violencia y la tolerancia". A ellos, en particular, me voy a referir.

Si los jóvenes son los destinatarios explícitos del libro, lo menos que puede decirse es que la predisposición empática por ofrecerles una imagen altamente favorable de sí mismos es correlativa con la operación de proyectar retrospectivamente sobre la *juventud de los ´70* un núcleo de creencias sostenido en la autorreferencia generacional. El trabajo comienza por las preguntas de los jóvenes de hoy, se ocupa largamente de un tratamiento testimonial de las características de los jóvenes, de entonces y de ahora, y busca construir, básicamente, un espacio de identificaciones que, como no podía ser de otra manera, no puede eludir los riesgos de las equivalencias y los deslizamientos imaginarios: se busca adoptar el lugar de los jóvenes de hoy para promover, en un segundo giro, las líneas de una identificación posible con la juventud de ayer. ¿Es sólo un recurso pedagógico que busca instalar una inicial cercanía con su público eventual? En principio hay algo más: la ficción de un actor juvenil permanente, caracterizado básicamente por una identidad cultural específica que los separa del mundo de los adultos. Es en la proyección retrospectiva de esa identidad cultural a la narración que proponen sobre los '70 donde aparecen los problemas mayores. En efecto, en la recuperación de la movilización social y la radicalización política de esos años como una aventura casi adolescente, de la que ofrecen sobre todo los signos de homogeneidad cultural (el rock, el humor, ciertos consumos culturales, o bien, como pautas distintivas de aquella juventud: "el mate, el Winco y la cama marinera") se consuma un notable relegamiento del componente esencial de aquella acción colectiva: el cemento de la *política* y el mito revolucionario como garante en el orden de los fines de los medios diversos (incluyendo los peores) en la justificación de esa acción.

Por una parte, la acción política es concebida como un desprendimiento directo, casi un reflejo, de la conflictividad social; seguidamente, la movilización social queda referida de un modo muy acentuado a la dinámica contestataria de las capas juveniles; finalmente, la identidad y conformación de ese actor colectivo se hace depender de pautas culturales que parecen constituirlo como una tribu separada dentro del cuerpo social. No sólo esa supuesta constitución replegada de los jóvenes parece impermeable al impacto de los acontecimientos políticos que marcaron a más de una generación (en el capítulo dedicado a la radicalización de los jóvenes están ausentes Cuba y Vietnam, el Cordobazo y la nueva izquierda, el Che Guevara y Evita montonera), sino que en esa reducción culturalista los jóvenes invocados parecen haber pasado directamente de las prácticas de la socialidad adolescente a la militancia genéricamente *subversiva* sin participación en el mundo de las ideas políticas. En efecto, no hay libros ni periódicos al lado del Winco y el mate; ningún lugar es reconocido a las lecturas y los autores (provenientes del mundo de los mayores: de Marcuse a Marta Harnecker, de Hernández Arreghi a Fanon) que conformaron fuertemente a una generación que, vale la pena recordarlo porque también está completamente ausente del análisis, en gran medida, encontró en una universidad radicalmente transformada un espacio alternativo de formación política y cultural e incluso de socialidad cotidiana. ¿Hay que decir que el sesgo obturador de la política y decididamente antiintelectual parece depender de esa mimesis identificatoria que proyecta sobre ese pasado una imagen construida según ciertos lugares comunes de la juventud de hoy?

Ausente la política, se pone el acento en la dinámica social y se desprende de ella, prescindiendo casi de cualquier otro factor, una autoformación del actor juvenil que se concibe como básicamente reactiva. Se dejan de lado, por ejemplo, el papel de las organizaciones y los liderazgos políticos, en particular el de Perón, las formas organizativas y la metodología de la nueva izquierda y la importación de los modelos del partido armado. En el mismo sentido, el nacimiento de las organizaciones guerrilleras es sólo atribuido a la vacancia de los partidos. Una visión refleja de la política, que sólo seguiría a la conflictividad social, impide reconocer en ella capacidad para crear objetos, fines y metodologías fundados en representaciones y prácticas autónomas. Y es claro que ningún espacio puede abrirse para una reflexión sobre las transformaciones de la cultura y la acción políticas en el pasaje de los '60 a los '70. Oscurecido el campo político, la narración expone el acceso de esa generación juvenil a la militancia con el siguiente esquema: desde los tiempos de Onganía los jovenes sufrieron particularmente un ciclo de censura, represión y violencia institucional; a partir de ello se habrían convertido, reactivamente y en el trancurso de esa experiencia social que los reunía y servía a una identificación recíproca, en protagonistas principales de la resistencia al avance de las fuerzas de la reacción. Obviamente, fueron los blancos mayores de la represión desatada desde mediados de los '70 y los que engrosaron las filas de los *desaparecidos* por el terrorismo de Estado.

No caben dudas de que muchos jóvenes, demasiados, murieron violentamente y que la mayoría de ellos sufrió una muerte atroz en los centros de exterminio de la dictadura militar. Sobre la base de un cuadro de la distribución de desaparecidos por edad, incluido en el *Nunca más* y reproducido en el libro, las autoras destacan que el 70% eran jóvenes de entre 16 y 30 años. Pero, además de que es algo forzada la igualación generacional de los de 16 con los de 30, del mismo cuadro puede desprenderse que más del 50 % de los desaparecidos tenían entre 25 y 50 años. En principio, el segmento así destacado no se concebía por fuera del mundo de los adultos sino todo lo contrario: luchaba por intervenir y prevalecer en él. En fin, no tengo dudas acerca del peso real de ese protagonismo juvenil en la movilización y en el volumen de las víctimas; sólo intento mostrar lo que se incorpora de una narración preestablecida que ha dominado en las memorias testimoniales. Pero justamente es ese relato juvenil, convertido en el núcleo central de la memoria que se proponen transmitir a las nuevas generaciones, el que corresponde interrogar críticamente. Ante todo, porque supone borrar una generación adulta relativamente formada y afirmada en identidades y opciones políticas, en luchas sindicales e iniciativas intelectuales, todo lo cual produjo un impacto en un conjunto de instituciones y renovó profundamente diversos campos del pensamiento y la producción cultural.

Ahora bien, si es cierto que la represión dictatorial golpeó muy significativamente a los más jóvenes, ¿no debería ponerse ese hecho en relación con las formas de movilización y radicalización que fueron propias del movimiento estudiantil, nacidas en los '70, que conformaron un clima y un espacio de formación política e incorporación a la militancia en las organizaciones revolucionarias? Una recuperación histórica de la constitución de ese bloque contestatario, destinada a los estudiantes de hoy, ¿no debería plantear, así fuera inicialmente, algunas hipótesis acerca de las condiciones y las vías, las representaciones y los pequeños mitos que conformaron ese movimiento estudiantil y sus expresiones radicalizadas, incluso sus derivaciones hacia el presente? Finalmente, la posibilidad de un análisis que vuelva sobre ese pasado con intenciones de conocerlo mejor depende de la capacidad para *problematizar* esa figuración de la juventud como un sujeto pleno, autónomo y autofundante de su propia acción. Esto supone admitir que los contenidos de la conciencia y de las prácticas sociales y políticas son opacas para los propios actores y dependen, comúnmente, de condiciones (objetivas y subjetivas) que son sufridas antes que ejercidas con entero dominio. Martín Caparrós enuncia al pasar una idea que va en esa dirección y que merecería ser explorada:

"[..] suelo creer que nosotros en los setenta pagamos la factura de la gran joda de los sesenta. A veces pienso que en los sesenta se divirtieron mucho imaginando cantidad de cosas, y nosotros fuimos los monstruos de esos sueños de la razón".[106]

No estoy proponiendo una clave central de interpretación; sólo recupero una indicación posible para retornar de otro modo sobre ese período trágico y sus actores juveniles. En efecto, si se quiere mantener una referencia a las categorías generacionales, conviene precaverse de la fuerza de un imaginario heroico que ve a aquellos jóvenes como sujetos plenos, autónomos y, sobre todo, sin deudas con sus mayores. Más importante es indagar qué herencia recibían y hasta qué punto podían hacerse cargo de ella. Esto supone interrogarlos no sólo sobre lo que *creían* hacer sino sobre lo que en efecto producían más allá de sus intenciones y de la memoria más o menos autocomplaciente generada desde el presente.

Algo es seguro: las intervenciones sobre la memoria no se escriben sobre una *tabula rasa* y enfrentan relatos armados, estereotipos y leyendas que son la sustancia misma de la resistencia a las potencias disruptivas de una rememoración capaz de cambiar a los sujetos implicados. Ante todo, una condición de una intervención sobre la memoria dirigida a un grupo o una generación (los jóvenes de hoy, en este caso), que no eluda las cuestiones de la responsabilidad social, debería partir de aquello que comunica a ese grupo con la trama de la sociedad antes que destacarlos como una comunidad cultural autónoma. En principio, porque el enfoque aplicado parece partir de la conciencia espontánea: que la juventud posee rasgos culturales propios no sólo es algo bien sabido sino que se ha constituido en un núcleo de su conformación identitaria. Para convertir ese complejo de representaciones e ideales en un punto de entrada a las cuestiones de la memoria social, es decir, impulsar un trabajo de autoesclarecimiento se haría necesario plantear la cuestión de un modo radicalmente distinto. No tanto dar por supuesto esa colocación separada y ajena, como el único lugar desde el cual una juventud intocada por la historia podría ejercer el papel, legítimo, de fiscal de sus mayores, sino, en todo caso, favorecer una recuperación de ese pasado que se interrogue sobre aquéllo que de esa sociedad y esa etapa histórica pueda estar presente en las condiciones de surgimiento y el espacio de experiencia de las nuevas generaciones. Es desde las relaciones de *herencia* (complejas y opacas) y no desde esa ficción de completa ajenidad, que pueden plantearse y transmitirse las responsabilidades de una memoria a una generación que, no habiendo sido protagonista de esa experiencia no es menos sujeto (o víctima) de sus consecuencias.

Memorias de la militancia

Quiero ocuparme de algunas obras que explícitamente han buscado intervenir sobre la memoria y la valoración de ese pasado; y quiero hacerlo sobre todo teniendo en la mira el problema de la fijación y la transmisión de una experiencia. En esa dirección, destaco trabajos que por sus propósitos o por sus efectos han intervenido, así sea tendencialmente, en un debate intelectual de la memoria. En principio, no puede desconocerse que ese consenso establecido por el *Nunca más* entraba desde el comienzo en una disputa de sentidos que se ha agudizado en la medida en que el núcleo fundamental de las promesas de la democracia ha entrado en un remolino de ambigüedades e incertidumbres. Al mismo tiempo, ha quedado demostrado que el gran cambio institucional de la democracia, incluyendo la acción de la Justicia, no ha modificado en la medida esperada estructuras más firmes, subjetivas, imaginarias si se quiere, de la cultura política y la percepción social. En un primer momento, las iniciativas surgidas del Estado recuperado, en particular el Juicio a las Juntas, dominaban la escena pública y cimentaban cierta unificación y cierto consenso vertical, un acuerdo mayor que promovía la intervención de la Justicia. Pero ese consenso de ninguna manera reducía las diferencias, básicamente políticas, en la recuperación de la experiencia histórica de las luchas contestatarias de los '70 y planteaba el problema de las condiciones y límites de un pluralismo de la memoria.

Bajo el manto de términos genéricos, como democracia o justicia por ejemplo, podían coexistir visiones muy distintas del pasado y del presente y sobre todo de la naturaleza de los conflictos que fueron una condición necesaria del desemboque en el terrorismo de Estado. Esto es particularmente cierto en el caso del conglomerado de la izquierda política y cultural, con todas sus variantes y matices, que fue el blanco mayor de la represión dictatorial y que consiguientemente ha aportado a las luchas de la memoria un impulso reivindicativo y una cierta identidad ideológica que recupera (y casi no ha revisado) su previa colocación en aquellas luchas. En la medida en que ha predominado una memoria testimonial, de los afectados o de grupos políticos que evocaban así su propia participación, es claro que se hace necesaria cierta distancia crítica, sobre todo si se trata de debatir lo que allí merece ser preservado y transmitido. Ya se dijo que esas producciones de sentido reducen, perfilan y esquematizan. Cabe agregar que en tanto memorias de grupo necesaria y espontáneamente quedan sometidas a los juegos de la identidad y la defensa de la propia integridad, es decir a una dinámica de formación del recuerdo que tiene en cuenta al propio grupo antes que a nuevas representaciones del pasado que pueden ejercer una función disruptiva o presionar en el sentido de la revisión de las certezas previas. Y dado que se trata de memorias traumáticas, los efectos sobre el propio grupo no se separan de las vicisitudes de un trabajo que, sin abusar del lenguaje del psicoanálisis, se enfrenta con los procesos del *duelo*, la elaboración de las pérdidas y las fracturas sufridas.

Lo que está en juego, finalmente, es el retorno del pasado como una fuente posible de desorientación, es decir, como una amenaza a la identidad grupal. Existe una nutrida producción de relatos surgidas de los restos de una tradición revolucionaria, especialmente montonera, que recuerda ese pasado bajo la forma de un relato de heroismo, más aún, de una competencia en la victimización: se trata de exhibir como un mérito el haber aportado a la masacre o el mayor número de víctimas o los militantes más consecuentes en el combate. Es claro que la figura moral del *desaparecido* no alcanza el suficiente relieve épico en esta recuperación mítica de las luchas allí donde, para volver sobre la expresión de Hobsbawm, los conflictos políticos adoptaban la forma de una guerra de religión. En ese relato autoexaltante no hay lugar para ninguna pregunta que retorne sobre las responsabilidades propias o admita verdaderamente los fracasos y los duelos por el pasado. Desde la óptica de un psicoanálisis extendido a los fenómenos colectivos, Eric Santner ha acuñado el término "fetichismo narrativo" para referirse a esa forma de la renegación freudiana: una narración que consciente o inconscientemente se propone borrar los trazos del trauma o de la pérdida que naturalmente debería estar asociada a ese relato. En verdad se trata de un rehusamiento del duelo, de un modo de deshacer, en la fantasía, la necesidad misma del duelo simulando una condición de integridad y exaltación, típicamente por la vía de poner en otro lado el origen y el lugar de la pérdida.[107]

No voy a ocuparme de las versiones más cerradas, propiamente facciosas, de esa narrativa de la revolución perdida. Pero no se puede dejar de señalar la persistencia de un sentido común izquierdista en el discurso de la memoria social y los derechos humanos, que se expresa en esa épica del combate permanente contra los poderes de siempre.[108] Su marginalidad política no es ajena a la incapacidad de advertir lo que ha cambiado en la Argentina y en el mundo en los últimos treinta años y, sobre todo, a una ceguera incurable frente a su propio pasado. En todo caso, en esas expresiones más destacadas de una memoria conformada por la ideología se puede advertir que lo determinante es el resguardo de una identidad que relega tanto el duelo por los fracasos como la posibilidad de una elaboración intelectual y política. Pero, desde luego, las modalidades de mitificación del pasado no se reducen a las formas más compactas del relato épico de los combatientes. También existen formas más atenuadas de narración y recuperación que, aun sin instalarse en la repetición del mito centrado en los héroes y los mártires, revelan algo de una operación defensiva destinada a aliviar al grupo del esfuerzo mayor e incierto de reconstituir una identidad y, sobre todo, de elaborar los aspectos menos aceptables, dolorosos, incluso agraviantes, de la propia participación.

Por ejemplo, en las evocaciones incluidas en *Cazadores de utopías*, un film de David Blaustein que se propone una revisión de la experiencia montonera, no puede decirse que estén ausentes ciertos componentes de un *duelo* por las ilusiones perdidas. Esos relatos no contienen mayormente representaciones autoexaltantes y evocaciones épicas; en general, tal como ha sido señalado, ya no exhortan a la acción y el propio término utopía, que reemplaza cualquier referencia a los contenidos y planes de la revolución sepultada en el pasado, parece empujar el sentido de esa memoria hacia un lugar y un tiempo suspendidos, fuera del alcance del análisis de una experiencia histórica.[109] Pero en esta trama de historias de familia, llenas de sobreentendidos y reforzamientos autorreferenciales, hay muy poco espacio para la interrogación o para algún descubrimiento más o menos sorpresivo que ponga en cuestión el previo sistema de creencias, o que haga posible la pregunta por la responsabilidad propia en el derrumbe moral y político que culminó en el terrorismo de Estado. Por otra parte, más ampliamente, hemos visto otros signos de esa acomodación defensiva y exculpatoria en la sociedad, bien dispuesta a desprenderse de los legados indeseables y a conformar las representaciones del pasado de un modo que le reintegre una imagen positiva, sólo amenazada desde fuera.

Ahora bien, en la medida en que nos desplazamos a los debates y los conflictos de la memoria y dejamos de lado el molde de la prueba y la indagación jurídicas, algo cambia en la naturaleza y el alcance del *testimonio* y en el estatuto mismo de los testigos. Giorgio Agamben, que ha escrito algunas de las páginas más notables y bellas sobre esta cuestión, recuerda que en latín existen dos términos para referirse al testigo. El primero, *terstis*, se refiere al que se sitúa en posición de tercero en un litigio o proceso; el segundo, *superstes*, nombra a quien ha vivido un acontecimiento hasta el final y está en condiciones de hablar de él. En este último sentido, que es el del *sobreviviente*, el testigo no ocupa la posición de un tercero ni su testimonio se propone probar los hechos en un proceso. Pero el testigo es también un *auctor*, un autor, en un sentido preciso: "indica al testigo en cuanto su testimonio presupone siempre algo –hecho, cosa o palabra– que le preexiste y cuya fuerza y realidad deben ser confirmadas y certificadas".[110] Dado que la producción testimonial, en gran medida, ha nacido de las víctimas y los afectados, lo primero que salta a la vista es que el cambio en la modalidad y el sentido de los testimonios es correlativo al cambio en el estatuto y la representación de las víctimas. En ese desplazamiento, la función formal del testigo de cargo se traspone al lugar y las voces capaces de ofrecer diversas *historias de sobrevivientes*: historias de los campos, desde luego, pero también de la militancia política y de las tramas familiares, diversamente golpeadas por la tragedia y el derrumbre.

Comencemos por la naturaleza y la representación de las víctimas. Ya se vió el modo en que el primer relato y la escena de la justicia contribuyó a la construcción de las víctimas en un sentido pleno, definidas a partir de un destino sufrido pasivamente. Era la representación misma de una inocencia esencial, prepolítica si se quiere, en la que la sociedad depositaba la autorrepresentación de su propia ajenidad frente a la tragedia. En ese primer ciclo, fundacional podría decirse, de una memoria ejemplar, política y jurídica, se resaltaban los derechos avasallados y la degradación del Estado, de modo que las circunstancias, las motivaciones, la historia personal y política que estaban detrás de cada una de las víctimas eran superfluas para el objeto de la declaración testimonial. Hay que recordar que eran los defensores de la camarilla militar los que traían a la luz los antecedentes políticos de los testigos y los interrogaban de un modo que buscaba convertirlos en acusados y por esa vía los incluía en esa representación de la *guerra* continuada por otros medios. Por otra parte, en la medida en que la memoria construida desde la intervención de la Justicia era una memoria *pacificada* de los crímenes y de las violaciones de los derechos, no había allí mucho lugar para una exposición de las luchas o las banderas de la militancia aplastada por la maquinaria represiva.

En principio, la voluntad de hacer escuchar otra historia, que recuperara una dimensión política y combativa en la representación de la masacre, aparecía del lado de algunos sobrevivientes de la militancia, particularmente en el caso de ex detenidos y ex detenidas que asumían, en general, un lugar diferenciado en la lucha pública por la memoria.

"Los aparecidos somos portadores de la memoria del horror. Y eso no es grato. También somos –como tantos que sobrevivieron, aun sin haber pasado por campos de concentración– portadores del recuerdo y sobre todo de una práctica real de militancia, compromiso y lucha que protagonizó un vasto sector de la sociedad argentina."[111]

Los sobrevivientes de la militancia han enfrentado las dificultades nacidas de la posición casi imposible del *aparecido*, cargados de sospechas, atravesados con mandatos y demandas contradictorios. Asimilados al mismo espacio del horror del que fueron víctimas, han aparecido al mismo tiempo como portadores indeseados de una verdad que muchos prefieren eludir. Testimonian por los otros, los que no volvieron, y encarnan la evidencia viva de un abandono y un desamparo que recae sobre la sociedad que, por decir lo menos, no pudo evitarles ese destino. Por otra parte, algunos de los sobrevivientes, como en el caso citado, han buscado recuperar las banderas de las luchas pasadas y por esa vía, explícita o implícitamente, han hecho retornar la cuestión de la violencia política insurgente, un tópico que por razones diversas y mezcladas había quedado prácticamente descartado de la conciencia pública. No se puede desconocer lo que ese rechazo debe al nuevo horizonte instalado por la pacificación de la política y las garantías del Estado de derecho; desde allí, como se vió, se proyectaba hacia atrás una condena generalizada de la violencia que incluía las aventuras guerrilleras y la cosmovisión revolucionaria.

Frente al reclamo centrado en la representación familiar del agravio sufrido, a cargo de las Madres y las Abuelas, la voces de algunos sobrevivientes han buscado recuperar una *identidad política* desde la cual continuar, de alguna manera, los combates del pasado. Y lo han hecho, en general, desde una visión del presente que insiste en denunciar que los crímenes de la dictadura han quedado impunes. Es difícil justificar un juicio tan definitivo que tiende a sepultar la compleja tramitación jurídica y política del terrorismo dictatorial, a cargo del Estado y de la sociedad, bajo esa figura compacta de la *impunidad*. Lo menos que puede decirse es que esa visión permanece cerrada a la evidencia de lo que el Juicio y los procesos en curso han sido capaces de producir en términos de una condena no sólo jurídica sino moral y social. En todo caso, una memoria izquierdista condensa allí algo que es más que una expresión de la derrota de aquellas luchas: presupone la permanencia de los efectos del terror dictatorial que se entronca con una figura de la continuidad de una dominación y un patrón económico de poder. Como sea, esa irrupción de la política ha tenido el mérito de relanzar el debate alrededor de la significación y la fisonomía del mundo de las víctimas, y de romper con esa ficción de *inocencia* que en el relato social quedaba asociado al drama familiar monopolizado por Madres y Abuelas. Finalmente, en el reclamo de los militantes que vivieron la experiencia de los *campos* aparece a la vez una demanda y un posible malentendido. Reconocido el papel fundamental que han cumplido en la investigación, en la reconstrucción material y la transmisión de esa experiencia y, desde luego, el derecho a una plena participación pública y política, a la vez, ese reconocimiento no se traslada sin más a la reivindicación buscada de las luchas del pasado que los tuvieron como protagonistas.

Lo que no fue

En la transmisión de una memoria del peronismo de izquierda hay un libro que es imposible desconocer, por sus tesis tanto como por los efectos sobre un público que indudablemente no se limita a los que ya se reconocían en esa filiación: la obra de Miguel Bonasso sobre Cámpora.[112] En efecto, si se trata de indagar en las condiciones y antecedentes que prepararon la masacre dictatorial no pueden caber dudas acerca de la importancia del período que culminó con el retorno de Perón a la Casa Rosada. En la trayectoria de Cámpora, de la gloria a la caída en desgracia, en una etapa de máxima aceleración de los tiempos políticos, se condensaban conflictos y proyectos encontrados que tenían a Perón como polo central de referencia. Es claro que no sólo se trataba de las luchas en el interior del Movimiento, que finalmente desembocaron en la guerra abierta, sino de las perspectivas de recomposición de un sistema político que, por primera vez en muchos años, no sólo incorporaba al peronismo sino que de algún modo convertía a Perón en el garante de un nuevo pacto con los factores de poder y con la sociedad.

No hace falta decirlo, en el recuento de las cosas que *no fueron* (y que obviamente no pueden cargarse sobre las espaldas de Cámpora) estuvo el fracaso, quizás inevitable, de esa posibilidad de reconstrucción política que tenía algunas condiciones: un acuerdo pacificador entre los partidos que abriera un período de reparación social e institucional, el monopolio estatal de la violencia y el desarme de los grupos organizados fuera de la ley y, desde luego, la represión legal de la guerrilla allí donde decidiera continuar su acción violenta contra el nuevo gobierno. Pero hay que reconocer que todo esto, que hoy puede decirse de corrido, no estaba entonces en la cabeza de quienes podían impulsarlo. Quizás estaba en la visión fracasada del general Lanusse a quien el libro termina reconociendo virtudes políticas superiores a las de muchos de los protagonistas del conglomerado peronista, incluido el Jefe. Como es sabido, lo que sobrevino fue una escalada de violencia, el ascenso de los extremos y la profundización de la barbarie política de un modo que finalmente llevó a la radicalización de todos los enfrentamientos hasta un punto de no retorno. No voy a volver sobre cosas ya dichas; probablemente el desenlace en una dictadura era inevitable, pero no necesariamente debía tener la forma que finalmente asumió. En efecto, algo terminó de cerrarse en ese período, en torno de ese acontecimiento excepcional, *Perón al poder*, que terminó operando en una dirección contraria a la que el propio Líder definía cuando hablaba de encarar las tareas de una "posguerra civil" y creía realmente que su sola presencia bastaba para instaurar un orden sostenido en la subordinación a su autoridad. Ya se vió que la *guerra* alcanzó una dimensión nueva, involucró a casi todos y generó las condiciones para que las Fuerzas Armadas sacaran lo peor de sí en la implementación del plan criminal.

Ahora bien, si se piensa que otro curso hubiera sido posible y se admite la pertinencia de iluminar *lo que no fue* para mejor entender lo que efectivamente fue, sobre todo lo que vino después, ¿qué tiene para ofrecernos el libro de Bonasso, un testigo cercano de esa etapa? Si se dejan de lado ciertas incrustaciones que buscan reintegrar un contexto a través de la evocación más larga de la trayectoria de Cámpora y de la historia del peronismo y de las luchas sociales (de la muerte de Evita a la Resistencia y el Cordobazo), lo central en el libro gira en torno de una crónica del período que se abre con la designación de Cámpora como delegado de Perón, sigue con la presidencia (a la que alude el título) y la caída. Por otra parte, es sobre ese período que el libro promete revelaciones sustanciales a partir de la correspondencia de Cámpora con Perón. Desde luego (ya ha sido dicho), no hay nada sorprendente en esas nuevas fuentes que, por otra parte, se diluyen en una narración que combina libremente recursos de ficción con testimonios de otros y recuerdos personales. Pero, justamente, ese carácter de ficción y la cercanía del narrador-testigo con lo narrado han favorecido la eficacia de esta obra en sus efectos sobre la memoria de esa etapa. A ello ha contribuido con una narración simple y efectiva: está claro quienes eran los buenos y quienes los malos y, en todo caso, ofrece suficientes elementos como para concluir que el propio Perón, a la cabeza de la facción fascista de su Movimiento se traicionó a sí mismo o, en todo caso, a la visión que el montonerismo había proyectado en él.

Dicho esto, el libro es revelador de un modo que va más allá de las intenciones con que fue escrito; de modo que sería equivocado descartarlo sin más a partir de algo que resulta muy evidente: la mirada autocomplaciente que el autor arroja sobre su propia participación en la historia que narra. En verdad, hay que decir que hay más efectos de verdad en los chistes, las figuras forzadas y los sarcasmos que en las reconstrucciones históricas siempre tensionadas hacia una proyección retrospectiva de efectos tranquilizadores. Por ejemplo, hay una verdad sobre el Tío que destella en una primera ocurrencia de Bonasso: lo ve como "un cortesano del siglo XVIII: con la peluca empolvada, las medias de seda y los zapatos con hebilla".[113] Después de los análisis de Norbert Elias acerca del papel de la "racionalidad cortesana" en el proceso de civilización no cabe ninguna visión peyorativa sobre esa figura tipológica. Pero su aplicación al Delegado, a modo de una ficción explicativa, debe admitir lo que la posición del *cortesano* implica necesariamente; no sólo la referencia incuestionada a un sistema de relaciones que tiene su centro en el Soberano (sin el cual no es nada) sino que justamente la condición misma de su existencia como tal requiere de un medio *pacificado*, es decir librada de las figuras del *guerrero*. En ese sentido, situar al cortesano en los albores de la *guerra* (después de Ezeiza) y sobre todo enfrentado a las perplejidades, más aún, a la imposible admisión, de que era el Monarca, es decir Perón, el que azuzaba los vientos de un combate sucio y sin reglas, hubiera sido un marco iluminador de la posición imposible de Cámpora.

Pero no es ése el camino elegido en la medida en que se insiste en postular que las virtudes morales y cívicas del Delegado, que lo harían comparable al presidente Illia, eran condición suficiente para un papel histórico que le fue impedido por fuerzas externas a su propia posición y determinación. Parece claro que la tesis del autor apunta a que la presidencia de Cámpora hubiera ahorrado lo que vino después; de modo que hay que pensar que detrás de todo está la ficción de *un país que no fue*, en el cual seguramente las orientaciones políticas de la fracción montonera hubieran cumplido un papel relevante. En cuanto a las circunstancias que impidieron ese curso feliz de la historia, el libro afirma tanto la conocida explicación por el "cerco" y la *conspiración* encabezada por López Rega como la responsabilidad directa de Perón, explicada por razones que incluyen la decrepitud y ciertos rasgos psicológicos pero casi nunca las ideas políticas.

Bonasso siempre escribe Delegado (o Vicario) con mayúsculas, y es fácil ver que hace juego con las denominaciones irónicas en las que condensa su visión del líder del justicialismo en la primera parte del libro (antes de convertirlo en un "viejo de mierda"): el Padre Eterno, el Macho o, simplemente, el Jefe.[114] Frente a ello, se advierte que el lugar de Cámpora siempre obediente y subordinado choca con la explícita intención de levantar su figura y la trayectoria. Al mismo tiempo, salta a la vista que la narración que ofrece de las vicisitudes del retorno de Perón y el desenlace electoral deja poco espacio para la visión épica que cierta memoria montonera ha construido sobre el carácter decisivo de su propia participación a través de las acciones armadas. Lo que queda más bien destacado es la trama política que el Líder armaba a la distancia, en una táctica que respondía jugada a jugada a las iniciativas del régimen militar. Desde luego que hay un espacio para la movilización social y para las acciones de la guerrilla, pero en todo caso, desde el período que se abre con el ascenso de Lanusse y la propuesta del Gran Acuerdo Nacional, lo decisivo pasa a ser el modo en que Perón hace jugar esas acciones en un tablero que definían básicamente los dos contendientes, Perón y Lanusse, correlativamente destacados. Al lado de ellos el Delegado, que consulta cada detalle y obedece prolijamente las instrucciones del Jefe, queda bastante opacado. En la medida, por otra parte, en que fue esa actuación y su larga trayectoria de lealtad a Perón (y en el primer peronismo sobre todo a la Señora) lo que le valió la candidatura, no se entiende cómo podía esperarse que cumpliera un papel diferente en el tormentoso período en que ocupó la presidencia.

En el tramo que culmina con el acceso de Cámpora a la primera magistratura, cuando parece realizarse la consigna fundamental del "Luche y vuelve", lo que el libro muestra es que lo fundamental en esta historia se sitúa del lado de la habilidad táctica de Perón y el andamiaje político que construye en respuesta a las movidas del régimen, desde "La Hora del Pueblo" a Nino; sobre todo porque fue capaz de desactivar aquello que en el pasado había constituido la base de la proscripción del peronismo: el compromiso de la UCR con el poder militar. Pero allí estuvo también el límite: Balbín quería elecciones aun con la proscripción de Perón como candidato; y en esa cláusula de exclusión, finalmente admitida, que catapultó al Tío a la presidencia, estuvo el origen de un malentendido que en verdad no hacía sino llevar al límite la posición imposible del Delegado. En efecto, no hay Vicario sino de un Padre Eterno que mora en el cielo. Producido el triunfo y dado que era en verdad el triunfo de Perón, teniendo en cuenta el estilo de liderazgo (que nunca disimuló sus modelos) impuesto al Movimiento y más allá de las ilusiones que muchos pudieron tener entonces sobre lo que Cámpora podía hacer, si algo queda claro a la distancia es la encrucijada sin salida en la que quedaba el Delegado-Presidente en una relación inherentemente conflictiva con el Supremo. Pero no es esa relación atravesada por demandas y funciones inconciliables (que exhibe algunos costados patéticos) la que este libro quiere explorar. En verdad, la consigna que todos coreaban, "Cámpora al gobierno, Perón al poder", sintetizaba esa

inevitable encerrona, agravada por las debilidades propias de
su posición en el conglomerado político peronista. El libro
muestra bien que carecía de fuerza y predicamento dentro del
peronismo (algo que sin duda estuvo entre las razones principales por las que Perón lo eligió) y que cuando tuvo que gober-
nar eligió rodearse de un círculo íntimo de confianza constituido por algunos familiares directos. De modo que si se trata de
evocar analogías en los estilos políticos (como se esfuerza en
hacer Bonasso), no es en un hombre de partido como "el vieji-
to Illia" en quien cabe pensar, sino en el mucho más reciente,
De la Rúa.

En fin, lo inconciliable de esa posición de Delegado que deja de serlo cuando el Jefe se manifiesta directamente o a través
de otros, es algo que está fuera del objeto de este libro en la medida en que la tesis central se orienta a idealizar condiciones sus-
tantivas del *presidente* que podría haber sido antes que a analizar
las condiciones que imponían lo que efectivamente *no fue* simplemente porque no podía ser. Entre las varias cosas que efectivamente Cámpora no fue hay una que parece escapar a esta reivindicación póstuma: no fue un dirigente con apoyos ni con
capacidad para torcer un destino que siempre lo había subordinado a los deseos del Amo. Y cualquier decisión que se orienta-
ra a eso que Bonasso trata de presentar como un vuelco democratizador en el peronismo no sólo era ajeno a la formación
política de Cámpora, en un Movimiento incapaz de proporcionar ningún aprendizaje democrático, sino que significaba un enfrentamiento con Perón. Finalmente, es claro que la historia que
fue lo tuvo a Perón, antes que a Cámpora, por protagonista. A la
vez, Bonasso acierta cuando dice al pasar que finalmente el
triunfo estratégico final le correspondió a Lanusse que se propuso terminar con el mito trayendo al Líder a enfrentarse con
la violenta discordia de sus huestes.[115] Lo que probablemente
no era del todo esperable (salvo para algunos personajes del libro que parecen iluminados por un don profético) es el curso
que tomó la intervención del anciano Líder. Algo así aparece en
boca de un testimonio de esos que anuncian cada tanto lo que

va a pasar: "el día que empiece a dar goma [se refiere a Perón], Lanusse nos va a parecer un nene de teta".[116]

Es claro que en Ezeiza se produjo un episodio clave y definitivo en la escalada de conflictos del peronismo. Y dado que se convirtió en el principio del fin de la presidencia de Cámpora constituye necesariamente una coyuntura decisiva de esta historia. El libro ofrece varias ficciones retrospectivas de lo que pudo ser distinto. Todas derivan de la idea del cerco sobre Perón y giran alrededor de la idea de frenar con alguna dosis de violencia una *conspiración* que tendría su cabeza visible en López Rega. En una de ellas Abal Medina le propone a un Cámpora estupefacto un plan de acción fulminante: denunciar públicamente a Osinde y López Rega y hacerlos detener contando con que finalmente Perón se habría de volcar en favor de los vencedores. Una opción parecida incluía los "fusiles montoneros" y suponía ejecutar al Brujo, una omisión que más de veinte años después Bonasso insiste en señalar como el mayor error de la Organización.[117] Finalmente, Bonasso se recuerda proponiendo un notable contrasentido: una noche de "San Bartolomé legal";[118] se refiere a la detención de cientos de dirigentes y cuadros del fascismo de ultraderecha, pero lo notable es que evoca la figura de una masacre nocturna que otros, siniestramente, van a llevar a cabo con una lógica similar y otras víctimas.

Es fácil advertir que, ya que Perón tenía efectivamente el *poder*, dentro de los límites dados, y que nadie parecía suponer que podía apelarse a él o convencerlo de otra cosa, se trataba de establecer otro "cerco", con distintos ejecutores y, obviamente, como todos en esta historia, sentarse a esperar que la naturaleza se llevara al Padre Eterno lejos de las miserias terrenales de la política. En ese escenario de *ausencia de la política*, en el cual casi todos los actores buscaban el golpe de mano y se preparaban para la muerte del Líder, no se ve de dónde podía nacer un curso democratizador. Quiero ser claro, lo que discuto no es tanto lo que proponían entonces los consejeros evocados por Bonasso, incluyéndose a sí mismo, y que giraban siempre en torno de salidas *conspirativas* para enfrentar una conspiración, ya que eso estaba en el aire

de los tiempos. El problema es esta construcción que, *veinte años
después*, supone no sólo que ese curso era posible sino que hubiera bastado con seguir esos consejos; y que quiere hacer creer que
un *putsch* contra el Jefe, que no descartaba tirarle encima el cadáver de López Rega, podía constituirse en el nacimiento de un régimen que finalmente reuniera en la Argentina las instituciones
de la democracia con el apoyo de las masas.

Si se trata de reconocer los méritos de un cortesano hones-
to, digno y prolijo en medio del pantano político y moral del peronismo (sobre el cual Bonasso no ahorra calificativos) no pueden desconocerse también sus límites, sobre todo en términos
de la reconstrucción posible de una tradición republicana que
no admite Soberanos ni cortes absolutistas. Si se quiere soñar a
partir de lo que no fue, es claro que el camino de la democracia
habría sido otro, en la línea del fortalecimiento institucional, los
acuerdos entre partidos y la restauración de la ley sobre la violencia de las facciones. No estaba entre los planes de Cámpora,
no era lo que sus consejeros podían sugerirle, pero sobre todo
no era lo que Perón quería. Preguntarse cómo hubiera gobernado Cámpora sin esas circunstancias y sin el peso determinante del Jefe es superfluo. Finalmente, lo que Perón quería es, más
o menos, lo que terminó haciendo y sobre lo que no voy a abundar: iniciar una liquidación de la disidencia montonera en su
movimiento. Cámpora nunca mostró que quisiera enfrentarse a
esto. Aunque el libro no abunda sobre las opiniones del Tío
acerca de las huestes de Firmenich, reconoce lo que es público:
siguió pensando hasta el final que los Montoneros habían sido
corresponsables de lo que consideraba "enfrentamientos" de
Ezeiza y se negó a incorporarse al Partido Auténtico.

En todo caso, lo que esta obra evoca, en cuanto a las transformaciones deseadas del *peronismo que no fue*, se refiere a las proyecciones de esa juventud que para empezar quería algo muy diferente a una democracia, a saber, imponer un *trasvasamiento* que
nadie creía que pudiera ser pacífico. Un *cerco* sobre Perón, de sentido contrario al que se suponía que ejercía López Rega, era el ob-

jetivo mayor de las presiones de Montoneros sobre Cámpora, que el libro reconoce. En ese sentido, son escasas las referencias de Bonasso a la organización de los fusiles. Sólo hacia el final, en el exilio mexicano, le hace saber a Cámpora (y al lector) que siempre había sido un militante de la Organización.[119] Que Cámpora no lo haya sabido antes (si queremos creerle a Bonasso), y se haya molestado con él, no habla muy bien de los criterios y la información con la cual elegía sus colaboradores y acentúa la imagen de un presidente débil y limitado en sus recursos de gobierno. Recién entonces, en las páginas finales, Bonasso descubre el *militarismo* de la organización y cuestiona algunos de sus asesinatos, sobre todo el de Mor Roig, ejecutado en el momento en que se estaba buscando una negociación con la UCR. Pocas páginas antes esos fusiles habían sido presentados como el instrumento que abriría el camino de un peronismo democrático; ahora, no se sabe por qué arranque de locura que habría cegado a sus dirigentes, las armas servían a una forma de provocación terrorista que favorecía a sus enemigos y empujaba al golpe de Estado. "Estilo entre estudiantil y lumpenesco" es una de las pocas definiciones propuestas acerca de las posibles causas, junto con el señalamiento de diversos errores más o menos circunstanciales.[120] En fin, si el libro de Bonasso prometía una revisión de una etapa fundamental, a cargo de un testigo privilegiado, lo menos que puede decirse es que las ficciones que construye no encuentran sus materiales en los *archivos* que promete develar sino en algunas variantes de los tópicos y estereotipos de una *memoria montonera* que contribuye a la vez a enriquecer y a reforzar.

La voluntad y la revolución

Repasar esa experiencia desde el punto de vista de las luchas o, explícitamente, de una "historia de la militancia revolucionaria" es lo que se propone una obra monumental, *La voluntad* de Martín Caparrós y Eduardo Anguita.[121] Es claro que se trata de un esfuerzo trabajoso que propone una nueva narración de la masacre argentina y de sus condiciones; y no sólo pretende ofrecer un fresco extenso y exhaustivo, que reúne y compone testimonios, sino que busca rescatar el punto de vista de esa generación revolucionaria a la que pertenecieron sus autores. Lo primero que hay que reconocer es que, a su modo, contribuye a reubicar esa historia en el cuadro de los conflictos desplegados a lo largo de más de una década. Y aunque no se pronuncia sobre la cuestión de si hubo una *guerra*, parece claro que se propone situar lo sucedido en el marco de la agudización de las luchas en el campo político. Las víctimas, incluyendo los sobrevientes que ofrecen la materia testimonial del libro, no se declaran inocentes de las opciones y las acciones que arrojaron su cuota de violencia al escenario de los '70. En ese sentido, puede ser considerada como la más ambiciosa tentativa de reescribir y rectificar el relato del *Nunca más*. Historia de sobrevivientes de esas luchas, deja oír voces que ya no se enuncian desde el lugar de los crímenes ni tienen como referencia originaria la figura trágica del *desaparecido*. En el lugar moral de la víctima, caracterizada sólo por su condición de vacío y de carencia de derechos, separada de sus condiciones, de sus ideales y sus combates, emerge un personaje que retorna desde el pasado: el *militante*. En verdad, detrás de esa ficción general, que se resuelve en verdad en una galería de personajes, lo determinante es la decisión de contar esa historia a partir de la convicción de que el lugar central, el protagonismo, debe ser desplazado al papel activo y decidido que cumplieron sujetos conscientes y actores de su propio destino.

Como se dijo, no faltan trabajos publicados en los últimos años que han buscado reconstruir esa historia desde el punto de vista de las organizaciones políticas de la insurgencia armada, tanto de Montoneros como del ERP. En general lo han hecho partiendo de una visión reivindicativa y replegada sobre las propias creencias y la fidelidad a una identidad de grupo. La continuidad de una pertenencia y de una historia cimentada en la evocación de las luchas y de los caídos en el combate ha proporcionado el esquema general de una narración que, como los relatos legendarios, combina la remisión a los orígenes con una función explicativa; en ella se proponen las claves de comprensión del pasado y del presente.[122]

El proyecto de *La voluntad* es otra cosa. Sus autores, que formaron parte de las organizaciones revolucionarias pero no de las cúpulas dirigentes, buscan separarse del patrón de la narración autoconfirmatoria: nada hay en estas evocaciones que recupere el tono épico y las cerradas certezas. Al mismo tiempo se proponen explícitamente enfrentar los ecos de una transmisión dogmática de la experiencia que habría quedado a cargo sobre todo de los jefes, casi todos montoneros, sobrevivientes. En efecto, Martín Caparrós, el gestor de la iniciativa, cuenta que el impulso para llevarla a cabo nació de la indignación que le produjo una reconstrucción "desvergonzadamente falsa" que Mario Firmenich ofreció sobre la historia de Montoneros. El primer paso hacia lo que terminó siendo esta obra fue un artículo periodístico que trataba de refutar la visión del cabecilla montonero y reintroducir la visión de los militantes llanos. Una primera convicción, entonces, que anima esta amplia reconstrucción, apunta a la inversión de la lógica de mando y la visibilidad de la organización: la verdad de esa experiencia se revela *de abajo hacia arriba*. Más aún, estalla en la renovada libertad expresiva con que pueden hacerse escuchar algunos portadores de esa aventura revolucionaria, quienes mayormente se presentan como habiendo sido silenciados por el orden jerárquico de las formaciones políticas y militares de las que formaban parte.

En verdad, dada la visión restrospectiva que Caparrós ofrece de esas organizaciones (ejemplificado en Montoneros, a la que se refieren la mayor parte de los testimonios), dogmáticas y tendientes al autoritarismo en sus formas de ejercicio del poder, no es difícil ver un componente de disidencia póstuma, de rebelión incluso, en esta monumental evocación que devuelve a los militantes no sólo la palabra sino el pleno dominio sobre una voluntad así sojuzgada en el pasado. Y no exagero cuando destaco esa posición de completa separación, de duro cuestionamiento de esa misma conducción política y del programa de la revolución social, peronista en este caso, que antes galvanizaba la moral militante. Dice Caparrós: "¿Nos hubiera gustado a nosotros vivir en un país dónde hubiésemos ganado? Yo dudo de que hubiese durado mucho tiempo en un país gobernado por Montoneros."[123]

La voluntad se presenta como "un intento de reconstrucción histórica de la militancia política en la Argentina en los años sesenta y setenta"; reúne las trayectorias de un puñado de militantes, diversas entre sí, encaradas desde el punto de vista de su voluntad revolucionaria, es decir de quienes "decidieron arriesgar todo lo que tenían para construir una sociedad que consideraban más justa".[124] Es clara, entonces, la decisión de tomar distancia respecto de las creencias que entonces daban fundamento a la dirección del cambio revolucionario: ya no se sabe si luchaban por una sociedad más justa, sólo que así lo creían. La obra adopta la forma de una novela en la que la extensa trama de personajes coincide en general con la de los testigos convocados; éstos, con sus verdaderos nombres, aceptan mostrar por igual su vida pública y su vida privada. Desde luego, también incluye a muchos personajes que no pudieron dar su testimonio porque están muertos; en este caso, la recreación realista que los incluye en el relato está basada en los testimonios de los otros, los sobrevivientes.

Ahora bien, ¿de qué voluntad y, sobre todo, de qué revolución se trata? Caparrós expone, exhuma podría decirse, un primer ensayo juvenil destinado a enfrentar lo que llama la "teologización" de la revolución, es decir, la garantía buscada en algún principio de verdad que sería externo a los sujetos. En ese trabajo juvenil, por contraste, retomaba una teoría romántica de la pasión como fundamento último del ímpetu revolucionario: "un deseo, una voluntad sin certezas, que podía llegar a realizarse si las ganas que uno tenía de que las cosas fueran distintas coincidía con las ganas de muchos otros".[125] No puede decirse que la obra comentada sea una aplicación estricta de esa visión, sobre todo porque está diseñada de un modo que traslada el protagonismo mayor a los testigos convocados. Y sin embargo, es evidente que, desde el título, algo queda de esa fe en la acción de los sujetos como fundamento y garantía de la verdad de una experiencia.

En efecto, si algo salta a la vista en estas extensas transcripciones, que no ahorran detalles en la evocación extendida de los recuerdos de sus protagonistas, es que prima el ideal de una verdad *vivida*, una expresión de autenticidad que se propone decirlo todo y encuentra la cifra de esa experiencia en la confesión frente a los pares antes que en alguna confrontación con las prácticas y los resultados. De modo que la militancia evocada está hecha de una materia fuertemente subjetiva que incluye amistades, relaciones amorosas, aprendizajes de vida que marcaron el pasaje a la juventud. La *revolución* de que se trata aparece, en gran medida, en esa trama agitada y diversa que cambiaba la vida personal de quienes brindan sus testimonios.

Los autores dejan de lado cualquier juicio o propósito de análisis; su objetivo es una presentación de hechos, directa y sin mediaciones. Se trata, en ese sentido, de un rescate atento a los detalles, un relato de múltiples entradas en el que las trayectorias personales de sus protagonistas quedan por momentos suspendidas, confrontadas incluso, por la inclusión de fragmentos documentales, políticos y culturales, de la época. Esa recreción del contexto arroja sobre el lector un repertorio algo caótico de escenas, situaciones y acontecimientos reunidos por yuxtaposición: goles, escándalos nacionales e internacionales, amores, bares y libros, espectáculos, teatro y televisión. En fin, las representaciones de la política se alimentan de escenas de estudio, de familia y erotismo y, sobre todo, de amistad. A esa materia testimonial se agrega un salpicón de acontecimientos internacionales tomados de la primera plana de los periódicos.

También hay algunos documentos (discursos, artículos, proclamas) y reconstrucciones de acontecimientos claves de ese período: la muerte del general Aramburu, Cámpora presidente, la Plaza de Mayo y Devoto el 25 de mayo de 1973, Ezeiza, etc. Pero casi nada de eso es nuevo ni agrega mucho al conocimiento de la etapa. En todo caso, lo más importante es la base testimonial y la voluntad totalizadora: relaciones personales, amores y amistades, crónicas y pequeñas anécdotas de la vida cotidiana, en fin, una recreación costumbrista de un sector significativo de esa generación que comprende, mayormente, intelectuales, universitarios y militantes provenientes de sectores medios de la sociedad. Es claro que una obra que reúne testimonios a lo largo de más de 1.800 páginas no puede evitar la inflación de los detalles y la interminable exhibición de los gustos, hábitos, modismos, guiños de una memoria más o menos cercana y empática hacia quienes reviven en esos relatos una parte significativa de su aprendizaje político e intelectual.

Desde luego, es una historia con final anunciado: muchos de los protagonistas evocados encontraron una muerte violenta y atroz, algunos en el teatro de operaciones de la escalada de violencia en el período anterior a 1976 y otros en la masacre desatada a partir de esa fecha. La obra se remonta al pasado, a partir de los '60, y a su modo muestra el peso de ciertas condiciones ideológicas, religiosas incluso, en la formación de esa generación revolucionaria, las que no pueden ser pensadas simplemente como reactivas a la dictadura de Onganía, aun cuando encontraron en esa irrupción del poder militar el marco y el estímulo para una radicalización creciente y sin retorno. Al mismo tiempo, hay que decir que esta inmensa pulsión por *contar* los detalles, la amplia reconstrucción de diálogos y vivencias personales elige casi siempre dejar afuera el mundo de las ideas. No me refiero a un análisis retrospectivo, dado que, como se dijo, su exclusión forma parte de las convenciones que sostienen la empresa narrativa, sino a la exploración, por vía testimonial, de las representaciones, los juicios que serían constituyentes de un imaginario político. En todo caso, esa presencia de la política como discurso y proyecto está más presente en el primer tomo, que explora ciertas escenas de los orígenes. Luego, a medida que el relato se acerca a la derrota final y a las escenas del fracaso y la reiterada presencia de la muerte, los personajes piensan y entienden cada vez menos y las puteadas reemplazan a las ideas. En ese deslizamiento en la posición de los protagonistas se revela un rasgo importante de las condiciones de enunciación de esta historia: se trata, en general, de militantes enfrentados a acontecimientos sobre los que, crecientemente, no tienen casi poder de decisión.

Aparecen en esta narración los tópicos mayores de esos años: las diversas imágenes de Perón, la fe en la violencia revolucionaria, el rechazo de los partidos tradicionales y de las formas institucionales de la democracia representativa. Pero en general la política, incluso la dimensión práctica del trabajo militante tiende a quedar desplazado en desmedro de las peripecias de la vida privada, algo que se hace evidente en la evocación que sitúa a los protagonistas en medio de acontecimientos decisivos de esa etapa. En principio, la reconstrucción no desconoce esos acontecimientos que desde la irrupción de la política podrían establecer una pauta organizadora externa al tejido anecdótico de las amistades y los amores, las preferencias y estilos de vida. Pero la estrategia de presentación, en la medida en que excluye los problemas y las preguntas que podrían orientar un retorno sobre los hechos y los recuerdos, dice mucho más sobre los actores que sostienen el relato que sobre lo que allí estaba sucediendo. Veamos, por ejemplo, el episodio de la liberación de los *combatientes* en la noche del 25 de mayo de 1973, una escena que será central en las representaciones del conflicto político militar que desemboca en el terrorismo de Estado. Es claro que junto con el cumplimiento de esa reivindicación largamente exigida por las organizaciones insurgentes nacía un problema central para una estrategia revolucionaria, a saber, la integración posible de esas organizaciones en la construcción de la nueva etapa. ¿Cómo volver desde la política de las armas y de la retórica de los fusiles y las trincheras? El relato abunda sobre los protagonistas, es posible saber quien se abrazó y quien durmió con quien, cómo iban vestidos, qué hablaron y sintieron; se nos revelan nudos de relaciones familiares, reencuentros, gestos de solidaridad, improvisaciones, trayectorias personales, afectos y vínculos cercanos, mucho más que las ideas y los proyectos sobre el lugar buscado en la nueva etapa política e institucional. En verdad, no sabemos más acerca del acontecimiento porque podamos seguir al detalle las vivencias de los testigos elegidos.

En definitiva, en este fresco que se expande sin límites es poco el lugar reservado a la evocación de las condiciones propiamente políticas de lo que se presenta casi como una aventura juvenil.[126] Y a medida que se agudizan los conflictos y crece el clima de guerra la visión de los testigos se aleja del todo de los lugares de decisión en los que efectivamente alguna *voluntad* podía ejercerse. Los acontecimientos les pasan por encima y la evocación de las circunstancias clave de ese pasado casi no encuentra episodios significativos en los que los personajes se libren a formas más o menos habituales de la práctica y la deliberación políticas. Por ejemplo, casi no se recuerdan discusiones o análisis que podían justificar tal o cual curso de acción. Recién hacia el final, cuando los resultados desastrosos de la escalada guerrillera anunciaban la catástrofe inminente, los testigos parecen recuperar una vocación política que los lleva a discrepar con las decisiones y hasta a discutir con las direcciones. Fuera de esa colocación final que acentúa una mirada bastante autocomplaciente con las respectivas trayectorias (y que está en la base de esa separación retroactiva respecto de las cúpulas dirigentes) hay que reconocer que, siendo una crónica de la voluntad, es poco lo que deciden los protagonistas en el terreno de las prácticas y las decisiones con proyección pública e impacto colectivo.

No puede desconocerse lo que el libro intenta reproducir, un clima de época: una movilización de los cuerpos y los espíritus, una *revolución* de la vida social que cruzaba y mezclaba lo público y lo privado. Pero si se trata de revisar las vías de implantación y despliegue de una acción revolucionaria lo que resalta es la inercia de los comportamientos, el grado limitado en que, a despecho de las certezas autorreferenciales, estos protagonistas medios eran realmente sujetos centrales de esta historia. En verdad, más que actores impulsados por una voluntad capaz de derribar montañas, impresionan como jóvenes arrastrados por los hechos, por decisiones que se les imponían y por la fuerza irrevocable de un proceso general que escapaba a su entendimiento. Los acontecimientos fuertes venían de fuera del conglomerado testimonial, dependían de los otros actores y bajaban desde niveles dirigentes que casi nunca aparecen en las escenas recreadas, salvo por los documentos agregados o por referencias secundarias.

Una reconstrucción así concebida tiene poco que enseñar a los que vivieron esa etapa. Pero, al mismo tiempo, hay que decir que probablemente no ha sido ése el efecto buscado sobre quienes participaron con sus testimonios. En esta extensa exposición de sí mismos la comunicación de una experiencia corre pareja con una operación dirigida hacia los sujetos del recuerdo. Si bien no puede hacerse un juicio uniforme, ya que no todos los testigos se exhiben de la misma manera, las formas de la confesión empujan hacia una evocación reconciliada con uno mismo o con el propio grupo. En esa dirección, el testimonio está siempre acechado por las trampas de una representación que tiene por término la conciencia de sí o del nosotros, aunque en este caso ese agrupamiento sea virtual y pueda referirse, por ejemplo, a una genérica identificación con un pasado revolucionario. Ausente el análisis retrospectivo y alguna reflexión crítica sobre esos años, sobre lo que sucedió y sobre lo que podría haber sido de otro modo, distanciados del lugar del sobreviviente como testigo secundario que habla por los otros, por las víctimas y los caídos, convocados a una exaltante recuperación de protagonismo en la historia menuda de la que pueden dar cuenta, parece inevitable que se muestre más a los actores que a los acontecimientos en los que sitúan sus dramas personales.

Es posible pensar que se trata de transmitir algo de esa experiencia a quienes no la vivieron, las nuevas generaciones; en ese sentido, la narración sin duda favorece las identificaciones y destaca la cercanía de sentimientos, ideales, valores. ¿Quién no se reconoce en esas historias de amistad, de descubrimientos y de aventuras personales?, ¿quién no está dispuesto a seguir las dudas, incertidumbres, los errores y aun las pequeñas claudicaciones de unos testigos devenidos en personajes? Pero si se trata de dar cuenta del acceso a la política en un ciclo de aceleración temporal y de acumulación de episodios y coyunturas, el problema es que casi siempre la exhibición de los personajes tapa la historia. Por último, las preguntas sobre qué pasó difícilmente encuentren alguna nueva respuesta, más allá de las anécdotas que destacan las redes afectivas y la confesión de impresiones y sentimientos. En el punto de partida está la *nostalgia*, esa enfermedad del *retorno a los orígenes* y la evocación de un tiempo que no volverá. No quiero insistir sobre esto: las historias vividas, cargadas de afectos, también arrastran sus límites y sus falsificaciones. En principio, porque las memorias espontáneas buscan atenuar cualquier irrupción del pasado que pueda amenazar la integridad de la propia imagen; la función defensiva de la nostalgia apunta justamente a colocar en el foco del recuerdo aquello que confirma o exalta una representación o un valor de sí mismo. Si ese es el precio inevitable del registro narrativo elegido, no deja de plantear una paradoja el hecho de que esa recuperación, tan confiada en los poderes de la propia conciencia y la propia voluntad, muestre a sus protagonistas en verdad cada vez más presos de una historia real que los determina sin remedio, un destino inexorable que elige ser contado no en el modo de la tragedia sino de una polifónica novela de aprendizaje.

En fin, no puede desconocerse el esforzado trabajo de recolección y edición de sus fuentes, incluyendo la incorporación de algunas provenientes de fuera del conglomerado cultural e ideológico en el que los testigos se reúnen con los autores. Igualmente, hay que reconocer la información que incorpora y el material en bruto que puede ofrecer a otras investigaciones. Sin embargo, por lo dicho, la forma elegida marca un límite preciso a lo que esta proliferación de historias puede ofrecer al conocimiento de sus objetos. No estoy impugnando el procedimiento narrativo o el énfasis testimonial sino proponiendo que ese límite nace de la propia modalidad elegida, que concibe la historia como el resultado de la decisión y la voluntad de actores singulares (antes que en análisis de coyunturas, condiciones o factores estructurantes), pero al mismo tiempo pone el énfasis en el recuerdo de militantes cada vez más secundarios, crecientemente alejados de lugares y círculos en los que efectivamente residía la capacidad de incidir en el curso de los acontecimientos. No estoy diciendo que hay que volver a la vieja historia de los jefes y los héroes en contra de una que incorpore a los agentes menos encumbrados. Sólo destaco la contradicción que supone proponer a la voluntad como fuerza estructurante de la historia, apostar a un develamiento de la experiencia a partir de la conciencia de sus actores a la vez que, inevitablemente, se deja de lado a quienes, en organizaciones verticales, dentro de las condiciones dadas, tenían la capacidad de intervenir e imponer un curso de acción. Finalmente, en esta visión de la historia que acentúa el papel rector de los hombres y mujeres de una generación revolucionaria está casi ausente la *voluntad* de los agentes mayores.

Desde luego, esa forma de reconstrucción retrospectiva es parte esencial de una opción inicial que acentuaba la separación y el distanciamiento, crítico incluso, respecto de las cúpulas. El resultado, obviamente, arroja sobre éstas la entera responsabilidad por los resultados catastróficos y la derrota de esa empresa y, en esta ficción ejemplar, tiende a eximir a sus bases (es decir los testigos y coautores) de toda responsabilidad en ese desenlace. Con ello, puede decirse, se propone una versión elaborada, trabajosamente producida, populista si se quiere, que no es nueva en las formas de evocar ese etapa: a su modo recae en el tópico de la generación de jóvenes llena de buenas intenciones e impulsada por ideales generosos. Pero, ¿puede justificarse tal separación respecto de las cabezas dirigentes? En principio, la propia obra muestra en el devenir de sus protagonistas las consecuencias de un curso de radicalización marcado por las decisiones que seguían un orden jerárquico, sea por la subordinación a las formas del liderazgo de caciques propias de la cultura peronista, sea por el peso creciente de los aparatos militarizados de gestión y acción. Si alguna justificación encuentra el relieve de la *voluntad* justamente reside en las modalidades de una encarnación colectiva que no puede separarse de sus formas organizativas. De lo contrario, sin un reconocimiento del papel de la organización, sólo quedan aventuras personales o de familia, que son a la vez representativas y muchas veces triviales. Se ha hablado de la banalidad, como vimos, para hacer referencia a cierto perfil común de los perpetradores de los crímenes de Estado, impulsados por motivos corrientes; quizás hay que decir algo parecido de esta evocación de una militancia a través de un cuadro vivo de las peripecias afectivas y políticas de un grupo que busca representar a una generación.

En la medida en que imaginaban librar una guerra revolucionaria, lo menos que puede decirse es que, más allá de las diferencias materiales con el enemigo declarado, había una apreciable diferencia en materia de disciplina y moral de combate. Lo que domina en estos personajes es una vida agitada, entre el despreocupado disfrute de los comienzos y el desenlace angustiado de la derrota que se esforzaban en no ver. Los testimonios no disimulan las debilidades y, sobre todo, desnudan una escasa disposición normativa: improvisación en las decisiones, fallas de seguridad, desconocimiento de directivas, en fin el peso decisivo de las aventuras personales o del pequeño grupo, todo lo cual, evidentemente, no favorecía una organización sólida, decidida en el largo plazo y capaz de desafiar a un enemigo poderoso. En verdad, si las cúpulas de las organizaciones imponían verticalmente decisiones que hacían recaer las consecuencias sobre las bases militantes así representadas, lo menos que puede decirse es que el espíritu de rebeldía era más fuerte que el del orden y la subordinación; con lo cual probablemente estos militantes evocados se parecen a sus jefes mucho más de lo que están dispuestos a reconocer. En ese sentido, es fácil ver en ellos ciertos rasgos del igualitarismo anárquico que ha sido señalado como un componente presente en la sociedad.[127] Finalmente, en este punto, estas memorias de la militancia que buscan recuperar lo perdido y lo inasible de una experiencia a través de la expansión testimonial no dejan de mostrar los impulsos y los límites de un trabajo de apropiación pública del pasado que permanece como un problema abierto.

Notas

[1] Norbert Elias, *The Germans*, New York, Columbia University Press, 1996, IV, "The Breakdown of Civilization".

[2] Carlos S. Nino, *Radical Evil on Trial*, New Haven and London, Yale University Press, 1996.

[3] Sobre la distinción entre memoria "literal" y "ejemplar", véase Tzvetan Todorov, *Les abus de la mémoire*, París, Arléa, 1998.

[4] T. Todorov, *op. cit.*, pp. 28-33.

[5] Jürgen Habermas, "Goldhagen y el uso público de la historia", en Federico Finchelstein (ed.), *Los alemanes, el Holocausto y la culpa colectiva*, Buenos Aires, Eudeba, 1999. John Torpey, "Habermas y los historiadores", *Punto de Vista*, 36, diciembre 1989.

[6] Prudencio García, *El dilema de la autonomía militar. Argentina bajo las Juntas Militares*, Madrid, Alianza, 1995, pp. 186-187.

[7] K. Jaspers, *La culpabilité allemande*, París, Minuit, 1990.

[8] Guillermo O'Donnell, "Sobre las fructíferas convergencias de las obras de Hirschman, *Salida, voz y lealtad* y *Compromisos cambiantes*: reflexiones a partir de la experiencia argentina reciente" (1986), en G. O'Donnell, *Contrapuntos. Ensayos escogidos sobre autoritarismo y democratización*, Buenos Aires, Paidós, 1997, pp. 161-162. Véase también Oscar Landi e Inés González Bombal, "Los derechos en la cultura política", en C. Acuña y otros, *Juicio, castigos y memorias. Derechos humanos y justicia en la política argentina*, Buenos Aires, Nueva Visión, 1995.

[9] Sobre la guerra de Malvinas véase el análisis de Prudencio García, *op. cit.*, cap. VI.

[10] En Inés González Bombal, "*Nunca más*, el Juicio más allá de los estrados", en C. Acuña y otros, *op. cit.*, p. 206.

[11] G. O'Donnell, "Democracia en la Argentina. Micro y macro" (1983), p. 140 y "Sobre las fructíferas relaciones de las obras de Hirschman...", p. 151, en *Contrapuntos, op. cit.*

[12] Véase Federico Finchelstein (ed.), *Los alemanes, el Holocausto y la culpa colectiva. El debate Goldhagen*, Buenos Aires, Eudeba, 1999; en parti-

cular, Dominick LaCapra, "Prefacio" y F. Finchelstein, "El debate Gold-hagen en contexto. Memorias colectivas y representaciones críticas".
[13] D. LaCapra, "Prefacio", *op. cit.*, p. 19.
[14] Hannah Arendt, *Eichmann in Jerusalem. A Report on the Banality of Evil* (1965), New York, Penguin Books, 1994.
[15] Norbert Lechner, "Some People Die of Fear. Fear as a Political Problem". En Juan E. Corradi; Patricia Weiss Fagen; Manuel Antonio Garretón (eds.), *Fear al the Edge. State Terror and Resistance in Latin America*, Berkeley and Los Angeles, University of California Press, 1992.
[16] Véase Adriana Calvo "Campos", en Juan Gelman y Mara La Madrid, *Ni el flaco perdón de Dios. Hijos de desaparecidos*, Buenos Aires, Planeta, 1997, p. 111. Véase también los testimonios de hijos de desaparecidos.
[17] Véase Luis Alberto Romero, *Breve historia contemporánea de la Argentina*, Buenos Aires, FCE, 1994, capítulos VI, "Dependencia o liberación, 1966-1976" y VII, "El Proceso, 1976-1983".
[18] Véase Juan Gasparini, *Montoneros. Final de cuenta*, Buenos Aires, de la Campana, 1999, p. 204.
[19] Véase Martín Caparrós y Eduardo Anguita, *La voluntad*, Buenos Aires, Norma, 1998, II, pp. 628-630 y 641-643. También J. Gasparini, *op. cit.*, p. 142, nota.
[20] Véase Carlos Altamirano, *Bajo el signo de las masas (1943-1973)*, Buenos Aires, Ariel, 2001, p. 92.
[21] Véase Ignacio González Janzen, *La Triple-A*, Buenos Aires, Contrapunto, 1986.
[22] Emilio Mignone, *Iglesia y dictadura* (1986), Quilmes, Universidad Nacional de Quilmes, 1999.
[23] Prudencio García, *El dilema de la autonomía militar. Argentina bajo las Juntas Militares*, *op. cit.*, pp. 217 y 222.
[24] Enrique Vázquez, *La última. Origen, apogeo y caída de la dictadura militar*, Buenos Aires, Eudeba, 1985, pp. 299-327.
[25] General Juan Manuel Bayón, director de la Escuela Superior de Guerra, "Lo nacional: el nacionalismo", en E. Vázquez, *op. cit.* p. 83.
[26] P. García, *op. cit.*, pp. 83-97.
[27] P. García, *op. cit.*, Apéndice IV, "Estimación aproximada del número de miembros armados de las organizaciones 'Montoneros' y 'Ejército Revolucionario del Pueblo'", pp. 491-516. Daniel Frontalini y María Cristina Caiati, *El mito de la guerra sucia*, Buenos Aires, CELS, 1984.

[28] Véase Martín Caparrós y Eduardo Anguita, *La voluntad, op. cit.*, t. II, pp. 634-638.

[29] P. García, *op. cit.*, p. 505; Emilio Mignone en D. Frontalini y M. C. Caiati, *op. cit.*, p. 6; D. Frontalini y M. C. Caiati, *op. cit.*, p. 72.

[30] *Nunca más. Informe de la Comisión Nacional sobre la Desaparición de Personas*, Buenos Aires, Eudeba, 1984, p. 379.

[31] Emilio Mignone, *Iglesia y dictadura, op. cit.*, p. 20.

[32] P. García, *op. cit.*, pp. 350 y ss.

[33] J. Gasparini, *op. cit.*, p. 127.

[34] María Seoane, *Todo o nada.La historia secreta y la historia pública del jefe guerrillero Mario Roberto Santucho*, Buenos Aires, Planeta, 1991, pp. 231-232.

[35] Norbert Elias, *The Germans, op. cit.*, pp. 357-358.

[36] Dominick LaCapra, *History and Memory after Auschwitz*, Ithaca and London, Cornell University Press, 1998, pp. 28-29, mi traducción.

[37] Pilar Calveiro, *Poder y desaparición. Los campos de concentración en Argentina*, Buenos Aires, Colihue, 1998, p. 66.

[38] Walter Laqueur, *Guerrilla Warfare. A Historical and Critical Study*, New Brunswick an London, Transaction, 1998, p. IX.

[39] Véase W. Laqueur, *op. cit.*, p. 320.

[40] Miguel Bonasso, "Cámpora se parecía a Illia", entrevista con Diego Pérez Andrade, *La Nación. Enfoques*, 23/3/97, p. 3.

[41] Por ejemplo, J. Gasparini, *op. cit.*, pp. 140-141.

[42] Véase Richard Gillespie, *Soldados de Perón. Los Montoneros*, Buenos Aires, Grijalbo, 1987, cap. 5. Véase también J. Gasparini, *op. cit.*, p. 133.

[43] R. Gillespie, *op. cit.*, pp. 200-201. M. Bonasso, *El presidente que no fue. Los archivos ocultos del peronismo*, Buenos Aires, Planeta, 1997, p. 592.

[44] R. Gillespie, *op. cit.*, p. 302.

[45] Sobre el Código de Justicia Revolucionaria montonero véase J. Gasparini, *op. cit.*, p. 137.

[46] Sobre el papel de los juicios criminales en transiciones democráticas véase Mark Osiel, *Mass Atrocity, Collective Memory and the Law*, New Brunswick and London, Transaction Publishers, 1997.

[47] Véase Tzvetan Todorov, *Les abus de la mémoire, op. cit.*

[48] Ricardo Piglia, *Respiración artificial*, Buenos Aires, Pomaire, 1980. Véase Tulio Halperín Donghi, "El presente transforma el pasado: el impacto del reciente terror en la imagen de la historia argentina", y Marta Morello-Frosch, "Biografías fictivas: formas de resistencia y reflexión

en la narrativa argentina reciente", en VVAA, *Ficción y política. La narrativa argentina durante el proceso militar*, Buenos Aires, Alianza, 1987.

[49] *Nunca más, Informe de la Comisión Nacional sobre la Desaparición de Personas, op. cit.*, pp. 447 y 452.

[50] Véase Inés González Bombal, "'Nunca más'. El Juicio más allá de los estrados", en Carlos H. Acuña et al., *Juicio, castigos y memorias. Derechos humanos y justicia en la política argentina, op. cit.*, p. 206.

[51] A. Calvo, "Campos" y "Nudos", en Juan Gelman, Mara La Madrid, *Ni el Flaco Perdón de Dios. Hijos de desaparecidos*, Buenos Aires, Planeta, 1997. Sobre la "santificación" de las víctimas, véase "Anne Frank", en Tim Cole, *Selling the Holocaust. From Auschwitz to Schindler*, New York, Routledge, 1999.

[52] J. Camarasa, R. Felice y D. González, *El Juicio. Proceso al horror*, Buenos Aires, Sudamericana/Planeta, 1985, p. 186.

[53] Véase el fallo del juez Gabriel Cavallo que anula las leyes de obediencia debida y punto final, *Página/12*, suplemento especial, 12/3/01.

[54] Eric Hobsbawm, "Barbarie, una guía para el usuario", *Entrepasados*, n. 7, fines de 1994, p. 126.

[55] María Seoane, *Todo o nada*, pp. 102 y 272-276.

[56] J. Camarasa, R. Felice y D. González, *El Juicio. Proceso al horror, op. cit.*, pp. 19-44.

[57] Ídem, pp. 94, 153, 167, 169, 175, 176-177 y 192.

[58] Ídem, pp. 114-116 y 138-139.

[59] Mark Osiel, *Mass Atrocity, Collective Memory and the Law, op. cit.*, pp. 18-19.

[60] Prudencio García, *El drama de la autonomía militar. Argentina bajo las Juntas Militares, op. cit.*, p. 364.

[61] Véase Carlos Nino, *Radical Evil on Trial*, citado en Mark Osiel, *Mass, Atrocity, Collective Memory and the Law, op. cit.*

[62] Véase Adam Przeworski, "Presentación", en Carlos Acuña y otros, *Juicio, castigo y memorias. Derechos humanos y justicia en la política argentina, op. cit.*

[63] J. Camarasa, R. Felice y D. González, *El Juicio. Proceso al horror, op. cit.*, pp. 186-87, 189-190 y 197.

[64] Véanse los trabajos de Guillermo O'Donnell, reunidos en *Contrapunto. Ensayos escogidos sobre autoritarismo y democratización, op. cit.*. Véase igualmente Tulio Halperín Donghi, *La larga agonía de la Argentina peronista*, Buenos Aires, Ariel, 1994 y Luis A. Romero, *Breve historia contemporánea de la Argentina, op. cit.*

[65] Federico Finchelstein, (ed.), *Los alemanes, el Holocausto y la culpa colectiva, op. cit.*

[66] Hannah Arendt, *Eichmann in Jerusalem. A Report on the Banality of Evil* (1965), *op. cit.*

[67] Ídem, pp. 276, 288-89.

[68] Ídem, p. 233, las bastardillas son de la autora.

[69] Zygmunt Bauman, *Modernity and the Holocaust*, Ithaca, Cornell University Press, pp. 89-90.

[70] Ídem, pp. 15-17.

[71] Emilio Mignone, "Razones que contribuyeron tanto a producir el genocidio como a asegurar la impunidad", en VVAA, *Contra la impunidad, en defensa de los derechos humanos*, Barcelona, Editorial Iberia, 1998, p. 51.

[72] Christian Delacampagne, *La banalización del mal. Acerca de la indiferencia*, Buenos Aires, Nueva Visión, 1999.

[73] Véase Liliane Kandel, "Lenguajes magullados, pensamientos impedidos: los movimientos de extrema-izquierda y las feministas frente a la Shoa, en Pablo M. Dreizik (comp.), *Memoria de las cenizas*, Buenos Aires, Secretaría de Cultura, Patrimonio Argentino, 2001, p. 78.

[74] Véase Bernhard Giesen, "Victims and Perpetrators", mimeo, *II Encuentro Internacional sobre la Construcción de la Memoria Colectiva*, La Plata, 3-5 de agosto de 2001.

[75] Véase Hugo Vezzetti, "Lecciones de la memoria. A los 25 años de la implantación del terrorismo de Estado", *Punto de Vista*, 70, agosto de 2001.

[76] Véase Luis Alberto Romero, *Breve historia contemporánea de la Argentina, op. cit.*, cap. VII.

[77] *Página/12, El fallo que anuló la obediencia debida y el punto final*, Suplemento especial, 12/03/01, pp. 12 y 15.

[78] Pilar Calveiro, *Poder y desaparición. Los campos de concentración en Argentina, op. cit.*, p. 28.

[79] Erich Fromm, *El miedo a la libertad* (1942), Buenos Aires, Paidós, 1989, pp. 26-27 y 246-257. Véase también Zygmunt Bauman, *Modernity and the Holocaust, op. cit.*, pp. 151-153.

[80] Véase Norbert Lechner, "Some People Die of Fear. Fear as a Political Problem". En Juan E. Corradi; Patricia Weiss Fagen; Manuel Antonio Garretón (eds.), *Fear al the Edge. State Terror and Resistance in Latin America, op. cit.*

[81] Halperín Donghi, *La larga agonía de la Argentina peronista, op. cit.* pp. 85-86. Véase igualmente Eduardo Blaustein y Martín Zubieta, *De-*

234 HUGO VEZZETTI

cíamos ayer. La prensa argentina bajo el Proceso, Buenos Aires, Colihue, 1998, pp. 193-194.

[82] Ramón J. A. Camps, Caso Timerman. Punto final, Buenos Aires, Tribuna Abierta, 1982, p. 49.

[83] Eduardo Blaustein y Martín Zubieta, Decíamos ayer. La prensa argentina bajo el Proceso, op. cit., p. 196.

[84] Emilio Mignone, Iglesia y dictadura, op. cit., pp. 46-47.

[85] Ídem, pp. 123-128.

[86] Véase H. Vezzetti, "Representaciones de los campos de concentración en la Argentina", Punto de Vista, 68, diciembre 2000.

[87] Primo Levi, Los hundidos y los salvados, Barcelona, Muchnik, 1995, pp. 40-41.

[88] Zygmunt Bauman, Modernity and the Holocaust, op. cit., cap. 6.

[89] Adriana Calvo, "Campos", en Juan Gelman, Mara La Madrid, Ni el Flaco Perdón de Dios. Hijos de desaparecidos, op. cit., p. 105.

[90] Ídem, p. 98.

[91] Herbert Kelman, en Z. Bauman, op. cit., p. 21.

[92] Graciela Daleo, "Testimonio de los ex detenidos desaparecidos", en VVAA, Contra la impunidad, en defensa de los derechos humanos, op. cit., p. 238.

[93] Juan Gelman, "Pilar Calveiro describe la vida-muerte de los campos de concentración del Proceso", Página12, 1/11/98. Retomo fragmentos del artículo mencionado, H. Vezzetti, "Representaciones de los campos de concentración en la Argentina", op. cit.

[94] Primo Levi, Los hundidos y los salvados, op. cit., pp. 15 y 31.

[95] Primo Levi, Si esto es un hombre, Barcelona, Muchnik, 1987, pp. 166 y 184.

[96] Andrés Di Tella, "La vida privada en los campos de concentración", en F. Devoto y M. Madero (eds.), Historia de la vida privada en la Argentina, t. 3, Buenos Aires, Taurus, 1999.

[97] Pilar Calveiro, "Poder y desaparición. Los campos de concentración en Argentina", op. cit.

[98] Norbert Lechner, "Some People Die of Fear. Fear as a Political Problem". En Juan E. Corradi; Patricia Weiss Fagen; Manuel Antonio Garretón (eds.), Fear al the Edge. State Terror and Resistance in Latin America, op. cit., p. 30.

[99] Véase Graciela Daleo, "Testimonio de los ex detenidos desaparecidos", en VVAA, Contra la impunidad, en defensa de los derechos humanos, op. cit., pp. 238-239.

[100] Primo Levi, *Si esto es un hombre*, *op. cit.*, pp. 195-196.

[101] Ídem, p. 94.

[102] G. Agamben, *Lo que queda de Auschwitz*, Valencia, Pre-Textos, 2000, pp. 10 y 33-34.

[103] Véase Peter Novick, *The Holocaust and Collective Memory*, London, Bloomsbury, 1999, pp. 267-68 y 3-4

[104] Véanse, Federico Finchelstein (ed.), *Los alemanes, el Holocausto y la culpa colectiva, op. cit.* Pablo M. Dreizik (comp.), *La memoria de las cenizas, op. cit. Espacios de crítica y producción*, Facultad de Filosofía y Letras, UBA, núm. 26, octubre-noviembre 2000, dossier "Historia y memoria del Holocausto".

[105] I. Dussel, S. Finocchio y S. Gojman, *Haciendo memoria en el país del Nunca más*, Buenos Aires, Eudeba, 1997. Retomo aquí parte de un artículo ya publicado: H. Vezzetti, "Memorias del *Nunca más*", *Punto de Vista*, 64, agosto 1999.

[106] Martín Caparrós, en Javier Trímboli (entrevistador), *La izquierda en la Argentina*, Buenos Aires, Manantial, 1998, p. 56.

[107] Eric Santner, "History beyond the Pleasure Principle: Some Thoughts on the Representation of Trauma", en Saul Friedlander (ed.), *Probing the Limits of Representation*, Cambridge, Harvard University Press, 1992, p. 144. Véase también Dominick LaCapra, *History and memory after Auschwitz, op. cit.*, pp. 23-26.

[108] Véase H. Vezzetti, "Lecciones de la memoria. A los 25 años de la implantación del terrorismo de Estado", *Punto de Vista*, núm. 70, agosto 2001.

[109] Véase Carlos Altamirano, "Montoneros", en *Peronismo y cultura de izquierda*, Buenos Aires, Temas, 2001, p. 122.

[110] Giorgio Agamben, *Lo que queda de Auschwitz*, Valencia, Pre-Textos, 2000, p. 15 y pp. 155-156.

[111] Graciela Daleo, "Testimonio de los ex detenidos desaparecidos", en VVAA, *Contra la impunidad, en defensa de los derechos humanos, op. cit.*, p. 240.

[112] Miguel Bonasso, *El presidente que no fue. Los archivos ocultos del peronismo*, Buenos Aires, Planeta, 1997.

[113] Ídem, p. 202.

[114] Ídem, véase por ejemplo, pp. 234 y 432.

[115] Ídem, p. 591.

[116] Ídem, p. 437.

[117] Ídem, pp. 561-562. Véase la nota ya citada: Miguel Bonasso, "Cámpora se parecía a Illia", entrevista con Diego Pérez Andrade, *La Nación. Enfoques*, 23/3/97, p. 3.

[118] Ídem, p. 562.

[119] Ídem, p. 612.

[120] Ídem, p. 602.

[121] Eduardo Anguita y Martín Caparrós, *La voluntad. Una historia de la militancia revolucionaria en la Argentina*, 3 tomos, *op. cit.*

[122] Raoul Girardet, *Mitos y mitologías políticas*, Buenos Aires, Nueva Visión, 1999, pp. 13-14.

[123] Martín Caparrós, en Javier Trímboli (entrevistador), *La izquierda en la Argentina*, *op. cit.*, p. 58.

[124] Eduardo Anguita y Martín Caparrós, *La voluntad*, op. cit, I, p.15.

[125] Martín Caparrós, en Javier Trímboli (entrevistador), *La izquierda en la Argentina*, *op. cit.*, p. 54.

[126] Véase Beatriz Sarlo, "Cuando la política era joven", *Punto de Vista*, 58, agosto 1997.

[127] G. O'Donnell, "¿Y a mí, qué mierda me importa? Notas sobre sociabilidad y política en la Argentina y Brasil" (1983), en *Contrapuntos. Ensayos escogidos sobre autoritarismo y democratización*, *op. cit.*